LES C lass

Beau

Le Mariage de Figaro

Ouvrage publié sous la direction de
Marie-Hélène Prat

Édition présentée par
Violaine Géraud
Agrégée de Lettres modernes

Voir « LE TEXTE ET SES IMAGES » p. 250
pour l'exploitation de l'iconographie de ce dossier.

« LA PLUS BADINE DES INTRIGUES »

1. Dominique Constanza (SUZANNE), Geneviève Casile (LA COMTESSE),
Jean-Luc Bideau (ALMAVIVA) et Richard Fontana (FIGARO)
dans la mise en scène d'Antoine Vitez, Comédie-Française, 1989.

2. Grégory Gerreboo (Figaro), Serge Catanèse (Brid'oison),
Valérie Roumanoff (Suzanne), Laurent Richard (Bartholo)
et Catherine Vidal (Marceline) dans la mise en scène
de Colette Roumanoff, théâtre Fontaine, 2002.

Voila ou nous reduit l'Aristocratie

3. « Voilà où nous réduit l'aristocratie. » Caricature anonyme, 1785 (Bibliothèque nationale de France, Paris).

4. Didier Sandre (ALMAVIVA) et André Marcon (FIGARO) dans la mise en scène de Jean-Pierre Vincent, théâtre national de Chaillot, 1987.

5. Ivan Radkine (Chérubin) et Catherine Lefaivre (la Comtesse)
dans la mise en scène de Colette Roumanoff, théâtre Fontaine, 2002.

6. *Dame attachant sa jarretière, et sa servante*, François Boucher
(1703-1770), 1742 (Collection Thyssen-Bornemisza, Madrid).

7. Dominique Blanc (Suzanne) et Denise Chalem (la Comtesse) dans
la mise en scène de Jean-Pierre Vincent, théâtre national de Chaillot, 1987.

8. Valérie Roumanoff (SUZANNE) et Grégory Gerreboo (FIGARO) dans la mise en scène de Colette Roumanoff, théâtre Fontaine, 2002.

9. Denise Chalem (LA COMTESSE) et Didier Sandre (ALMAVIVA) dans la mise en scène de Jean-Pierre Vincent, théâtre national de Chaillot, 1987.

10. *La Comtesse et le Chérubin*, tableau de Charlemagne-Oscar Guet (1801-1871) (Musée Bonnat, Bayonne).

11. Denise Chalem (LA COMTESSE), Didier Sandre (ALMAVIVA),
André Marcon (FIGARO) et Dominique Blanc (SUZANNE) dans la mise
en scène de Jean-Pierre Vincent, théâtre national de Chaillot, 1987.

12. Dessin de Patrice Cauchetier
pour le costume de Marcel
Maréchal dans le rôle d'ALMAVIVA.
Mise en scène de Marcel Maréchal,
théâtre national de Marseille,
La Criée, 1989.

13. Dessin de Patrice Cauchetier
pour le costume de Jean-Paul
Bordes dans le rôle de FIGARO.
Mise en scène de Marcel
Maréchal, théâtre national
de Marseille, La Criée, 1989.

14. Gravure de Jean-Baptiste Liénard (1750-1807) pour illustrer
Le Mariage de Figaro, acte III (Bibliothèque nationale de France, Paris).

15. Grégory Gerreboo (FIGARO), Serge Catanèse (BRID'OISON), Thomas Coux (ALMAVIVA), Jean-Luc Edern (DOUBLE-MAIN), Philippe Gouinguenet (ANTONIO), Laurent Richard (BARTHOLO) et Catherine Vidal (MARCELINE) dans la mise en scène de Colette Roumanoff, théâtre Fontaine, 2002.

« SOUS LES GRANDS MARRONNIERS... »

16. Richard Fontana (FIGARO) dans la mise en scène d'Antoine Vitez, Comédie-Française, 1989.

17. Gravure de Jean-Baptiste Liénard (1750-1807) pour illustrer
Le Mariage de Figaro, acte V (Bibliothèque nationale de France, Paris).

« ...TOUT FINIT PAR DES CHANSONS »

18. Marie Fréderique Auger (La Comtesse déguisée en Suzanne),
David Thénard (Le Comte), Francis Lacotte (Le Juge),
Valérie Roumanoff (Suzanne déguisée en Comtesse),
Antonio Serge (Catanese), Renaud Heine (Figaro),
Renaud de Manoel (Bartholo), Dorothée Lebard (Marceline),
mise en scène de Colette Roumanoff, Théâtre Fontaine, Paris, 2012.

REGARDS
SUR L'ŒUVRE

	1715	1723	1774	1789	1792	
LOUIS XIV	LA RÉGENCE PHILIPPE D'ORLÉANS	LOUIS XV	LOUIS XVI	RÉVOLUTION	1ʳᵉ RÉPUBLIQUE

1688　　　MARIVAUX　　　1763

1694　　　VOLTAIRE　　　1778

1712　　　ROUSSEAU　　　1778

1713　　　DIDEROT　　　1784

1732　　　**BEAUMARCHAIS**　　　1799

1741　　CHODERLOS DE LACLOS　　1803

ŒUVRES DE BEAUMARCHAIS

1767　*Eugénie* ❑

Essai sur le genre dramatique sérieux ◊

1770　*Les Deux Amis* ❑

1773 -　*Mémoires contre*
1774　*Goëzman* ◊

1775　*Le Barbier de Séville* •

Lettre modérée sur la chute et la critique du Barbier *de Séville* ◊

1784　**Le Mariage de Figaro** •

1787　*Tarare* ♦

1792　*La Mère coupable* •

❑　Théâtre
•　Œuvres de la trilogie

◊　Écrits théoriques
♦　Opéra

LIRE AUJOURD'HUI
LE MARIAGE DE FIGARO

Après trois ans d'interdiction, *Le Mariage de Figaro* obtint d'emblée un triomphe : douze rappels lors de la première le 27 avril 1784. Viennent ensuite les représentations dans toute l'Europe, et bien sûr l'opéra de Mozart : *Les Noces de Figaro*, en 1786.

Si *Le Mariage de Figaro* (suivi, en 1786, de l'opéra de Mozart *Les Noces de Figaro*) a volé jusqu'à nous, c'est parce que rien d'humain ne lui est étranger, et surtout pas l'aventure humaine par excellence, l'amour. Qu'il s'élance d'un cœur adolescent, celui de Chérubin, vers toutes les femmes, ou qu'il retombe, à bout de souffle, aux pieds de la comtesse Almaviva, délaissée par son mari (qui pourtant se consumait d'amour pour elle dans *Le Barbier de Séville*), le fol amour entrecroise les destinées pour faire de la comédie un « imbroglio », où affleure une sensualité très moderne.

Cette comédie peu ordinaire déborde par sa richesse les cadres du genre : 16 personnages, 92 scènes, une trentaine de péripéties* et le plus long monologue* qu'on n'ait jamais osé jusqu'alors. Les objets, les décors foisonnent, l'espace scénique s'ouvre. Les tons se mêlent, et le sérieux offre de délicats contrepoints au comique. Ces nouveautés sont le signe d'une volonté d'expérimentation, caractéristique du siècle des Lumières : l'interrogation sur l'art va de pair avec l'interrogation sociale et existentielle.

Le Mariage est traversé par les idées neuves qui fondent notre démocratie. Napoléon affirmait que cette pièce était « déjà la Révolution en action ». Elle accueille en effet toutes les contestations de l'ordre ancien – les privilèges, la censure, les lettres de cachet et même la domination masculine… Mais la réflexion philosophique va bien au-delà : Beaumarchais trouve le fondement de la liberté dans la suprématie de la loi à laquelle le comte Almaviva finira par se soumettre.

Parée des chamarrures d'un siècle plus qu'aucun autre lumineux, cette pièce exprime des inquiétudes qui obsèdent aujourd'hui encore les hommes de bonne volonté, et des idéaux qui demeurent leur plus haute espérance.

---

* Les définitions des mots suivis d'un astérisque figurent p. 299.

REPÈRES

L'AUTEUR : Beaumarchais.

PREMIÈRE REPRÉSENTATION : à la Comédie-Française le 27 avril 1784, après trois années de censure. Un triomphe, comme ensuite dans toute l'Europe !

PREMIÈRE PUBLICATION : 1785, avec une longue préface polémique.

LE GENRE : comédie qui prend place dans une « trilogie espagnole », entre une comédie *(Le Barbier de Séville)* et un drame sérieux *(La Mère coupable)*.

LE CONTEXTE : sous le règne de Louis XVI (depuis 1774) et presque à la veille de la Révolution française, les idéaux des Lumières, qui contestent les abus de l'Ancien Régime, et notamment les privilèges des aristocrates, gagnent l'opinion publique.

LA PIÈCE :

• **Forme et structure** : 5 actes en prose, 92 scènes, 16 personnages, et le plus long monologue jamais représenté au théâtre (celui de Figaro, acte V, scène 3).

• **Lieu et temps** : l'Espagne du XVIIIe siècle, miroir de la France où vit Beaumarchais.

• **Personnages** : ceux du *Barbier de Séville* dont *Le Mariage de Figaro* est la suite : le comte Almaviva ; son épouse délaissée, la Comtesse, Rosine ; Suzanne, la cámeriste de la Comtesse ; Figaro, le valet d'Almaviva ; le jeune Chérubin ; Marceline ; Bartholo le médecin ; Antonio le jardinier ; les villageois.

• **Intrigue** : Suzanne et Figaro préparent leur mariage, mais le Comte, aristocrate débauché, veut auparavant obtenir les faveurs de la future épouse, et exercer son « droit du seigneur » (dit plus familièrement « droit de cuissage »).

• **Enjeux** :

– une œuvre où s'affrontent Figaro, valet de comédie porte-parole de Beaumarchais et du tiers état, et un aristocrate libertin, le comte Almaviva, grand corrégidor d'Andalousie (premier magistrat de la ville) ;

– une pièce qui semble annoncer la Révolution française, par l'audace de sa critique des privilèges et de la corruption de la justice ;

– une comédie hors normes par ses péripéties, le rôle des objets, de l'espace scénique, et le mouvement des comédiens.

Gravure de Maleuvre pour illustrer *Le Mariage de Figaro*, acte V
(Bibliothèque nationale de France, Paris).

BEAUMARCHAIS
ET *LE MARIAGE DE FIGARO*

Pierre-Augustin Caron (futur Beaumarchais) naît à Paris le 24 janvier 1732. Jean Fabre, dans son *Histoire des littératures,* énumère tous les rôles de cet « homme-orchestre » : « horloger, harpiste, courtisan, munitionnaire, sous-traitant, spéculateur, négociant, négrier, entremetteur, forestier, plaideur et juge mage, démarcheur, agent double, détective, maître chanteur, diplomate, armateur, pamphlétaire, auteur dramatique, philanthrope, démagogue, patriote, ministre de l'Intérieur (ou presque) ».

L'ASCENSION SOCIALE D'UN APPRENTI HORLOGER

Après avoir été mis en pension dans une école professionnelle à Alfort (1742-1745), il devient apprenti horloger chez son père. Il invente un nouveau mécanisme de montre qui lui gagne le roi et la Pompadour comme clients. En 1756, il profite d'un riche mariage pour prendre le nom d'une terre appartenant à sa femme : désormais, il s'appelle Beaumarchais.

UNE ENTRÉE SPECTACULAIRE DANS LA LITTÉRATURE ET À LA COUR

Dès 1757, Beaumarchais compose des parades*, c'est-à-dire de petites comédies un peu lestes imitant le style populaire et destinées aux théâtres des boulevards.

En 1759, devenu maître de harpe des filles de Louis XV, il se fait des relations et se lance dans les affaires : il amasse assez d'argent pour acheter la charge anoblissante de secrétaire du roi. Il écrit un *Essai sur le genre dramatique sérieux*, mais ses deux premiers drames*, *Eugénie* et *Les Deux Amis*, sont boudés par le public.

UNE VIE PLEINE D'AVENTURES ET DE REBONDISSEMENTS

Après un an de séjour en Espagne en 1765, Beaumarchais veuf depuis onze ans épouse, en 1768, une riche veuve qui meurt deux ans après. Se succèdent alors des procès pour affaires de dettes où Beaumarchais s'oppose au juge Goëzman, et, dans le même temps, des missions secrètes à l'étranger qui lui sont confiées par le roi.

En 1775, la Comédie-Française joue avec succès *Le Barbier de Séville*.

En 1776, Beaumarchais s'occupe de fournir des armes aux insurgés d'Amérique. Il fonde la Société des auteurs dramatiques, pour défendre les droits d'auteur.

En 1784, après trois ans d'interdiction, *Le Mariage de Figaro* triomphe à la Comédie-Française. Soixante-sept représentations seront données dans la même année. En 1785, Beaumarchais publie *Le Mariage* en lui adjoignant une longue préface polémique. Il provoque ensuite la colère du roi dans une lettre qui paraît au *Journal de Paris* ; il est enfermé à la prison Saint-Lazare du 8 au 13 mars 1785.

En 1786 a lieu à Vienne la première représentation de l'opéra composé par Mozart, et dont le livret est inspiré de la pièce de Beaumarchais : *Le Nozze di Figaro* (livret de Da Ponte).

En 1790, il prend le risque de publier les œuvres complètes de Voltaire, ce qui lui attire la confiance des milieux révolutionnaires qui voyaient en celui-ci un précurseur.

La Mère coupable est représentée, en 1792, au théâtre du Marais.

Parce qu'il vit luxueusement dans sa superbe résidence près de la Bastille (sur l'actuel boulevard Beaumarchais), Beaumarchais devient suspect sous la Convention et échappe de justesse à la guillotine. Il émigre à Hambourg, en 1794, où il connaît la pauvreté.

Il meurt trois ans après son retour à Paris, en 1799.

LE MARIAGE DE FIGARO ET SES SOURCES

Pour composer son *Mariage*, il semble que Beaumarchais n'ait pas eu de sources directes, même s'il reprend des thèmes à la mode en son temps, notamment celui du *Droit du seigneur*, pièce de Voltaire (1778), qui traitait pareillement du droit que se seraient donné certains seigneurs d'obtenir les premières faveurs d'une future mariée.

Si Chérubin ressemble au Lindor de l'un des *Contes moraux* de Marmontel, certains pensent que les sources du *Mariage* sont plutôt dans la réalité, et rapprochent la famille Almaviva de celle des Choiseul. Quoi qu'il en soit, au XVIIIᵉ siècle, les aristocrates débauchés ne manquent pas, et l'atmosphère de libertinage qui règne dans la pièce témoigne de l'esprit du temps : *Les Liaisons dangereuses* de Choderlos de Laclos (1782) sont contemporaines du *Mariage*.

LE MARIAGE DE FIGARO DANS LA TRILOGIE ESPAGNOLE

Dès *Le Barbier de Séville* représenté en 1775, Beaumarchais avait déjà imaginé cette suite : « Si je mettais une seconde fois ce caractère [celui de Figaro] sur la scène, comme je le montrerais plus âgé, qu'il en saurait quelque peu davantage, ce serait bien un autre bruit, et qui sait s'il verrait le jour ! » (*Lettre modérée sur la chute et la critique du* Barbier de Séville.)

Son dessein était double : continuer l'histoire d'Almaviva, en montrant ce que deviennent avec le temps les deux amants que Figaro, par ses ruses, avait unis dans *Le Barbier de Séville*, et poursuivre la critique des abus de l'Ancien Régime. Dans *Le Barbier de Séville*, rappelons que Lindor, le comte Almaviva, aime Rosine détenue par Bartholo, son vieux tuteur qui prétend l'épouser contre son gré. Figaro, le valet d'Almaviva, aide son maître à duper Bartholo. *Le Barbier* s'achève par le mariage de Rosine et du comte Almaviva.

Avec *La Mère coupable*, drame représenté en 1792, qui clôt la trilogie, Beaumarchais donne une conclusion au *Mariage,* reprenant l'histoire des mêmes héros, trente ans plus tard : la Comtesse est la mère coupable d'avoir conçu un fils dans une relation adultère avec Léon d'Astorgas, qui n'est autre que le Chérubin du *Mariage*. Le drame sérieux, tel que celui qui achève la trilogie espagnole, est en fait une constante dans l'œuvre de Beaumarchais. Avant d'écrire *Le Barbier de Séville*, il avait composé deux drames, *Eugénie* et *Les Deux Amis*, ainsi qu'un *Essai sur le genre dramatique sérieux* justifiant une esthétique de l'émotion, du pathétique et des bons sentiments. Telle est la réplique qui conclut *Eugénie* : « N'oubliez donc jamais qu'il n'y a de vrais biens sur la terre que dans l'exercice de la vertu. » Certes, une telle morale semble être à l'opposé de ce qui se chante lors du vaudeville final du *Mariage de Figaro*. Pourtant, cette pièce est bien un drame en puissance, une comédie qui tend vers le genre sérieux.

Beaumarchais poursuit ainsi son expérimentation des idées neuves, aussi bien sociales qu'esthétiques. Qu'il rejette l'aristocratique tragédie pour lui substituer le drame bourgeois, ou qu'il crée une comédie foisonnante, il réinvente, encore et toujours, le théâtre.

Pierre-Augustin Caron de Beaumarchais (1732-1799),
portrait par J.-M. Nattier, vers 1760
(Paris, Collection particulière).

La Folle Journée
ou
Le Mariage de Figaro

BEAUMARCHAIS

comédie

*Représentée pour la première fois
par les Comédiens-Français
ordinaires du roi
le mardi 27 avril 1784.*

« En faveur du badinage,
Faites grâce à la raison. »
(Vaudeville *de la pièce.*)

ÉPÎTRE[1] DÉDICATOIRE

Aux personnes trompées sur ma pièce
et qui n'ont pas voulu la voir.

Ô vous que je ne nommerai point ! Cœurs généreux, esprits justes, à qui l'on a donné des préventions contre un ouvrage réfléchi, beaucoup plus gai qu'il n'est frivole ; soit que vous l'acceptiez ou non, je vous en fais l'hommage, et c'est tromper l'envie dans une de ses mesures. Si le hasard vous la fait lire, il la trompera dans une autre, en vous montrant quelle confiance est due à tant de rapports qu'on vous fait !

Un objet de pur agrément peut s'élever encore à l'honneur d'un plus grand mérite : c'est de vous rappeler cette vérité de tous les temps, qu'on connaît mal les hommes et les ouvrages quand on les juge sur la foi d'autrui ; que les personnes, surtout dont l'opinion est d'un grand poids, s'exposent à glacer sans le vouloir ce qu'il fallait peut-être encourager, lorsqu'elles négligent de prendre pour base de leurs jugements le seul conseil qui soit bien pur : celui de leurs propres lumières.

Ma résignation égale mon profond respect.

L'auteur,
1784

---

1. Cette épître était destinée au roi, mais, sur les conseils du baron de Breteuil, ministre de Paris, Beaumarchais renonça à la lui présenter. Elle ne sera publiée qu'en 1809.

Préface[1] de Beaumarchais

En écrivant cette préface, mon but n'est pas de rechercher oiseusement[2] si j'ai mis au théâtre une pièce bonne ou mauvaise ; il n'est plus temps pour moi : mais d'examiner scrupuleusement (et je le dois toujours) si j'ai fait une œuvre
5 blâmable.

Personne n'étant tenu de faire une comédie qui ressemble aux autres, si je me suis écarté d'un chemin trop battu, pour des raisons qui m'ont paru solides, ira-t-on me juger, comme l'ont fait MM. tels, sur des règles qui ne sont pas les miennes ?
10 imprimer puérilement que je reporte l'art à son enfance, parce que j'entreprends de frayer un nouveau sentier à cet art dont la loi première, et peut-être la seule, est d'amuser en instruisant[3] ? Mais ce n'est pas de cela qu'il s'agit.

Il y a souvent très loin du mal que l'on dit d'un ouvrage à
15 celui qu'on en pense. Le trait qui nous poursuit, le mot qui importune reste enseveli dans le cœur, pendant que la bouche se venge en blâmant presque tout le reste. De sorte qu'on peut regarder comme un point établi au théâtre, qu'en fait de reproche à l'auteur, ce qui nous affecte le plus
20 est ce dont on parle le moins.

Il est peut-être utile de dévoiler, aux yeux de tous, ce double aspect des comédies ; et j'aurai fait encore un bon usage de la mienne, si je parviens, en la scrutant, à fixer l'opinion publique sur ce qu'on doit entendre par ces mots :
25 Qu'est-ce que LA DÉCENCE THÉÂTRALE[4] ?

À force de nous montrer délicats, fins connaisseurs et d'affecter, comme j'ai dit autre part[5], l'hypocrisie de la

---

1. Rédigée après la pièce, pour son édition de 1785. Beaumarchais y règle ses comptes avec ses détracteurs (voir p. 253). Les textes des p. 29 à 69 sont tous de Beaumarchais.
2. **Oiseusement :** inutilement.
3. **Amuser en instruisant :** formule définissant la comédie qu'avait adoptée Molière.
4. Les mots ont été mis en capitales, en italiques ou entre guillemets par Beaumarchais.
5. Dans la *Lettre modérée sur la chute et la critique du* Barbier de Séville, Beaumarchais écrivait : « … un siècle où l'hypocrisie de la décence est poussée presque aussi loin que le relâchement des mœurs. »

décence auprès du relâchement des mœurs, nous devenons
des êtres nuls, incapables de s'amuser et de juger de ce qui
30 leur convient : faut-il le dire enfin ? des bégueules[1]
rassasiées[2] qui ne savent plus ce qu'elles veulent, ni ce
qu'elles doivent aimer ou rejeter. Déjà ces mots si rebattus,
bon ton, bonne compagnie, toujours ajustés au niveau de
chaque insipide coterie[3], et dont la latitude est si grande
35 qu'on ne sait où ils commencent et finissent, ont détruit la
franche et vraie gaieté qui distinguait de tout autre le comique de notre nation.

Ajoutez-y le pédantesque abus de ces autres grands mots,
décence et bonnes mœurs, qui donnent un air si important, si
40 supérieur, que nos jugeurs de comédies[4] seraient désolés de
n'avoir pas à les prononcer sur toutes les pièces de théâtre, et
vous connaîtrez à peu près ce qui garrotte le génie, intimide
tous les auteurs, et porte un coup mortel à la vigueur de
l'intrigue, sans laquelle il n'y a pourtant que du bel esprit à
45 la glace[5] et des comédies de quatre jours.

Enfin, pour dernier mal, tous les états de la société sont
parvenus à se soustraire à la censure dramatique : on ne
pourrait mettre au théâtre *Les Plaideurs* de Racine, sans
entendre aujourd'hui les Dandins et les Brid'oisons[6], même
50 des gens plus éclairés, s'écrier qu'il n'y a plus ni mœurs, ni
respect pour les magistrats.

On ne ferait point le *Turcaret*[7], sans avoir à l'instant sur les
bras fermes, sous-fermes, traites et gabelles, droits réunis, tailles,

---

1. **Bégueules** : d'une pudibonderie excessive et souvent affectée (terme
injurieux).
2. **Rassasiées** : blasées.
3. **Coterie** : groupe de personnes qu'unissent les mêmes intérêts ou idées.
4. **Jugeurs de comédies** : censeurs et critiques littéraires.
5. **Bel esprit à la glace** : esprit glacé, qui laisse le spectateur de marbre.
« Bel esprit » tend à devenir péjoratif dans la seconde moitié du
XVIIIᵉ siècle.
6. Perrin **Dandin** est le juge des *Plaideurs*, et **Brid'oison** celui du *Mariage
de Figaro*. Ces deux noms de juges se trouvaient d'abord chez Rabelais.
7. *Turcaret ou le Financier*, pièce de Lesage datée de 1709 : satire des
traitants, c'est-à-dire de financiers ayant traité avec le roi le droit de
relever certains impôts.

taillons, le trop-plein, le trop-bu[1], tous les impositeurs royaux.
55 Il est vrai qu'aujourd'hui *Turcaret* n'a plus de modèles. On l'offrirait sous d'autres traits, l'obstacle resterait le même.

On ne jouerait point les *fâcheux*, les *marquis*, les *emprunteurs*[2] de Molière, sans révolter à la fois la haute, la moyenne, la moderne et l'antique noblesse. Ses *Femmes*
60 *savantes* irriteraient nos féminins bureaux d'esprit[3]. Mais quel calculateur peut évaluer la force et la longueur du levier qu'il faudrait, de nos jours, pour élever jusqu'au théâtre l'œuvre sublime du *Tartuffe* ? Aussi l'auteur qui se compromet avec le public *pour l'amuser ou pour l'instruire*, au lieu
65 d'intriguer[4] à son choix son ouvrage, est-il obligé de tournilller[5] dans des incidents impossibles, de persifler au lieu de rire, et de prendre ses modèles hors de la société, crainte de se trouver mille ennemis, dont il ne connaissait aucun en composant son triste drame.

70 J'ai donc réfléchi que, si quelque homme courageux ne secouait pas toute cette poussière, bientôt l'ennui des pièces françaises porterait la nation au frivole opéra-comique[6], et plus loin encore, aux boulevards, à ce ramas infect de tréteaux élevés à notre honte, où la décente liberté, bannie du Théâtre Français,

---

1. **Trop-bu :** droit levé sur les boissons. Les impôts étaient affermés ou fermés (« fermes », « sous-fermes »), c'est-à-dire vendus à des fermiers généraux, des traitants ou « impositeurs » très impopulaires. À la liste des divers impôts, Beaumarchais ajoute un *trop-plein* par plaisanterie.
2. On peut penser au *Dom Juan* de Molière, emprunteur de monsieur Dimanche (acte IV, scène 3).
3. **Bureaux d'esprit :** salons où l'on parlait essentiellement de littérature. L'expression est devenue péjorative : « Là du faux bel esprit se tiennent les bureaux », Boileau, Satire X.
4. **Intriguer :** construire une intrigue. Une pièce bien intriguée est remplie d'événements, de rebondissements ménagés avec art.
5. **Tourniller :** tourner de tout côté (néologisme) ; le mot n'est pas dans les dictionnaires de l'époque.
6. **Opéra-comique :** pièces entrecoupées de chants et de musiques légères qui se jouaient dans des théâtres ambulants. La condamnation de l'opéra-comique et des théâtres de boulevard surprend : Beaumarchais a en effet écrit une version du *Barbier de Séville* sous forme d'opéra-comique ; en outre, il a composé ses parades pour les tréteaux des boulevards.

75 se change en une licence effrénée ; où la jeunesse va se nourrir
de grossières inepties, et perdre, avec ses mœurs, le goût de la
décence et des chefs-d'œuvre de nos maîtres. J'ai tenté d'être
cet homme ; et si je n'ai pas mis plus de talent à mes ouvrages,
au moins mon intention s'est-elle manifestée dans tous.

80   J'ai pensé, je pense encore, qu'on n'obtient ni grand
pathétique, ni profonde moralité, ni bon et vrai comique au
théâtre, sans des situations fortes, et qui naissent toujours
d'une disconvenance sociale[1] dans le sujet qu'on veut traiter.
L'auteur tragique, hardi dans ses moyens, ose admettre le
85 crime atroce : les conspirations, l'usurpation du trône, le
meurtre, l'empoisonnement, l'inceste dans *Œdipe*[2] et
Phèdre[3] ; le fratricide dans *Vendôme*[4] ; le parricide dans
Mahomet[5] ; le régicide dans *Macbeth*[6], etc., etc. La comédie,
moins audacieuse, n'excède pas[7] les disconvenances, parce
90 que ses tableaux sont tirés de nos mœurs, ses sujets de la
société. Mais comment frapper sur l'avarice, à moins de
mettre en scène un méprisable avare ? démasquer l'hypocrisie,
sans montrer, comme Orgon dans *Le Tartuffe*, un abominable hypocrite, *épousant sa fille et convoitant sa femme* ? un
95 homme à bonnes fortunes[8], sans le faire parcourir un cercle
entier de femmes galantes ? un joueur[9] effréné, sans l'enve-
lopper de fripons, s'il ne l'est pas déjà lui-même ?

  Tous ces gens-là sont loin d'être vertueux ; l'auteur ne les
donne pas pour tels : il n'est le patron d'aucun d'eux, il est le
100 peintre de leurs vices. Et parce que le lion est féroce, le loup

---

1. **Disconvenance sociale** : tout ce qui ne convient pas à l'ordre social
   (ordre établi).
2. *Œdipe* : tragédie grecque de Sophocle, réécrite par Corneille, puis par
   Voltaire.
3. *Phèdre* : tragédie grecque d'Euripide, réécrite par Racine.
4. *Vendôme* : personnage d'une pièce de Voltaire, *Adélaïde du Guesclin* (1734).
5. *Mahomet : tragédie de Voltaire* (1742).
6. *Macbeth* : tragédie de Shakespeare, adaptée par Ducis (dramaturge
   contemporain de Beaumarchais) et jouée en France en 1784.
7. **N'excède pas** : ne va pas au-delà.
8. **Homme à bonnes fortunes** : séducteur et corrupteur. Expression tirée
   du titre d'une pièce de Baron (1686).
9. *Le Joueur* est le titre d'une comédie de Regnard (1696).

vorace et glouton, le renard rusé, cauteleux[1], la fable est-elle sans moralité ? Quand l'auteur la dirige contre un sot que la louange enivre, il fait choir du bec du corbeau le fromage dans la gueule du renard, sa moralité est remplie ; s'il la tournait
105 contre le bas flatteur, il finirait son apologue[2] ainsi : *Le renard s'en saisit, le dévore ; mais le fromage était empoisonné.* La fable est une comédie[3] légère, et toute comédie n'est qu'un long apologue : leur différence est que dans la fable les animaux ont de l'esprit, et que dans notre comédie les hommes sont
110 souvent des bêtes, et, qui pis est, des bêtes méchantes.

Ainsi, lorsque Molière, qui fut si tourmenté par les sots, donne à l'avare un fils prodigue et vicieux qui lui vole sa cassette et l'injurie en face, est-ce des vertus ou des vices qu'il tire sa moralité ? que lui importent ces fantômes ? c'est
115 vous qu'il entend corriger. Il est vrai que les afficheurs et balayeurs littéraires[4] de son temps ne manquèrent pas d'apprendre au bon public combien tout cela était horrible ! Il est aussi prouvé que des envieux très importants, ou des importants très envieux, se déchaînèrent contre lui. Voyez le
120 sévère Boileau, dans son épître au grand Racine, venger son ami qui n'est plus, en rappelant ainsi les faits :

> *L'Ignorance et l'Erreur, à ses naissantes pièces,*
> *En habits de marquis, en robes de comtesses,*
> *Venaient pour diffamer son chef-d'œuvre nouveau,*
125 > *Et secouaient la tête à l'endroit le plus beau.*
> *Le commandeur voulait la scène plus exacte ;*
> *Le vicomte, indigné, sortait au second acte :*
> *L'un, défenseur zélé des dévots mis en jeu,*
> *Pour prix de ses bons mots le condamnait au feu ;*
130 > *L'autre, fougueux marquis, lui déclarant la guerre,*
> *Voulait venger la Cour immolée au parterre[5].*

---

1. **Cauteleux :** rusé et prudent.
2. **Apologue :** récit qui illustre une leçon de morale.
3. C'est ainsi que La Fontaine définit ses fables.
4. **Afficheurs et balayeurs littéraires :** les critiques littéraires.
5. Épître VII de Boileau (1677).

On voit même dans un placet[1] de Molière à Louis XIV, qui fut si grand en protégeant les arts, et sans le goût éclairé duquel notre théâtre n'aurait pas un seul chef-d'œuvre de
135 Molière ; on voit ce philosophe auteur se plaindre amèrement au roi que, pour avoir démasqué les hypocrites, ils imprimaient partout qu'il était *un libertin, un impie, un athée, un démon vêtu de chair, habillé en homme*[2] ; et cela s'imprimait avec APPROBATION ET PRIVILÈGE de ce roi qui le
140 protégeait : rien là-dessus n'est empiré[3].

Mais, parce que les personnages d'une pièce s'y montrent sous des mœurs vicieuses, faut-il les bannir de la scène ? Que poursuivrait-on au théâtre ? les travers et les ridicules ? Cela vaut bien la peine d'écrire ! Ils sont chez nous comme les
145 modes : on ne s'en corrige point, on en change.

Les vices, les abus, voilà ce qui ne change point, mais se déguise en mille formes sous le masque des mœurs dominantes : leur arracher ce masque et les montrer à découvert, telle est la noble tâche de l'homme qui se voue au théâtre. Soit
150 qu'il moralise en riant, soit qu'il pleure en moralisant, Héraclite[4] ou Démocrite[5], il n'a pas un autre devoir. Malheur à lui, s'il s'en écarte ! On ne peut corriger les hommes qu'en les faisant voir tels qu'ils sont. La comédie utile et véridique n'est point un éloge menteur, un vain discours d'académie.
155 Mais gardons-nous bien de confondre cette critique générale, un des plus nobles buts de l'art, avec la satire odieuse et personnelle : l'avantage de la première est de corriger sans blesser. Faites prononcer au théâtre, par l'homme juste, aigri de l'horrible abus des bienfaits, *tous les hommes sont des ingrats* :
160 quoique chacun soit bien près de penser comme lui, personne

---

1. **Placet** : courte demande écrite pour obtenir une grâce.
2. Le texte exact de Molière extrait du *Premier Placet présenté au roi sur la Comédie du Tartuffe* est : « [...] je suis un démon vêtu de chair et habillé en homme, un libertin, un impie digne d'un supplice exemplaire. »
3. **Rien là-dessus n'est empiré** : rien n'est exagéré.
4. **Héraclite** : philosophe de l'Antiquité grecque (v. 550-480 av. J.-C.) qui symbolise le pessimisme.
5. **Démocrite** : philosophe de l'Antiquité grecque (v. 460-370 av. J.-C.) qui représente l'optimisme.

ne s'en offensera. Ne pouvant y avoir un ingrat sans qu'il existe un bienfaiteur, ce reproche même établit une balance égale entre les bons et les mauvais cœurs, on le sent et cela console. Que si l'humoriste[1] répond *qu'un bienfaiteur fait cent ingrats,*
165 on répliquera justement *qu'il n'y a peut-être pas un ingrat qui n'ait été plusieurs fois bienfaiteur* : et cela console encore. Et c'est ainsi qu'en généralisant, la critique la plus amère porte du fruit sans nous blesser, quand la satire personnelle, aussi stérile que funeste, blesse toujours et ne produit jamais. Je hais partout
170 cette dernière, et je la crois un si punissable abus, que j'ai plusieurs fois d'office invoqué la vigilance du magistrat pour empêcher que le théâtre ne devînt une arène de gladiateurs, où le puissant se crût en droit de faire exercer ses vengeances par les plumes vénales[2], et malheureusement trop communes, qui
175 mettent leur bassesse à l'enchère.

N'ont-ils donc pas assez, ces Grands, des mille et un feuillistes[3], faiseurs de bulletins, afficheurs, pour y trier les plus mauvais, en choisir un bien lâche, et dénigrer qui les offusque ? On tolère un si léger mal, parce qu'il est sans
180 conséquence, et que la vermine éphémère démange un instant et périt ; mais le théâtre est un géant qui blesse à mort tout ce qu'il frappe. On doit réserver ses grands coups pour les abus et pour les maux publics.

Ce n'est donc ni le vice ni les incidents qu'il amène, qui
185 font l'indécence théâtrale ; mais le défaut de leçons et de moralité. Si l'auteur, ou faible ou timide, n'ose en tirer de son sujet voilà ce qui rend sa pièce équivoque ou vicieuse.

Lorsque je mis *Eugénie*[4] au théâtre (et il faut bien que je me cite, puisque c'est toujours moi qu'on attaque), lorsque
190 je mis *Eugénie* au théâtre, tous nos jurés-crieurs[5] à la décence

---

1. **Humoriste :** qui a de l'humeur, qui est de mauvaise humeur, qui a l'esprit chagrin.
2. **Vénales :** qu'on achète.
3. **Feuillistes :** journalistes payés à la feuille (néologisme péjoratif).
4. Drame de Beaumarchais (1767).
5. **Jurés-crieurs :** officiers publics (sortes de crieurs publics) qui publiaient des édits ou faisaient des annonces au son des trompettes. Désigne ici humoristiquement les censeurs royaux.

jetaient des flammes dans les foyers[1] sur ce que j'avais osé montrer un seigneur libertin, habillant ses valets en prêtres, et feignant d'épouser une jeune personne qui paraît enceinte au théâtre, sans avoir été mariée.

195 Malgré leurs cris, la pièce a été jugée, sinon le meilleur, au moins le plus moral des drames, constamment jouée sur tous les théâtres, et traduite dans toutes les langues. Les bons esprits ont vu que la moralité, que l'intérêt y naissaient entièrement de l'abus qu'un homme puissant et vicieux fait de son
200 nom, de son crédit pour tourmenter une faible fille sans appui, trompée, vertueuse et délaissée. Ainsi tout ce que l'ouvrage a d'utile et de bon naît du courage qu'eut l'auteur d'oser porter la disconvenance sociale au plus haut point de liberté.

Depuis, j'ai fait *Les Deux Amis*[2], pièce dans laquelle un
205 père avoue à sa prétendue nièce qu'elle est sa fille illégitime. Ce drame est aussi très moral, parce qu'à travers les sacrifices de la plus parfaite amitié, l'auteur s'attache à y montrer les devoirs qu'impose la nature sur les fruits d'un ancien amour, que la rigoureuse dureté des convenances sociales, ou plutôt
210 leur abus, laisse trop souvent sans appui.

Entre autres critiques de la pièce, j'entendis dans une loge, auprès de celle que j'occupais, un jeune *important* de la Cour qui disait gaiement à des dames : « L'auteur, sans doute, est un garçon fripier qui ne voit rien de plus élevé que des commis des
215 fermes et des marchands d'étoffes ; et c'est au fond d'un magasin qu'il va chercher les nobles amis qu'il traduit à la scène française ! – Hélas ! monsieur, lui dis-je en m'avançant, il a fallu du moins les prendre où il n'est pas impossible de les supposer. Vous ririez bien plus de l'auteur s'il eût tiré deux vrais amis de
220 l'Œil-de-bœuf[3] ou des carrosses ? Il faut un peu de vraisemblance, même dans les actes vertueux. »

---

1. **Foyers :** lieux où les acteurs se réchauffent en hiver.
2. Drame bourgeois de Beaumarchais (1770).
3. **Œil-de-bœuf :** fenêtre ronde qui éclairait l'antichambre du grand appartement à Versailles (salle d'attente). Par métonymie, l'Œil-de-bœuf désigne donc l'antichambre du roi.

Me livrant à mon gai caractère, j'ai depuis tenté, dans *Le Barbier de Séville*, de ramener au théâtre l'ancienne et franche gaieté, en l'alliant avec le ton léger de notre plaisanterie
225 actuelle ; mais comme cela même était une espèce de nouveauté, la pièce fut vivement poursuivie. Il semblait que j'eusse ébranlé l'État ; l'excès des précautions qu'on prit et des cris qu'on fit contre moi décelait surtout la frayeur que certains vicieux de ce temps avaient de s'y voir démasqués.
230 La pièce fut censurée quatre fois, cartonnée trois fois sur l'affiche[1], à l'instant d'être jouée, dénoncée même au Parlement d'alors, et moi, frappé de ce tumulte, je persistais à demander que le public restât le juge de ce que j'avais destiné à l'amusement du public.

235 Je l'obtins au bout de trois ans. Après les clameurs, les éloges, et chacun me disait tout bas : « Faites-nous donc des pièces de ce genre, puisqu'il n'y a plus que vous qui osiez rire en face. »

Un auteur désolé par la cabale et les criards, mais qui voit
240 sa pièce marcher, reprend courage ; et c'est ce que j'ai fait. Feu M. le prince de Conti[2], de patriotique mémoire (car, en frappant l'air de son nom, l'on sent vibrer le vieux mot *patrie*), feu M. le prince de Conti, donc, me porta le défi public de mettre au théâtre ma préface du *Barbier*, plus gaie,
245 disait-il, que la pièce, et d'y montrer la famille de Figaro, que j'indiquais dans cette préface. « Monseigneur, lui répondis-je, si je mettais une seconde fois ce caractère sur la scène, comme je le montrerais plus âgé, qu'il en saurait quelque peu davantage, ce serait bien un autre bruit ; et qui sait s'il
250 verrait le jour ? » Cependant, par respect, j'acceptai le défi ; je composai cette *Folle Journée*, qui cause aujourd'hui la rumeur. Il daigna la voir le premier. C'était un homme d'un grand caractère, un prince auguste, un esprit noble et fier : le dirai-je ? il en fut content.

---

1. L'affiche de la pièce interdite était recouverte d'un carton vierge ou d'une autre affiche annonçant un nouveau spectacle.
2. **Conti** : Louis-François de Bourbon, prince de Conti (1717-1776) qui fut le protecteur de Beaumarchais.

255 Mais quel piège, hélas ! j'ai tendu au jugement de nos critiques en appelant ma comédie du vain nom de *Folle Journée* ! Mon objet était bien de lui ôter quelque importance ; mais je ne savais pas encore à quel point un changement d'annonce peut égarer tous les esprits. En lui laissant[1] son
260 véritable titre, on eût lu *L'Époux suborneur*[2]. C'était pour eux une autre piste, on me courait[3] différemment. Mais ce nom de *Folle Journée* les a mis à cent lieues de moi : ils n'ont plus rien vu dans l'ouvrage que ce qui n'y sera jamais ; et cette remarque un peu sévère sur la facilité de prendre le
265 change[4] a plus d'étendue qu'on ne croit. Au lieu du nom de *George Dandin*, si Molière eût appelé son drame *La Sottise des alliances*, il eût porté bien plus de fruit ; si Regnard eût nommé son *Légataire*[5], *La Punition du célibat*, la pièce nous eût fait frémir. Ce à quoi il ne songea pas, je l'ai fait avec
270 réflexion. Mais qu'on ferait un beau chapitre sur tous les jugements des hommes et la morale du théâtre, et qu'on pourrait intituler : *De l'influence de l'affiche* !

Quoi qu'il en soit, *La Folle Journée* resta cinq ans au portefeuille[6] ; les Comédiens[7] ont su que je l'avais, ils me
275 l'ont enfin arrachée. S'ils ont bien ou mal fait pour eux, c'est ce qu'on a pu voir depuis. Soit que la difficulté de la rendre excitât leur émulation, soit qu'ils sentissent avec le public que pour lui plaire en comédie il fallait de nouveaux efforts, jamais pièce aussi difficile n'a été jouée avec autant d'ensemble,
280 et si l'auteur (comme on le dit) est resté au-dessous de lui-même, il n'y a pas un seul acteur dont cet ouvrage n'ait

---

1. **En lui laissant :** si je lui avais laissé.
2. **Suborneur :** séducteur sans scrupule.
3. **On me courait :** on me poursuivait.
4. **Prendre le change :** terme de vénerie, la bête « donne le change » lorsqu'elle en fait lever une autre à sa place et les chiens « prennent le change » lorsqu'ils se mettent à poursuivre la nouvelle bête (à la place de la première).
5. *Le Légataire universel :* comédie de Regnard de 1708.
6. **Au portefeuille :** la pièce est écrite, mais reste à l'état de manuscrit sans être jouée.
7. **Comédiens :** de la Comédie-Française (Théâtre-Français).

établi, augmenté ou confirmé la réputation. Mais revenons à sa lecture, à l'adoption des Comédiens[1].

285 Sur l'éloge outré qu'ils en firent, toutes les sociétés voulurent le connaître, et dès lors il fallut me faire des querelles de toute espèce, ou céder aux instances universelles. Dès lors aussi les grands ennemis de l'auteur ne manquèrent pas de répandre à la Cour qu'il blessait dans cet ouvrage, d'ailleurs *un tissu de bêtises*, la religion, le gouvernement,
290 tous les états de la société, les bonnes mœurs, et qu'enfin la vertu y était opprimée et le vice triomphant, *comme de raison*[2], ajoutait-on. Si les graves messieurs qui l'ont tant répété me font l'honneur de lire cette préface, ils y verront au moins que j'ai cité bien juste ; et la bourgeoise intégrité
295 que je mets à mes citations n'en fera que mieux ressortir la noble infidélité des leurs.

Ainsi, dans *Le Barbier de Séville*, je n'avais qu'ébranlé l'État ; dans ce nouvel essai plus infâme et plus séditieux, je le renversais de fond en comble. Il n'y avait plus rien de sacré, si
300 l'on permettait cet ouvrage. On abusait l'autorité par les plus insidieux rapports ; on cabalait auprès des corps puissants ; on alarmait les dames timorées ; on me faisait des ennemis sur le prie-Dieu des oratoires : et moi, selon les hommes et les lieux, je repoussais la basse intrigue par mon excessive
305 patience, par la raideur de mon respect, l'obstination de ma docilité ; par la raison, quand on voulait l'entendre.

Ce combat a duré quatre ans. Ajoutez-les aux cinq du portefeuille[3] : que reste-t-il des allusions qu'on s'efforce à voir dans l'ouvrage ? Hélas ! quand il fut composé, tout ce
310 qui fleurit aujourd'hui n'avait pas même encore germé : c'était tout un autre univers.

Pendant ces quatre ans de débat, je ne demandais qu'un censeur ; on m'en accorda cinq ou six. Que virent-ils dans l'ouvrage, objet d'un tel déchaînement ? La plus badine des

---

1. **L'adoption des Comédiens :** l'adoption par les Comédiens.
2. **Comme de raison :** comme il convient.
3. **Aux cinq du portefeuille :** aux cinq années où la pièce est restée à l'état de manuscrit.

315 intrigues. Un grand seigneur espagnol, amoureux d'une jeune
fille qu'il veut séduire, et les efforts que cette fiancée, celui
qu'elle doit épouser et la femme du seigneur réunissent pour
faire échouer dans son dessein un maître absolu, que son rang,
sa fortune et sa prodigalité rendent tout-puissant pour
320 l'accomplir. Voilà tout, rien de plus. La pièce est sous vos yeux.

D'où naissent donc ces cris perçants ? De ce qu'au lieu
de poursuivre un seul caractère vicieux, comme le joueur,
l'ambitieux, l'avare, ou l'hypocrite, ce qui ne lui eût mis sur
les bras qu'une seule classe d'ennemis, l'auteur a profité
325 d'une composition légère, ou plutôt a formé son plan de
façon à y faire entrer la critique d'une foule d'abus qui déso-
lent la société. Mais comme ce n'est pas là ce qui gâte un
ouvrage aux yeux du censeur éclairé, tous, en l'approuvant,
l'ont réclamé pour le théâtre. Il a donc fallu l'y souffrir :
330 alors les grands du monde ont vu jouer avec scandale.

Cette pièce où l'on peint un insolent valet
Disputant sans pudeur son épouse à son maître.

M. GUDIN[1].

Oh ! que j'ai de regret de n'avoir pas fait de ce sujet
335 moral une tragédie bien sanguinaire ! Mettant un poignard à
la main de l'époux outragé, que je n'aurais pas nommé
Figaro, dans sa jalouse fureur je lui aurais fait noblement
poignarder le Puissant vicieux ; et comme il aurait vengé son
honneur dans des vers carrés, bien ronflants, et que mon
340 jaloux, tout au moins général d'armée, aurait eu pour rival
quelque tyran bien horrible et régnant au plus mal sur un
peuple désolé, tout cela, très loin de nos mœurs, n'aurait, je
crois, blessé personne, on eût crié *bravo ! ouvrage bien*
moral ! Nous étions sauvés, moi et mon Figaro sauvage.

345 Mais ne voulant qu'amuser nos Français et non faire ruis-
seler les larmes de leurs épouses, de mon coupable amant j'ai
fait un jeune seigneur de ce temps-là, prodigue, assez galant,

---

1. Gudin de la Bresnellerie, ami, biographe et éditeur de Beaumarchais
(1738-1812).

même un peu libertin, à peu près comme les autres seigneurs de ce temps-là. Mais qu'oserait-on dire au théâtre d'un
350 seigneur, sans les offenser tous, sinon de lui reprocher son trop de galanterie ? N'est-ce pas là le défaut le moins contesté par eux-mêmes ? J'en vois beaucoup d'ici rougir modestement (et c'est un noble effort) en convenant que j'ai raison.

Voulant donc faire le mien coupable, j'ai eu le respect
355 généreux de ne lui prêter aucun des vices du peuple. Direz-vous que je ne le pouvais pas, que c'eût été blesser toutes les vraisemblances ? Concluez donc en faveur de ma pièce, puisque enfin je ne l'ai pas fait.

Le défaut même dont je l'accuse n'aurait produit aucun
360 mouvement comique, si je ne lui avais gaiement opposé l'homme le plus dégourdi de sa nation, *le véritable Figaro*[1], qui, tout en défendant Suzanne, sa propriété, se moque des projets de son maître, et s'indigne très plaisamment qu'il ose jouter de ruse avec lui, maître passé dans ce genre d'escrime.
365 Ainsi, d'une lutte assez vive entre l'abus de la puisance, l'oubli des principes, la prodigalité, l'occasion, tout ce que la séduction a de plus entraînant, et le feu, l'esprit, les ressources que l'infériorité piquée au jeu peut opposer à cette attaque, il naît dans ma pièce un jeu plaisant d'intrigue, où l'époux
370 suborneur, contrarié, lassé, harassé, toujours arrêté dans ses vues, est obligé, trois fois[2] dans cette journée, de tomber aux pieds de sa femme, qui, bonne, indulgente et sensible, finit par lui pardonner : c'est ce qu'elles font toujours. Qu'a donc cette moralité de blâmable, messieurs ?
375 La trouvez-vous un peu badine pour le ton grave que je prends ? Accueillez-en une plus sévère qui blesse vos yeux dans l'ouvrage, quoique vous ne l'y cherchiez pas : c'est qu'un seigneur assez vicieux pour vouloir prostituer à ses caprices tout ce qui lui est subordonné, pour se jouer, dans
380 ses domaines, de la pudicité de toutes ses jeunes vassales, doit finir, comme celui-ci, par être la risée de ses valets. Et

---

1. Ses détracteurs présentaient Figaro comme le double de Beaumarchais.
2. **Trois fois** : acte II, scène 19, acte IV, scène 5, et dans la scène finale.

c'est ce que l'auteur a très fortement prononcé, lorsqu'en fureur, au cinquième acte, Almaviva, croyant confondre une femme infidèle, montre à son jardinier un cabinet, en lui
385 criant : *Entres-y, toi, Antonio ; conduis devant son juge l'infâme qui m'a déshonoré* ; et que celui-ci lui répond : *Il y a, parguenne, une bonne Providence ! Vous en avez tant fait dans le pays, qu'il faut bien aussi qu'à votre tour... !*[1]

Cette profonde moralité se fait sentir dans tout
390 l'ouvrage ; et s'il convenait à l'auteur de démontrer aux adversaires qu'à travers sa forte leçon il a porté la considération pour la dignité du coupable plus loin qu'on ne devait l'attendre de la fermeté de son pinceau, je leur ferais remarquer que, croisé dans tous ses projets, le comte Almaviva se
395 voit toujours humilié, sans être jamais avili.

En effet, si la Comtesse usait de ruse pour aveugler sa jalousie dans le dessein de le trahir, devenue coupable elle-même, elle ne pourrait mettre à ses pieds son époux sans le dégrader à nos yeux. La vicieuse intention de l'épouse brisant
400 un lien respecté, l'on reprocherait justement à l'auteur d'avoir tracé des mœurs blâmables : car nos jugements sur les mœurs se rapportent toujours aux femmes ; on n'estime pas assez les hommes pour tant exiger d'eux sur ce point délicat. Mais loin qu'elle ait ce vil projet, ce qu'il y a de mieux établi
405 dans l'ouvrage est que nul ne veut faire une tromperie au Comte, mais seulement l'empêcher d'en faire à tout le monde. C'est la pureté des motifs qui sauve ici les moyens du reproche ; et de cela seul que la Comtesse ne veut que ramener son mari, toutes les confusions qu'il éprouve sont certai-
410 nement très morales, aucune n'est avilissante.

Pour que cette vérité vous frappe davantage, l'auteur oppose à ce mari peu délicat la plus vertueuse des femmes, par goût et par principes.

Abandonnée d'un époux trop aimé, quand l'expose-t-on à
415 vos regards ? Dans le moment critique où sa bienveillance pour un aimable enfant, son filleul, peut devenir un goût

---

1. Voir texte exact acte V, scène 14, p. 237.

dangereux, si elle permet au ressentiment qui l'appuie de prendre trop d'empire sur elle. C'est pour mieux faire ressortir l'amour vrai du devoir, que l'auteur la met un moment aux
420 prises avec un goût naissant qui le combat. Oh ! combien on s'est étayé de ce léger mouvement dramatique pour nous accuser d'indécence ! On accorde à la tragédie que toutes les reines, les princesses, aient des passions bien allumées qu'elles combattent plus ou moins ; et l'on ne souffre pas que, dans la
425 comédie, une femme ordinaire puisse lutter contre la moindre faiblesse ! Ô grande *influence de l'affiche* ! jugement sûr et conséquent ! Avec la différence du genre, on blâme ici ce qu'on approuvait là. Et cependant, en ces deux cas, c'est toujours le même principe : point de vertu sans sacrifice.

430 J'ose en appeler à vous, jeunes infortunées que votre malheur attache à des Almaviva ! Distingueriez-vous toujours votre vertu de vos chagrins, si quelque intérêt[1] importun, tendant trop à les dissiper, ne vous avertissait enfin qu'il est temps de combattre pour elle ? Le chagrin de
435 perdre un mari n'est pas ici ce qui nous touche, un regret aussi personnel est trop loin d'être une vertu. Ce qui nous plaît dans la Comtesse, c'est de la voir lutter franchement contre un goût naissant qu'elle blâme, et des ressentiments légitimes. Les efforts qu'elle fait alors pour ramener son infi-
440 dèle époux, mettant dans le plus heureux jour les deux sacrifices pénibles de son goût et de sa colère, on n'a nul besoin d'y penser pour applaudir à son triomphe ; elle est un modèle de vertu, l'exemple de son sexe et l'amour du nôtre.

Si cette métaphysique[2] de l'honnêteté des scènes, si ce
445 principe avoué de toute décence théâtrale n'a point frappé nos juges à la représentation, c'est vainement que j'en étendrais ici le développement, les conséquences ; un tribunal d'iniquité n'écoute point les défenses de l'accusé qu'il est

---

1. **Intérêt :** inclination amoureuse.
2. **Métaphysique :** science qui traite des fondements et principes de la connaissance ; Beaumarchais désigne par ce terme les principes qui justifient la psychologie de ses personnages.

chargé de perdre, et ma Comtesse n'est point traduite au
450 parlement de la nation : c'est une commission[1] qui la juge.

On a vu la légère esquisse de son aimable caractère dans
la charmante pièce d'*Heureusement*[2]. Le goût naissant que la
jeune femme éprouve pour son petit cousin l'officier n'y
parut blâmable à personne, quoique la tournure des scènes
455 pût laisser à penser que la soirée eût fini d'autre manière, si
l'époux ne fût pas rentré, comme dit l'auteur, *heureusement*.
Heureusement aussi l'on n'avait pas le projet de calomnier
cet auteur : chacun se livra de bonne foi à ce doux intérêt
qu'inspire une jeune femme honnête et sensible, qui réprime
460 ses premiers goûts ; et notez que, dans cette pièce, l'époux
ne paraît qu'un peu sot ; dans la mienne, il est infidèle : ma
Comtesse a plus de mérite.

Aussi, dans l'ouvrage que je défends, le plus véritable
intérêt se porte-t-il sur la Comtesse ; le reste est dans le
465 même esprit.

Pourquoi Suzanne, la camariste[3] spirituelle, adroite et
rieuse, a-t-elle aussi le droit de nous intéresser ? C'est qu'attaquée par un séducteur puissant, avec plus d'avantage qu'il
n'en faudrait pour vaincre une fille de son état, elle n'hésite
470 pas à confier les intentions du Comte aux deux personnes les
plus intéressées à bien surveiller sa conduite : sa maîtresse et
son fiancé[4]. C'est que, dans tout son rôle, presque le plus
long de la pièce, il n'y a pas une phrase, un mot qui ne respire
la sagesse et l'attachement à ses devoirs : la seule ruse qu'elle
475 se permette est en faveur de sa maîtresse, à qui son dévoue-
ment est cher, et dont tous les vœux[5] sont honnêtes.

Pourquoi, dans ses libertés sur son maître, Figaro
m'amuse-t-il au lieu de m'indigner ? C'est que, l'opposé des
valets, il n'est pas, et vous le savez, le malhonnête homme de
480 la pièce : en le voyant forcé, par son état, de repousser

---

1. **Commission :** des gens commis pour ce faire.
2. Comédie de Rochon de Chabannes (1762).
3. **Camariste :** femme de chambre (camériste).
4. Voir acte I, scène 2 et acte II, scène 1.
5. **Vœux :** désirs amoureux.

l'insulte avec adresse, on lui pardonne tout, dès qu'on sait qu'il ne ruse avec son seigneur que pour garantir ce qu'il aime et sauver sa propriété.

Donc, hors le Comte et ses agents, chacun fait dans la
485 pièce à peu près ce qu'il doit. Si vous les croyez malhonnêtes parce qu'ils disent du mal les uns des autres, c'est une règle très fautive. Voyez nos honnêtes gens du siècle : on passe la vie à ne faire autre chose ! Il est même tellement reçu[1] de déchirer sans pitié les absents, que moi, qui les défends toujours,
490 j'entends murmurer très souvent : « Quel diable d'homme, et qu'il est contrariant ! il dit du bien de tout le monde ! »

Est-ce mon page, enfin, qui vous scandalise ? et l'immoralité qu'on reproche au fond de l'ouvrage serait-elle dans l'accessoire ? Ô censeurs délicats, beaux esprits sans fatigue, inquisi-
495 teurs pour la morale, qui condamnez en un clin d'œil les réflexions de cinq années, soyez justes une fois, sans tirer à conséquence[2]. Un enfant de treize ans, aux premiers battements du cœur, cherchant tout sans rien démêler, idolâtre, ainsi qu'on l'est à cet âge heureux, d'un objet céleste pour lui, dont
500 le hasard fit sa marraine, est-il un sujet de scandale ? Aimé de tout le monde au château, vif, espiègle et brûlant comme tous les enfants spirituels, par son agitation extrême, il dérange dix fois sans le vouloir les coupables projets du Comte. Jeune adepte de la nature[3], tout ce qu'il voit a droit de l'agiter : peut-
505 être il n'est plus un enfant, mais il n'est pas encore un homme ; et c'est le moment que j'ai choisi pour qu'il obtînt de l'intérêt, sans forcer personne à rougir. Ce qu'il éprouve innocemment, il l'inspire partout de même. Direz-vous qu'on l'aime d'amour ? Censeurs, ce n'est pas le mot. Vous êtes trop éclairés pour
510 ignorer que l'amour, même le plus pur, a un motif intéressé : on ne l'aime donc pas encore ; on sent qu'un jour on l'aimera. Et c'est ce que l'auteur a mis avec gaieté dans la bouche de

---

1. **Reçu :** admis.
2. **Sans tirer à conséquence :** sans tirer des conclusions hâtives.
3. Référence sans doute humoristique aux théories de Rousseau, Chérubin obéit à ses instincts naturels.

Suzanne, quand elle dit à cet enfant : *Oh ! dans trois ou quatre ans, je prédis que vous serez le plus grand petit vaurien*[1]…

515   Pour lui imprimer plus fortement le caractère de l'enfance, nous le faisons exprès tutoyer par Figaro. Supposez-lui deux ans de plus, quel valet dans le château prendrait ces libertés ? Voyez-le à la fin de son rôle[2] ; à peine a-t-il un habit d'officier, qu'il porte la main à l'épée aux premières
520   railleries du Comte, sur le quiproquo d'un soufflet. Il sera fier, notre étourdi ! mais c'est un enfant, rien de plus. N'ai-je pas vu nos dames, dans les loges, aimer mon page à la folie ? Que lui voulaient-elles ? Hélas ! rien : c'était de l'intérêt aussi ; mais, comme celui de la Comtesse, un pur et naïf inté-
525   rêt… un intérêt… sans intérêt.

Mais est-ce la personne du page, ou la conscience du seigneur, qui fait le tourment du dernier toutes les fois que l'auteur les condamne à se rencontrer dans la pièce ? Fixez ce léger aperçu, il peut vous mettre sur la voie ; ou plutôt
530   apprenez de lui que cet enfant n'est amené que pour ajouter à la moralité de l'ouvrage, en vous montrant que l'homme le plus absolu chez lui, dès qu'il suit un projet coupable, peut être mis au désespoir par l'être le moins important, par celui qui redoute le plus de se rencontrer sur sa route.

535   Quand mon page aura dix-huit ans, avec le caractère vif et bouillant que je lui ai donné, je serai coupable à mon tour si je le montre sur la scène. Mais à treize ans, qu'inspire-t-il ? Quelque chose de sensible et doux, qui n'est amitié ni amour, et qui tient un peu de tous deux.

540   J'aurais de la peine à faire croire à l'innocence de ces impressions, si nous vivions dans un siècle moins chaste[3], dans un de ces siècles de calcul, où, voulant tout prématuré comme les fruits de leurs serres chaudes, les Grands mariaient leurs enfants à douze ans, et faisaient plier la
545   nature, la décence et le goût aux plus sordides convenances, en se hâtant surtout d'arracher de ces êtres non formés des

---

1. Voir acte I, scène 7.
2. Voir acte V, scène 19.
3. **Moins chaste :** antiphrase ironique.

enfants encore moins formables, dont le bonheur n'occupait personne, et qui n'étaient que le prétexte d'un certain trafic d'avantages qui n'avait nul rapport à eux, mais uniquement à
550 leur nom. Heureusement nous en sommes bien loin : et le caractère de mon page, sans conséquence pour lui-même, en a une relative au Comte, que le moraliste aperçoit, mais qui n'a pas encore frappé le grand commun de nos jugeurs.

Ainsi, dans cet ouvrage, chaque rôle important a quelque
555 but moral. Le seul qui semble y déroger est le rôle de Marceline.

Coupable d'un ancien égarement dont son Figaro fut le fruit, elle devrait, dit-on, se voir au moins punie par la confusion de sa faute, lorsqu'elle reconnaît son fils. L'auteur eût pu en tirer une moralité plus profonde : dans les mœurs qu'il
560 veut corriger, la faute d'une jeune fille séduite est celle des hommes et non la sienne. Pourquoi donc ne l'a-t-il pas fait ?

Il l'a fait, censeurs raisonnables ! Étudiez la scène suivante, qui faisait le nerf du troisième acte, et que les Comédiens m'ont prié de retrancher, craignant qu'un
565 morceau si sévère n'obscurcît la gaieté de l'action[1].

Quand Molière a bien humilié la coquette ou coquine du *Misanthrope* par la lecture publique de ses lettres à tous ses amants, il la laisse avilie sous les coups qu'il lui a portés : il a raison ; qu'en ferait-il ? Vicieuse par goût et par choix, veuve
570 aguerrie, femme de Cour, sans aucune excuse d'erreur, et fléau d'un fort honnête homme, il l'abandonne à nos mépris, et telle est sa moralité. Quant à moi, saisissant l'aveu naïf de Marceline au moment de la reconnaissance, je montrais cette femme humiliée, et Bartholo qui la refuse, et Figaro, leur fils
575 commun, dirigeant l'attention publique sur les vrais fauteurs du désordre où l'on entraîne sans pitié toutes les jeunes filles du peuple douées d'une jolie figure.

Telle est la marche de la scène[2].

---

1. Les Comédiens-Français ont estimé que cette scène ralentissait inutilement l'action. En outre, les changements de tons choquaient au XVIIIe siècle.
2. Beaumarchais cite ici un large extrait de la scène 16 de l'acte III (de la ligne 49 à la ligne 104 de cette édition).

BRID'OISON, *parlant de Figaro, qui vient de reconnaître sa*
580 *mère en Marceline.* C'est clair : i-il ne l'épousera pas.

BARTHOLO. Ni moi non plus.

MARCELINE. Ni vous ! Et votre fils ? Vous m'aviez juré…

BARTHOLO. J'étais fou. Si pareils souvenirs engageaient, on
serait tenu d'épouser tout le monde.

585 **BRID'OISON.** E-et si l'on y regardait de si près, per-ersonne
n'épouserait personne.

BARTHOLO. Des fautes si connues ! une jeunesse déplorable.

MARCELINE, *s'échauffant par degrés.* Oui, déplorable, et
plus qu'on ne croit ! Je n'entends pas nier mes fautes ; ce
590 jour les a trop bien prouvées ! mais qu'il est dur de les expier
après trente ans d'une vie modeste ! J'étais née, moi, pour
être sage, et je le suis devenue sitôt qu'on m'a permis d'user
de ma raison. Mais dans l'âge des illusions, de l'inexpérience
et des besoins, où les séducteurs nous assiègent pendant que
595 la misère nous poignarde, que peut opposer une enfant à
tant d'ennemis rassemblés ? Tel nous juge ici sévèrement,
qui, peut-être, en sa vie a perdu dix infortunées !

FIGARO. Les plus coupables sont les moins généreux ; c'est
la règle.

600 **MARCELINE,** *vivement.* Hommes plus qu'ingrats, qui flétrissez par le mépris les jouets de vos passions, vos victimes ! c'est
vous qu'il faut punir des erreurs de notre jeunesse ; vous et
vos magistrats, si vains du droit de nous juger, et qui nous laissent enlever, par leur coupable négligence, tout honnête
605 moyen de subsister. Est-il un seul état pour les malheureuses
filles ? Elles avaient un droit naturel à toute la parure des
femmes : on y laisse former mille ouvriers de l'autre sexe.

FIGARO, *en colère.* Ils font broder jusqu'aux soldats !

MARCELINE, *exaltée.* Dans les rangs même plus élevés, les
610 femmes n'obtiennent de vous qu'une considération dérisoire ; leurrées de respects apparents, dans une servitude
réelle ; traitées en mineures pour nos biens, punies en majeures
pour nos fautes ! Ah ! sous tous les aspects, votre conduite
avec nous fait horreur ou pitié !

615 **Figaro.** Elle a raison !

Le Comte, *à part.* Que trop raison !

Brid'oison. Elle a, mon-on Dieu, raison.

Marceline. Mais que nous font, mon fils, les refus d'un homme injuste ? Ne regarde pas d'où tu viens, vois où tu 620 vas : cela seul importe à chacun. Dans quelques mois ta fiancée ne dépendra plus que d'elle-même ; elle t'acceptera, j'en réponds. Vis entre une épouse, une mère tendres qui te chériront à qui mieux mieux. Sois indulgent pour elles, heureux pour toi, mon fils ; gai, libre et bon pour tout le 625 monde ; il ne manquera rien à ta mère.

Figaro. Tu parles d'or, maman, et je me tiens à ton avis. Qu'on est sot, en effet ! Il y a des mille et mille ans que le monde roule, et dans cet océan de durée, où j'ai par hasard attrapé quelques chétifs trente ans qui ne reviendront plus, 630 j'irais me tourmenter pour savoir à qui je les dois ! Tant pis pour qui s'en inquiète. Passer ainsi la vie à chamailler, c'est peser sur le collier sans relâche, comme les malheureux chevaux de la remonte des fleuves, qui ne reposent pas même quand ils s'arrêtent, et qui tirent toujours, quoiqu'ils 635 cessent de marcher. Nous attendrons.

J'ai bien regretté ce morceau ; et maintenant que la pièce est connue, si les Comédiens avaient le courage de le restituer à ma prière, je pense que le public leur en saurait beaucoup de gré. Ils n'auraient plus même à répondre, comme je fus forcé 640 de le faire à certains censeurs du beau monde, qui me reprochaient à la lecture, de les intéresser pour une femme de mauvaises mœurs : – Non, messieurs, je n'en parle pas pour excuser ses mœurs, mais pour vous faire rougir des vôtres sur le point le plus destructeur de toute honnêteté publique, *la* 645 *corruption des jeunes personnes* ; et j'avais raison de le dire, que vous trouvez ma pièce trop gaie, parce qu'elle est souvent trop sévère. Il n'y a que façon de s'entendre[1].

---

1. Voir acte III, scène 16.

– Mais votre Figaro est un soleil tournant[1], qui brûle, en jaillissant, les manchettes[2] de tout le monde. – Tout le monde est exagéré. Qu'on me sache gré du moins s'il ne brûle pas aussi les doigts de ceux qui croient s'y reconnaître : au temps qui court, on a beau jeu sur cette matière au théâtre. M'est-il permis de composer en auteur qui sort du collège ? de toujours faire rire des enfants, sans jamais rien dire à des hommes ? Et ne devez-vous pas me passer un peu de morale en faveur de ma gaieté, comme on passe aux Français un peu de folie en faveur de leur raison[3] ?

Si je n'ai versé sur nos sottises qu'un peu de critique badine, ce n'est pas que je ne sache en former de plus sévères : quiconque a dit tout ce qu'il sait dans son ouvrage, y a mis plus que moi dans le mien. Mais je garde une foule d'idées qui me pressent pour un des sujets les plus moraux du théâtre, aujourd'hui sur mon chantier : *La Mère coupable*[4], et si le dégoût dont on m'abreuve me permet jamais de l'achever, mon projet étant d'y faire verser des larmes à toutes les femmes sensibles, j'élèverai mon langage à la hauteur de mes situations ; j'y prodiguerai les traits de la plus austère morale, et je tonnerai fortement sur les vices que j'ai trop ménagés. Apprêtez-vous donc bien, messieurs, à me tourmenter de nouveau : ma poitrine a déjà grondé ; j'ai noirci beaucoup de papier au service de votre colère.

Et vous, honnêtes indifférents qui jouissez de tout sans prendre parti sur rien ; jeunes personnes modestes et timides, qui vous plaisez à ma *Folle Journée* (et je n'entreprends sa défense que pour justifier votre goût), lorsque vous verrez dans le monde un de ces hommes tranchants critiquer vaguement la pièce, tout blâmer sans rien désigner, surtout la trouver

---

1. **Soleil tournant :** roue tournante d'où partent les fusées d'un feu d'artifice.
2. **Manchettes :** ornements de dentelle attachés aux chemises.
3. Voir le vaudeville final mis en exergue à la pièce :
   « En faveur du badinage.
   Faites grâce à la raison.»
4. Mélodrame qui clôt la trilogie et dont Figaro, Almaviva et Rosine sont les personnages principaux (1792).

indécente, examinez bien cet homme-là, sachez son rang, son
état, son caractère, et vous connaîtrez sur-le-champ le mot qui
680 l'a blessé dans l'ouvrage.

On sent bien que je ne parle pas de ces écumeurs
littéraires[1] qui vendent leurs bulletins ou leurs affiches à tant
de liards le paragraphe. Ceux-là, comme l'abbé Bazile,
peuvent calomnier ; *ils médiraient, qu'on ne les croirait pas*[2].

685 Je parle moins encore de ces libellistes[3] honteux qui
n'ont trouvé d'autre moyen de satisfaire leur rage, l'assassinat
étant trop dangereux, que de lancer, du cintre[4] de nos salles,
des vers infâmes contre l'auteur, pendant que l'on jouait sa
pièce. Ils savent que je les connais ; si j'avais eu dessein de les
690 nommer, ç'aurait été au ministère public[5] ; leur supplice est
de l'avoir craint, il suffit à mon ressentiment. Mais on
n'imaginera jamais jusqu'où ils ont osé élever les soupçons
du public sur une aussi lâche épigramme[6] ! semblables à ces
vils charlatans du Pont-Neuf[7], qui, pour accréditer leurs
695 drogues, farcissent d'ordres, de cordons[8], le tableau qui leur
sert d'enseigne.

Non, je cite nos importants, qui, blessés, on ne sait pourquoi, des critiques semées dans l'ouvrage, se chargent d'en
dire du mal, sans cesser de venir aux noces[9].

700 C'est un plaisir assez piquant de les voir d'en bas au spectacle, dans le très plaisant embarras de n'oser montrer ni

---

1. **Écumeurs littéraires :** plagiaires.
2. Extrait du *Barbier de Séville*, acte II, scène 9.
3. **Libellistes :** qui écrivent des libelles, c'est-à-dire des pamphlets.
4. **Cintre :** dans les théâtres, les loges du cintre sont les plus élevées.
5. **Ministère public :** magistrature établie auprès de chaque tribunal pour y
   veiller au maintien de l'ordre public.
6. **Épigramme :** petit poème satirique, et par extension trait satirique
   mordant.
7. Le Pont-Neuf était bordé de boutiques, et peuplé de diseurs de bonne
   aventure et de prétendus guérisseurs.
8. **D'ordres, de cordons :** les ordres sont les décorations ; les cordons sont
   les rubans servant à attacher ces décorations.
9. **Noces :** deviendra le titre de l'opéra de Mozart inspiré par *Le Mariage de
   Figaro*.

satisfaction ni colère ; s'avançant sur le bord des loges, prêts à se moquer de l'auteur, et se retirant aussitôt pour celer un peu de grimace ; emportés par un mot de la scène et soudai-
705 nement rembrunis par le pinceau du moraliste, au plus léger trait de gaieté jouer tristement les étonnés, prendre un air gauche en faisant les pudiques, et regardant les femmes dans les yeux, comme pour leur reprocher de soutenir un tel scandale ; puis, aux grands applaudissements, lancer sur le public
710 un regard méprisant, dont il est écrasé ; toujours prêts à lui dire, comme ce courtisan dont parle Molière, lequel, outré du succès de *L'École des femmes*, criait des balcons au public : *Ris donc, public, ris donc*[1] ! En vérité, c'est un plaisir, et j'en ai joui bien des fois.

715 Celui-là m'en rappelle un autre. Le premier jour de *La Folle Journée*, on s'échauffait dans le foyer (même d'honnêtes plébéiens[2]) sur ce qu'ils nommaient spirituellement *mon audace*. Un petit vieillard sec et brusque, impatienté de tous ces cris, frappe le plancher de sa canne, et dit en s'en allant :
720 *Nos Français sont comme les enfants, qui braillent quand on les éberne*[3]. Il avait du sens, ce vieillard ! Peut-être on pouvait mieux parler, mais pour mieux penser, j'en défie.

Avec cette intention de tout blâmer, on conçoit que les traits les plus sensés ont été pris en mauvaise part. N'ai-je pas
725 entendu vingt fois un murmure descendre des loges à cette réponse de Figaro :

LE COMTE. *Une réputation détestable.*

FIGARO. *Et si je vaux mieux qu'elle ! Y a-t-il beaucoup de seigneurs qui puissent en dire autant*[4] ?
730 Je dis, moi, qu'il n'y en a point, qu'il ne saurait y en avoir, à moins d'une exception bien rare. Un homme obscur ou peu connu peut valoir mieux que sa réputation, qui n'est que l'opinion d'autrui. Mais de même qu'un sot en place en

---

1. Voir la *Critique de l'École des femmes*, scène 5.
2. **Plébéiens :** hommes du peuple.
3. **Éberne :** sans doute un croisement cocasse de « berner » et « ebrener » qui signifie « enlever le bren, les excréments ».
4. Voir acte III, scène 5.

paraît une fois plus sot, parce qu'il ne peut plus rien cacher,
735 de même un grand seigneur, l'homme élevé en dignités, que
la fortune et sa naissance ont placé sur le grand théâtre, et
qui en entrant dans le monde, eut toutes les préventions
pour lui, vaut presque toujours moins que sa réputation, s'il
parvient à la rendre mauvaise. Une assertion si simple et si
740 loin du sarcasme devait-elle exciter le murmure ? Si son
application paraît fâcheuse aux Grands peu soigneux de leur
gloire, en quel sens fait-elle épigramme sur ceux qui méritent nos respects ? Et quelle maxime plus juste au théâtre
peut servir de frein aux puissants, et tenir lieu de leçon à
745 ceux qui n'en reçoivent point d'autres ?

Non qu'il faille oublier (a dit un écrivain sévère, et je me
plais à le citer parce que je suis de son avis), « non qu'il faille
oublier, dit-il, ce qu'on doit aux rangs élevés : il est juste, au
contraire, que l'avantage de la naissance soit le moins contesté
750 de tous, parce que ce bienfait gratuit de l'hérédité, relatif aux
exploits, vertus ou qualités des aïeux de qui le reçut, ne peut
aucunement blesser l'amour-propre de ceux auxquels il fut
refusé ; parce que, dans une monarchie, si l'on ôtait les rangs
intermédiaires, il y aurait trop loin du monarque aux sujets ;
755 bientôt on n'y verrait qu'un despote et des esclaves : le maintien d'une échelle graduée du laboureur au potentat intéresse
également les hommes de tous les rangs, et peut-être est le
plus ferme appui de la constitution monarchique[1] ».

Mais quel auteur parlait ainsi ? qui faisait cette profession
760 de foi sur la noblesse dont on me suppose si loin ? C'était
PIERRE-AUGUSTIN CARON DE BEAUMARCHAIS plaidant par
écrit au parlement d'Aix[2], en 1778, une grande et sévère
question qui décida bientôt de l'honneur d'un noble et du
sien. Dans l'ouvrage que je défends, on n'attaque point les

---

1. À relier aux théories des pouvoirs intermédiaires exprimées par
Montesquieu dans *L'Esprit des lois* : « […] abolissez dans une monarchie les
prérogatives des seigneurs, du clergé, de la noblesse et des villes, vous aurez
bientôt un État populaire, ou bien un État despotique », acte II, scène 4.
2. Dans sa *Réponse ingénue à la Consultation injurieuse que le comte Joseph-
Alexandre Falcoz de la Blache a répandue dans Aix.*

765 états, mais les abus de chaque état ; les gens seuls qui s'en
rendent coupables ont intérêt à le trouver mauvais. Voilà les
rumeurs expliquées : mais quoi donc ! les abus sont-ils devenus si sacrés, qu'on n'en puisse attaquer aucun sans lui trouver vingt défenseurs ?

770 Un avocat célèbre, un magistrat respectable, iront-ils donc
s'approprier le plaidoyer d'un Bartholo, le jugement d'un
Brid'oison ? Ce mot de Figaro sur l'indigne abus des plaidoi-
ries de nos jours *(C'est dégrader le plus noble institut*[1]*)* a bien
montré le cas que je fais du noble métier d'avocat ; et mon
775 respect pour la magistrature ne sera pas plus suspecté quand
on saura dans quelle école j'en ai recherché la leçon, quand on
lira le morceau suivant, aussi tiré d'un moraliste, lequel parlant
des magistrats, s'exprime en ces termes formels :

« Quel homme aisé voudrait, pour le plus modique hono-
780 raire, faire le métier cruel de se lever à quatre heures, pour
aller au Palais tous les jours s'occuper, sous des formes pres-
crites, d'intérêts qui ne sont jamais les siens ? d'éprouver sans
cesse l'ennui de l'importunité, le dégoût des sollicitations, le
bavardage des plaideurs, la monotonie des audiences, la fati-
785 gue des délibérations, et la contention d'esprit nécessaire aux
prononcés des arrêts, s'il ne se croyait pas payé de cette vie
laborieuse et pénible par l'estime et la considération publi-
ques ? Et cette estime est-elle autre chose qu'un jugement,
qui n'est même aussi flatteur pour les bons magistrats qu'en
790 raison de sa rigueur excessive contre les mauvais ? »

Mais quel écrivain m'instruisait ainsi par ses leçons ? Vous
allez croire encore que c'est PIERRE-AUGUSTIN ; vous l'avez
dit : c'est lui, en 1773, dans son quatrième Mémoire[2], en
défendant jusqu'à la mort sa triste existence, attaquée par un
795 soi-disant magistrat. Je respecte donc hautement ce que
chacun doit honorer, et je blâme ce qui peut nuire.

– Mais dans cette *Folle Journée*, au lieu de saper les abus,
vous vous donnez des libertés très répréhensibles au théâtre ;

---

1. Voir acte III, scène 15.
2. Contre Goëzman.

votre monologue surtout contient, sur les gens disgraciés[1],
des traits qui passent la licence. – Eh ! croyez-vous,
messieurs, que j'eusse un talisman pour tromper, séduire,
enchaîner la censure et l'autorité, quand je leur soumis mon
ouvrage ? que je n'aie pas dû justifier ce que j'avais osé
écrire ? Que fais-je dire à Figaro, parlant à l'homme
déplacé[2] ? *Que les sottises imprimées n'ont d'importance
qu'aux lieux où l'on en gêne le cours.* Est-ce donc là une vérité
d'une conséquence dangereuse ? Au lieu de ces inquisitions
puériles et fatigantes, et qui seules donnent de l'importance
à ce qui n'en aurait jamais, si, comme en Angleterre[3], on
était assez sage ici pour traiter les sottises avec ce mépris qui
les tue, loin de sortir du vil fumier qui les enfante, elles y
pourriraient en germant, et ne se propageraient point. Ce
qui multiplie les libelles est la faiblesse de les craindre ; ce qui
fait vendre les sottises est la sottise de les défendre.

Et comment conclut Figaro ? *Que, sans la liberté de
blâmer, il n'est point d'éloge flatteur ; et qu'il n'y a que les
petits hommes qui redoutent les petits écrits*[4]. Sont-ce là des
hardiesses coupables, ou bien des aiguillons de gloire ? des
moralités insidieuses, ou des maximes réfléchies, aussi justes
qu'encourageantes ? Supposez-les le fruit des souvenirs.
Lorsque, satisfait du présent, l'auteur veille pour l'avenir,
dans la critique du passé, qui peut avoir droit de s'en plaindre ? Et si, ne désignant ni temps, ni lieu, ni personnes, il
ouvre la voie au théâtre à des réformes désirables, n'est-ce
pas aller à son but ?

La Folle Journée explique donc comment, dans un temps
prospère, sous un roi juste et des ministres modérés, l'écrivain
peut tonner sur les oppresseurs, sans craindre de blesser
personne. C'est pendant le règne d'un bon prince qu'on écrit
sans danger l'histoire des méchants rois ; et plus le gouverne-

---

1. **Disgraciés :** tombés en disgrâce.
2. **Déplacé :** qui a perdu sa place, son rang.
3. Les philosophes du XVIIIᵉ siècle admiraient le régime libéral des Anglais.
   Voir notamment *Les Lettres philosophiques* de Voltaire (1734).
4. Voir acte V, scène 3 lignes 49 à 51.

ment est sage, est éclairé, moins la liberté de dire est en presse[1] : chacun y faisant son devoir, on n'y craint pas les allusions ; nul homme en place ne redoutant ce qu'il est forcé d'estimer, on n'affecte point alors d'opprimer chez nous cette même littéra-
835 ture qui fait notre gloire au-dehors, et nous y donne une sorte de primauté que nous ne pouvons tirer d'ailleurs.

En effet, à quel titre y prétendrions-nous ? Chaque peuple tient à son culte et chérit son gouvernement. Nous ne sommes pas restés plus braves que ceux qui nous ont
840 battus à leur tour. Nos mœurs plus douces, mais non meilleures, n'ont rien qui nous élève au-dessus d'eux. Notre littérature seule, estimée de toutes les nations, étend l'empire de la langue française ; et nous obtient de l'Europe entière une prédilection avouée qui justifie, en l'honorant, la
845 protection que le gouvernement lui accorde.

Et comme chacun cherche toujours le seul avantage qui lui manque, c'est alors qu'on peut voir dans nos académies[2] l'homme de la Cour siéger avec les gens de lettres ; les talents personnels et la considération héritée se disputer ce
850 noble objet, et les archives académiques se remplir presque également de papiers et de parchemins.

Revenons à *La Folle Journée*.

Un monsieur de beaucoup d'esprit, mais qui l'économise un peu trop, me disait un soir au spectacle : – Expliquez-moi
855 donc, je vous prie, pourquoi dans votre pièce on trouve autant de phrases négligées qui ne sont pas de votre style ? – De mon style, monsieur ? Si par malheur j'en avais un, je m'efforcerais de l'oublier quand je fais une comédie, ne connaissant rien d'insipide au théâtre comme ces fades
860 camaïeux[3] où tout est bleu, où tout est rose, où tout est auteur, quel qu'il soit.

Lorsque mon sujet me saisit, j'évoque tous mes person-nages et les mets en situation. – Songe à toi, Figaro, ton maître va te deviner. Sauvez-vous vite, Chérubin, c'est le

---

1. **En presse :** dans un état fâcheux (liberté menacée et opprimée).
2. **Académies :** sociétés de gens de lettres.
3. **Camaïeux :** association de plusieurs tons d'une même couleur.

865 Comte que vous touchez. – Ah ! Comtesse, quelle impru-
dence avec un époux si violent ! – Ce qu'ils diront, je n'en
sais rien, c'est ce qu'ils feront qui m'occupe. Puis, quand ils
sont bien animés, j'écris sous leur dictée rapide, sûr qu'ils ne
me tromperont pas ; que je reconnaîtrai Bazile, lequel n'a
870 pas l'esprit de Figaro, qui n'a pas le ton noble du Comte, qui
n'a pas la sensibilité de la Comtesse, qui n'a pas la gaieté de
Suzanne, qui n'a pas l'espièglerie du page, et surtout aucun
d'eux la sublimité[1] de Brid'oison. Chacun y parle son
langage : eh ! que le dieu du naturel les préserve d'en parler
875 d'autre ! Ne nous attachons donc qu'à l'examen de leurs
idées, et non à rechercher si j'ai dû leur prêter mon style.

Quelques malveillants ont voulu jeter de la défaveur sur
cette phrase de Figaro : *Sommes-nous des soldats qui tuent et
se font tuer pour des intérêts qu'ils ignorent ? Je veux savoir,*
880 *moi, pourquoi je me fâche[2] !* À travers le nuage[3] d'une
conception indigeste, ils ont feint d'apercevoir *que je répands
une lumière décourageante sur l'état pénible du soldat ; et il y
a des choses qu'il ne faut jamais dire.* Voilà dans toute sa force
l'argument de la méchanceté ; reste à en prouver la bêtise.

885 Si, comparant la dureté du service à la modicité de la
paye, ou discutant tel autre inconvénient de la guerre et
comptant la gloire pour rien, je versais de la défaveur sur ce
plus noble des affreux métiers, on me demanderait justement compte d'un mot indiscrètement échappé. Mais du
890 soldat au colonel, au général exclusivement, quel imbécile
homme de guerre a jamais eu la prétention qu'il dût pénétrer les secrets du cabinet, pour lesquels il fait la campagne ?
C'est de cela seul qu'il s'agit dans la phrase de Figaro. Que
ce fou-là se montre, s'il existe ; nous l'enverrons étudier sous
895 le philosophe Babouc[4], lequel éclaircit disertement ce point
de discipline militaire.

---

1. **Sublimité :** par antiphrase.
2. Acte V, scène 12.
3. **Nuage :** soupçon.
4. Allusion au conte de Voltaire, *Le Monde comme il va*, où ni le capitaine ni
   le soldat ne savent pourquoi on se bat.

En raisonnant sur l'usage que l'homme fait de sa liberté dans les occasions difficiles, Figaro pouvait également opposer à sa situation tout état[1] qui exige une obéissance implicite, et le cénobite[2] zélé dont le devoir est de tout croire sans jamais rien examiner, comme le guerrier valeureux, dont la gloire est de tout affronter sur des ordres non motivés, *de tuer et se faire tuer pour des intérêts qu'il ignore*. Le mot de Figaro ne dit donc rien, sinon qu'un homme libre de ses actions doit agir sur d'autres principes que ceux dont le devoir est d'obéir aveuglément.

Qu'aurait-ce été, bon Dieu ! si j'avais fait usage d'un mot qu'on attribue au grand Condé[3], et que j'entends louer à outrance par ces mêmes logiciens qui déraisonnent sur ma phrase ? À les croire, le grand Condé montra la plus noble présence d'esprit lorsque, arrêtant Louis XIV prêt à pousser son cheval dans le Rhin, il dit à ce monarque : *Sire, avez-vous besoin du bâton de maréchal ?*

Heureusement on ne prouve nulle part que ce grand homme ait dit cette grande sottise. C'eût été dire au roi, devant toute son armée : « Vous moquez-vous donc, Sire, de vous exposer dans un fleuve ? Pour courir de pareils dangers, il faut avoir besoin d'avancement ou de fortune ! »

Ainsi l'homme le plus vaillant, le plus grand général du siècle aurait compté pour rien l'honneur, le patriotisme et la gloire ! Un misérable calcul d'intérêt eût été, selon lui, le seul principe de la bravoure ! Il eût dit là un affreux mot, et si j'en avais pris le sens pour l'enfermer dans quelque trait, je mériterais le reproche qu'on fait gratuitement au mien.

Laissons donc les cerveaux fumeux louer ou blâmer au hasard, sans se rendre compte de rien ; s'extasier sur une sottise qui n'a pu jamais être dite, et proscrire un mot juste et simple, qui ne montre que du bon sens.

---

1. **État :** situation sociale.
2. **Cénobite :** moine, religieux.
3. Louis II de Bourbon, quatrième prince de Condé, grand chef militaire (1621-1686).

Un autre reproche assez fort, mais dont je n'ai pu me
930 laver, est d'avoir assigné pour retraite à la Comtesse un certain
couvent d'Ursulines[1]. *Ursulines* ! a dit un seigneur, joignant
les mains avec éclat. *Ursulines* ! a dit une dame, en se renversant de surprise sur un jeune Anglais de sa loge. *Ursulines* !
ah ! milord ! si vous entendiez le français !… – Je sens, je sens
935 beaucoup, madame, dit le jeune homme en rougissant. –
C'est qu'on n'a jamais mis au théâtre aucune femme aux
Ursulines ! Abbé, parlez-nous donc ! L'abbé (toujours
appuyée sur l'Anglais), comment trouvez-vous *Ursulines* ? –
Fort indécent, répond l'abbé, sans cesser de lorgner Suzanne.
940 Et tout le beau monde a répété : *Ursulines est fort indécent.*
Pauvre auteur ! On te croit jugé, quand chacun songe à son
affaire. En vain j'essayais d'établir que, dans l'événement de la
scène, moins la Comtesse a dessein de se cloîtrer, plus elle doit
le feindre et faire croire à son époux que sa retraite est bien
945 choisie : ils ont proscrit mes *Ursulines* !

Dans le plus fort de la rumeur, moi, bon homme, j'avais
été jusqu'à prier une des actrices qui font le charme de ma
pièce de demander aux mécontents à quel autre couvent de
filles ils estimaient qu'il fût décent que l'on fît entrer la
950 Comtesse ? À moi, cela m'était égal ; je l'aurais mise où l'on
aurait voulu : aux *Augustines*, aux *Célestines*, aux *Clairettes*,
aux *Visitandines*, même aux *Petites Cordelières*[2], tant je tiens
peu aux Ursulines. Mais on agit si durement !

Enfin, le bruit croissant toujours, pour arranger l'affaire
955 avec douceur, j'ai laissé le mot *Ursulines* à la place où je l'avais
mis : chacun alors content de soi, de tout l'esprit qu'il avait
montré, s'est apaisé sur *Ursulines*, et l'on a parlé d'autre chose.

---

1. **Ursulines :** voir acte II, scène 19. Couvent pour l'éducation des jeunes
filles. Au XVIIIe siècle, il a mauvaise réputation car il reçoit les femmes
adultères répudiées par leur mari.
2. Énumération d'ordres religieux : les *Augustines* suivent la règle de saint
Augustin et s'occupent des malades ; les *Célestines* suivent la règle de saint
Bernard ; les *Clairettes* obéissent à la règle de l'abbé de la Trappe ; l'ordre
des *Visitandines* fut institué par saint François de Sales ; les *Cordelières*
portent le cordon de saint François d'Assise.

Je ne suis point, comme l'on voit, l'ennemi de mes ennemis. En disant bien du mal de moi, ils n'en ont point fait à
960 ma pièce ; et s'ils sentaient seulement autant de joie à la
déchirer que j'eus de plaisir à la faire, il n'y aurait personne
d'affligé. Le malheur est qu'ils ne rient point ; et ils ne rient
point à ma pièce, parce qu'on ne rit point à la leur[1]. Je
connais plusieurs amateurs[2] qui sont même beaucoup
965 maigris depuis le succès du *Mariage* : excusons donc l'effet
de leur colère.

À des moralités d'ensemble et de détail, répandues dans les
flots d'une inaltérable gaieté ; à un dialogue assez vif, dont la
facilité nous cache le travail, si l'auteur a joint une intrigue
970 aisément filée, où l'art se dérobe sous l'art, qui se noue et se
dénoue sans cesse, à travers une foule de situations comiques,
de tableaux piquants et variés qui soutiennent, sans la fatiguer,
l'attention du public pendant les trois heures et demie[3] que
dure le même spectacle (essai que nul homme de lettres n'avait
975 encore osé tenter), que reste-t-il à faire à de pauvres méchants
que tout cela irrite ? Attaquer, poursuivre l'auteur par des injures
verbales, manuscrites, imprimées : c'est ce qu'on a fait sans
relâche. Ils ont même épuisé jusqu'à la calomnie, pour tâcher
de me perdre dans l'esprit de tout ce qui influe en France sur
980 le repos d'un citoyen. Heureusement que mon ouvrage est
sous les yeux de la nation, qui depuis dix grands mois[4] le voit,
le juge et l'apprécie. Le laisser jouer tant qu'il fera plaisir est la
seule vengeance que je me sois permise. Je n'écris point ceci
pour les lecteurs actuels : le récit d'un mal trop connu touche
985 peu ; mais dans quatre-vingts ans il portera son fruit. Les
auteurs de ce temps-là compareront leur sort au nôtre, et nos
enfants sauront à quel prix on pouvait amuser leurs pères.

---

1. Jeu de mots sur « pièce », pièce satirique écrite contre Beaumarchais et
   pièce de théâtre écrite par ce dernier.
2. **Amateurs :** qui aiment les beaux arts et les cultivent.
3. Beaumarchais a noté sur un manuscrit : *Ier acte : 30 min., II : 44 min.,
   III : 30 min., IV : 25 min., V : 30 min.*
4. *Le Mariage* fut représenté soixante-sept fois en 1784.

Allons au fait ; ce n'est pas tout cela qui blesse. Le vrai motif qui se cache, et qui dans les replis du cœur produit tous les autres reproches, est renfermé dans ce quatrain :

> *Pourquoi ce Figaro qu'on va tant écouter*
> *Est-il avec fureur déchiré par les sots ?*
> *Recevoir, prendre et demander,*
> *Voilà le secret en trois mots*[1] *!*

En effet, Figaro parlant du métier de courtisan, le définit dans ces termes sévères. Je ne puis le nier, je l'ai dit. Mais reviendrai-je sur ce point ? Si c'est un mal, le remède serait pire : il faudrait poser méthodiquement ce que je n'ai fait qu'indiquer ; revenir à montrer qu'il n'y a point de synonyme, en français, entre *l'homme de la Cour*, *l'homme de Cour*, et *le courtisan par métier*.

Il faudrait répéter qu'*homme de la Cour* peint seulement un noble état ; qu'il s'entend de l'homme de qualité, vivant avec la noblesse et l'éclat que son rang lui impose ; que si cet *homme de la Cour* aime le bien par goût, sans intérêt, si, loin de jamais nuire à personne, il se fait estimer de ses maîtres, aimer de ses égaux et respecter des autres ; alors cette acception reçoit un nouveau lustre ; et j'en connais plus d'un que je nommerais avec plaisir, s'il en était question.

Il faudrait montrer qu'*homme de Cour*[2], en bon français, est moins l'énoncé d'un état que le résumé d'un caractère adroit, liant, mais réservé ; pressant la main de tout le monde en glissant chemin à travers ; menant finement son intrigue avec l'air de toujours servir ; ne se faisant point d'ennemis, mais donnant près d'un fossé, dans l'occasion, de l'épaule au meilleur ami, pour assurer sa chute et le remplacer sur la crête ; laissant à part tout préjugé qui pourrait ralentir sa marche ; souriant à ce qui lui déplaît, et critiquant ce qu'il approuve, selon les hommes qui l'écoutent ; dans les liaisons

---

1. Les deux derniers vers reprennent une réplique de Figaro, acte II, scène 2.
2. **Homme de Cour :** par référence aux deux vers de La Fontaine cités ci-dessous.

1020 utiles de sa femme ou de sa maîtresse, ne voyant que ce qu'il doit voir, enfin…

> *Prenant tout, pour le faire court,*
> *En véritable* homme de Cour.

LA FONTAINE[1].

1025 Cette acception n'est pas aussi défavorable que celle du *courtisan par métier*, et c'est l'homme dont parle Figaro.

Mais quand j'étendrais la définition de ce dernier ; quand parcourant tous les possibles, je le montrerais avec son maintien équivoque, haut et bas à la fois ; rampant avec orgueil, 1030 ayant toutes les prétentions sans en justifier une ; se donnant l'air du *protègement*[2] pour se faire chef de parti ; dénigrant tous les concurrents qui balanceraient son crédit ; faisant un métier lucratif de ce qui ne devrait qu'honorer ; vendant ses maîtresses à son maître ; lui faisant payer ses plaisirs, etc., etc., et quatre 1035 pages d'etc., il faudrait toujours revenir au distique de Figaro :

> *Recevoir, prendre et demander,*
> *Voilà le secret en trois mots.*

Pour ceux-ci, je n'en connais point ; il y en eut, dit-on, sous Henri III, sous d'autres rois encore ; mais c'est l'affaire 1040 de l'historien, et, quant à moi, je suis d'avis que les vicieux du siècle en sont comme les saints ; qu'il faut cent ans pour les canoniser. Mais puisque j'ai promis la critique de ma pièce, il faut enfin que je la donne.

En général son grand défaut est *que je ne l'ai point faite* 1045 *en observant le monde ; qu'elle ne peint rien de ce qui existe, et ne rappelle jamais l'image de la société où l'on vit ; que ses mœurs, basses et corrompues, n'ont pas même le mérite d'être vraies*[3]. Et c'est ce qu'on lisait dernièrement dans un beau

---

1. Dans son premier conte, *Joconde* :
   > *Mais bientôt il le prit en homme de courage,*
   > *En galant homme, et pour le faire court,*
   > *En véritable homme de Cour.*
2. **Protègement :** mot créé par Beaumarchais, pour se moquer de ceux qui se donnent l'air de protéger beaucoup de gens.
3. Citation extraite d'un discours de Suard (prononcé à l'Académie française le mardi 15 juin 1784, à la réception de monsieur le marquis de Montesquiou). Suard est l'un des censeurs de Beaumarchais.

discours imprimé, composé par un homme de bien, auquel il
1050 n'a manqué qu'un peu d'esprit pour être un écrivain
médiocre[1]. Mais médiocre ou non, moi qui ne fis jamais
usage de cette allure oblique et torse avec laquelle un sbire[2],
qui n'a pas l'air de vous regarder[3], vous donne du stylet[4] au
flanc, je suis de l'avis de celui-ci. Je conviens qu'à la vérité la
1055 génération passée ressemblait beaucoup à ma pièce ; que la
génération future lui ressemblera beaucoup aussi ; mais que
pour la génération présente, elle ne lui ressemble aucunement ; que je n'ai jamais rencontré ni mari suborneur, ni
seigneur libertin, ni courtisan avide, ni juge ignorant ou
1060 passionné, ni avocat injuriant, ni gens médiocres avancés[5], ni
traducteur bassement jaloux. Et que si des âmes pures, qui
ne s'y reconnaissent point du tout, s'irritent contre ma pièce
et la déchirent sans relâche, c'est uniquement par respect
pour leurs grands-pères et sensibilité pour leurs petits-
1065 enfants. J'espère, après cette déclaration, qu'on me laissera
bien tranquille : ET J'AI FINI.

---

1. **Médiocre** : moyen.
2. **Sbire** : homme de main, celui qui accomplit les basses besognes.
3. Suard avait attaqué Beaumarchais sans même le nommer.
4. **Stylet** : poignard.
5. **Avancés** : qui ont eu de l'avancement.

Le comte Almaviva par Duplessis-Bertaux, 1793
(Bibliothèque de l'Arsenal, fonds Rondel, Paris).

CARACTÈRES
ET HABILLEMENTS
DE LA PIÈCE

LE COMTE ALMAVIVA doit être joué très noblement, mais avec grâce et liberté. La corruption du cœur ne doit rien ôter au bon ton de ses manières. Dans les mœurs de ce temps-là les Grands traitaient en badinant toute entreprise
5 sur les femmes. Ce rôle est d'autant plus pénible à bien rendre, que le personnage est toujours sacrifié[1]. Mais joué par un comédien excellent (M. Molé[2]), il a fait ressortir tous les rôles, et assuré le succès de la pièce.

Son vêtement des premier et second actes est un habit de
10 chasse avec des bottines à mi-jambe, de l'ancien costume espagnol. Du troisième acte jusqu'à la fin, un habit superbe de ce costume.

LA COMTESSE, agitée de deux sentiments contraires, ne doit montrer qu'une sensibilité réprimée, ou une colère très
15 modérée ; rien surtout qui dégrade, aux yeux du spectateur, son caractère aimable et vertueux. Ce rôle, un des plus difficiles de la pièce, a fait infiniment d'honneur au grand talent de mademoiselle Saint-Val[3] cadette.

Son vêtement des premier, second et quatrième actes, est
20 une lévite[4] commode et nul ornement sur la tête : elle est chez elle, et censée incommodée. Au cinquième acte, elle a l'habillement et la haute coiffure de Suzanne.

FIGARO. L'on ne peut trop recommander à l'acteur qui jouera ce rôle de bien se pénétrer de son esprit, comme l'a
25 fait M. Dazincourt[5]. S'il y voyait autre chose que de la raison

---

1. Sacrifié : qui n'a pas le beau rôle, qui est considéré comme secondaire, ravalé au second plan.
2. Acteur de la Comédie-Française qui s'était spécialisé dans les emplois de pères nobles.
3. Actrice de la Comédie-Française, spécialisée dans les emplois de « grande coquette » dans les comédies.
4. Lévite : longue robe d'intérieur fermée sur le devant.
5. Autre acteur de la Comédie-Française spécialisé dans les rôles de valet.

assaisonnée de gaieté et de saillies, surtout s'il y mettait la moindre charge, il avilirait un rôle que le premier comique du théâtre, M. Préville[1], a jugé devoir honorer le talent de tout comédien qui saurait en saisir les nuances multipliées, et
30 pourrait s'élever à son entière conception.

Son vêtement comme dans *Le Barbier de Séville*[2].

SUZANNE. Jeune personne adroite, spirituelle et rieuse, mais non de cette gaieté presque effrontée de nos soubrettes corruptrices ; son joli caractère est dessiné dans la préface, et
35 c'est là que l'actrice qui n'a point vu mademoiselle Contat[3] doit l'étudier pour le bien rendre.

Son vêtement des quatre premiers actes est un juste blanc à basquines[4], très élégant, la jupe de même, avec une toque, appelée depuis par nos marchandes « à la Suzanne[5] ».
40 Dans la fête du quatrième acte[6], le Comte lui pose sur la tête une toque à long voile, à hautes plumes et à rubans blancs. Elle porte au cinquième acte la lévite de sa maîtresse, et nul ornement sur la tête.

MARCELINE est une femme d'esprit, née un peu vive, mais
45 dont les fautes et l'expérience ont réformé le caractère. Si l'actrice qui le joue s'élève avec une fierté bien placée à la hauteur très morale qui suit la reconnaissance du troisième acte[7], elle ajoutera beaucoup à l'intérêt de l'ouvrage.

---

1. Grand acteur comique qui avait joué Figaro, en 1775, dans *Le Barbier de Séville*.
2. « La tête couverte d'un rescille ou filet ; chapeau blanc, ruban de couleur autour de la forme, un fichu de soie attaché fort lâche à son cou, gilet et hauts-de-chausse de satin, avec des boutons et boutonnières frangés d'argent ; une grande ceinture de soie, les jarretières nouées avec des glands qui pendent sur chaque jambe ; veste de couleur tranchante, à grands revers de la couleur du gilet ; bas blancs et souliers gris » *(Le Barbier de Séville)*.
3. Actrice qui tenait les rôles d'ingénue à la Comédie-Française.
4. **Juste à basquines :** corsage resserré, avec de petites basques retombantes.
5. Voilà qui prouve le succès de la pièce.
6. Scène 9.
7. Scène 16.

Son vêtement est celui des duègnes[1] espagnoles, d'une
50 couleur modeste, un bonnet noir sur la tête.

Antonio ne doit montrer qu'une demi-ivresse, qui se
dissipe par degrés ; de sorte qu'au cinquième acte on ne s'en
aperçoive presque plus. Son vêtement est celui d'un paysan
espagnol, où les manches pendent par-derrière ; un chapeau
55 et des souliers blancs.

Fanchette est une enfant de douze ans, très naïve. Son petit
habit est un juste brun avec des ganses et des boutons d'argent,
la jupe de couleur tranchante, et une toque noire à plumes sur
la tête. Il sera celui des autres paysannes de la noce.

60 **Chérubin**. Ce rôle ne peut être joué, comme il l'a été, que
par une jeune et très jolie femme ; nous n'avons point à nos
théâtres de très jeune homme assez formé pour en bien sentir
les finesses. Timide à l'excès devant la Comtesse, ailleurs un
charmant polisson ; un désir inquiet et vague est le fond de son
65 caractère. Il s'élance à la puberté, mais sans projet, sans connais-
sances, et tout entier à chaque événement ; enfin il est ce que
toute mère, au fond du cœur, voudrait peut-être que fût son
fils, quoiqu'elle dût beaucoup en souffrir.

Son riche vêtement, au premier et second actes, est celui
70 d'un page de Cour espagnol, blanc et brodé d'argent ; le
léger manteau bleu sur l'épaule, et un chapeau chargé de
plumes. Au quatrième acte, il a le corset, la jupe et la toque
des jeunes paysannes qui l'amènent. Au cinquième acte, un
habit uniforme d'officier, une cocarde et une épée.

75 **Bartholo**. Le caractère et l'habit comme dans *Le Barbier
de Séville*[2], il n'est ici qu'un rôle secondaire.

Bazile. Caractère et vêtement comme dans *Le Barbier de
Séville*[3], il n'est aussi qu'un rôle secondaire.

---

1. **Duègnes :** gouvernantes âgées qui veillent sur la vertu des jeunes filles.
2. « Habit noir, court, boutonné ; grande perruque ; fraises et manchettes
   relevées ; une ceinture noire ; et, quand il veut sortir de chez lui, un long
   manteau écarlate. » *(Le Barbier de Séville)*
3. « Chapeau noir rabattu, soutanelle et long manteau, sans fraise ni
   manchettes. » *(Le Barbier de Séville)*

Brid'oison doit avoir cette bonne et franche assurance des
bêtes qui n'ont plus leur timidité. Son bégaiement n'est
qu'une grâce de plus, qui doit être à peine sentie ; et l'acteur
se tromperait lourdement et jouerait à contresens, s'il y
cherchait le plaisant de son rôle. Il est tout entier dans
l'opposition de la gravité de son état au ridicule du caractère ; et moins l'acteur le chargera, plus il montrera de vrai
talent.

Son habit est une robe de juge espagnol moins ample
que celle de nos procureurs, presque une soutane ; une
grosse perruque, une gonille ou rabat[1] espagnol au cou, et
une longue baguette blanche[2] à la main.

Double-Main. Vêtu comme le juge ; mais la baguette
blanche plus courte.

L'Huissier ou **Alguazil**[3]. Habit, manteau, épée de
Crispin[4], mais portée à son côté sans ceinture de cuir. Point de
bottines, une chaussure noire, une perruque blanche naissante
et longue, à mille boucles, une courte baguette blanche.

Gripe-Soleil. Habit de paysan, les manches pendantes,
veste de couleur tranchée, chapeau blanc.

Une Jeune Bergère. Son vêtement comme celui de
Fanchette.

Pédrille. En veste, gilet, ceinture, fouet et bottes de
poste, une résille sur la tête, chapeau de courrier.

Personnages muets, les uns en habits de juges, d'autres
en habits de paysans, les autres en habits de livrée.

---

1. **Gonille ou rabat :** grand col rabattu.
2. **Baguette blanche :** emblème de sa fonction.
3. **Alguazil :** officier de justice en Espagne.
4. **Épée de Crispin :** grande épée que porte le valet Crispin dans la tradition
   de la Comédie-Italienne.

RÉSUMÉ DE LA PIÈCE

La plus badine des intrigues. Un grand seigneur espagnol, amoureux d'une jeune fille qu'il veut séduire, et les efforts que cette fiancée, celui qu'elle doit épouser et la femme du seigneur réunissent pour faire échouer dans son dessein un maître absolu que son rang, sa fortune et sa prodigalité rendent tout-puissant pour l'accomplir. Voilà tout, rien de plus. La pièce est sous vos yeux.

PLACEMENT DES ACTEURS

Pour faciliter les jeux du théâtre, on a eu l'attention d'écrire au commencement de chaque scène le nom des personnages dans l'ordre où le spectateur les voit. S'ils font quelque mouvement grave dans la scène, il est désigné par un nouvel ordre de noms, écrit en marge à l'instant qu'il arrive. Il est important de conserver les bonnes positions théâtrales ; le relâchement dans la tradition donnée par les premiers acteurs en produit bientôt un total dans le jeu des pièces, qui finit par assimiler les troupes négligentes aux plus faibles comédiens de société.

LES PERSONNAGES

LE COMTE ALMAVIVA	*grand corrégidor*[1] *d'Andalousie.*
LA COMTESSE	*sa femme.*
FIGARO	*valet de chambre du Comte et concierge du château.*
SUZANNE	*première camariste*[2] *de la Comtesse et fiancée de Figaro.*
MARCELINE	*femme de charge*[3]*.*
ANTONIO	*jardinier du château, oncle de Suzanne et père de Fanchette.*
FANCHETTE	*fille d'Antonio.*
CHÉRUBIN	*premier page du Comte.*
BARTHOLO	*médecin de Séville.*
BAZILE	*maître de clavecin de la Comtesse.*
DON GUSMAN BRID'OISON	*lieutenant du Siège*[4]*.*
DOUBLE-MAIN[5]	*greffier, secrétaire de Don Gusman.*
UN HUISSIER AUDIENCIER[6].	
GRIPE-SOLEIL	*jeune pastoureau*[7]*.*
UNE JEUNE BERGÈRE.	
PÉDRILLE	*piqueur*[8] *du Comte.*

PERSONNAGES MUETS

TROUPE DE VALETS.
TROUPE DE PAYSANNES.
TROUPE DE PAYSANS.

La scène est au château d'Aguas-Frescas[9]*, à trois lieues de Séville.*

---

1. **Corrégidor :** premier magistrat d'une ville ou d'une province, chef de la justice en Espagne.
2. **Camariste :** femme de chambre (caémriste).
3. **Femme de charge :** sorte d'intendante, chargée de la bonne marche de la maison.
4. Le « Siège » est celui de la justice ; le lieutenant du Siège assiste le comte dans ses fonctions de magistrat et le remplace en son absence.
5. Nom qui annonce le double jeu du personnage.
6. **Huissier audiencier :** chargé d'introduire le tribunal dans la salle d'audience.
7. **Pastoureau :** jeune berger.
8. **Piqueur :** valet à cheval (terme utilisé dans les chasses à courre : règle la course des chiens).
9. **Aguas-Frescas :** Eaux-Fraîches.

ACTE[1] PREMIER

Le théâtre représente une chambre à demi démeublée ; un grand fauteuil de malade est au milieu. Figaro, avec une toise[2], mesure le plancher. Suzanne attache à sa tête, devant une glace, le petit bouquet de fleurs d'orange[3], appelé chapeau de la mariée.

SCÈNE PREMIÈRE. FIGARO, SUZANNE.

FIGARO. Dix-neuf pieds[4] sur vingt-six[5].

SUZANNE. Tiens, Figaro, voilà mon petit chapeau : le trouves-tu mieux ainsi ?

FIGARO *lui prend les mains.* Sans comparaison, ma charmante. Oh ! que ce joli bouquet virginal, élevé sur la tête d'une belle fille, est doux, le matin des noces, à l'œil amoureux d'un époux !…

SUZANNE *se retire.* Que mesures-tu donc là, mon fils[6] ?

FIGARO. Je regarde, ma petite Suzanne, si ce beau lit que Monseigneur nous donne aura bonne grâce ici.

SUZANNE. Dans cette chambre ?

FIGARO. Il nous la cède.

SUZANNE. Et moi, je n'en veux point.

FIGARO. Pourquoi ?

SUZANNE. Je n'en veux point.

FIGARO. Mais encore ?

---

1. Nous avons suivi le texte de l'édition originale de 1785, publiée par Beaumarchais lui-même à Paris et à Kehl. Beaumarchais a réintroduit le plaidoyer pour la défense de Marceline que les Comédiens-Français avaient supprimé.
2. **Toise :** ancienne unité de longueur (valant 1,949 m), et aussi instrument pour la mesurer.
3. **D'orange :** d'oranger.
4. **Pieds :** ancienne unité de longueur (0,3248 m).
5. Ce qui fait environ 6 m sur 8,5 m.
6. **Mon fils :** terme affectueux à ne pas prendre au pied de la lettre.

SUZANNE. Elle me déplaît.

FIGARO. On dit une raison.

SUZANNE. Si je n'en veux pas dire ?

20 **FIGARO.** Oh ! quand elles sont sûres de nous !

SUZANNE. Prouver que j'ai raison serait accorder que je puis avoir tort. Es-tu mon serviteur, ou non ?

FIGARO. Tu prends de l'humeur contre la chambre du château la plus commode, et qui tient le milieu des deux
25 appartements. La nuit, si Madame est incommodée, elle sonnera de son côté ; zeste, en deux pas tu es chez elle. Monseigneur veut-il quelque chose : il n'a qu'à tinter du sien ; crac, en trois sauts me voilà rendu.

SUZANNE. Fort bien ! Mais quand il aura *tinté* le matin,
30 pour te donner quelque bonne et longue commission, zeste, en deux pas, il est à ma porte, et crac, en trois sauts…

FIGARO. Qu'entendez-vous par ces paroles ?

SUZANNE. Il faudrait m'écouter tranquillement.

FIGARO. Eh, qu'est-ce qu'il y a ? bon Dieu !

35 **SUZANNE.** Il y a, mon ami, que, las de courtiser les beautés des environs, monsieur le comte Almaviva veut rentrer au château, mais non pas chez sa femme ; c'est sur la tienne, entends-tu, qu'il a jeté ses vues, auxquelles il espère que ce logement ne nuira pas. Et c'est ce que le loyal Bazile[1],
40 honnête agent de ses plaisirs, et mon noble maître à chanter, me répète chaque jour, en me donnant leçon.

FIGARO. Bazile ! Ô mon mignon, si jamais volée de bois vert, appliquée sur une échine, a dûment redressé la moelle épinière à quelqu'un…

---

1. Dans *Le Barbier de Séville*, Bazile servait les amours de Bartholo pour Rosine qui est devenue la comtesse Almaviva. À présent, il favorise les caprices libertins du Comte.

45 **SUZANNE.** Tu croyais, bon garçon, que cette dot qu'on me donne était pour les beaux yeux de ton mérite ?

FIGARO. J'avais assez fait pour l'espérer[1].

SUZANNE. Que les gens d'esprit sont bêtes !

FIGARO. On le dit.

50 **SUZANNE.** Mais c'est qu'on ne veut pas le croire.

FIGARO. On a tort.

SUZANNE. Apprends qu'il la destine à obtenir de moi secrètement, certain quart d'heure, seul à seule, qu'un ancien droit du seigneur[2]... Tu sais s'il était triste !

55 **FIGARO.** Je le sais tellement, que si monsieur le Comte, en se mariant, n'eût pas aboli ce droit honteux, jamais je ne t'eusse épousée dans ses domaines.

SUZANNE. Eh bien, s'il l'a détruit, il s'en repent ; et c'est de la fiancée qu'il veut le racheter[3] en secret aujourd'hui.

60 **FIGARO,** *se frottant la tête.* Ma tête s'amollit de surprise, et mon front fertilisé[4]...

SUZANNE. Ne le frotte donc pas !

FIGARO. Quel danger ?

SUZANNE, *riant.* S'il y venait un petit bouton, des gens
65 superstitieux...

FIGARO. Tu ris, friponne ! Ah ! s'il y avait moyen d'attraper ce grand trompeur, de le faire donner dans un bon piège, et d'empocher son or !

SUZANNE. De l'intrigue et de l'argent, te voilà dans ta sphère.

---

1. Figaro avait aidé le comte Almaviva à épouser Rosine dans *Le Barbier de Séville*.
2. **Droit du seigneur :** les filles nées sur le domaine d'un seigneur lui appartenaient d'abord (ce qu'on appelle plus familièrement le « droit de cuissage »). *Le Droit du seigneur* est le titre d'une comédie de Voltaire qui a pu inspirer Beaumarchais.
3. **Le racheter :** par la dot promise.
4. **Front fertilisé :** les cornes, qu'on attribue aux maris trompés, vont lui pousser.

70 **FIGARO.** Ce n'est pas la honte qui me retient.

SUZANNE. La crainte ?

FIGARO. Ce n'est rien d'entreprendre une chose dangereuse, mais d'échapper au péril en la menant à bien : car d'entrer chez quelqu'un la nuit, de lui souffler sa femme, et d'y rece-
75 voir cent coups de fouet pour la peine, il n'est rien plus aisé ; mille sots coquins l'ont fait. Mais… *(On sonne de l'intérieur.)*

SUZANNE. Voilà Madame éveillée ; elle m'a bien recommandé d'être la première à lui parler le matin de mes noces.

FIGARO. Y a-t-il encore quelque chose là-dessous ?

80 **SUZANNE.** Le berger dit que cela porte bonheur aux épouses délaissées. Adieu, mon petit Fi, Fi, Figaro[1] ; rêve[2] à notre affaire.

FIGARO. Pour m'ouvrir l'esprit, donne un petit baiser.

SUZANNE. À mon amant aujourd'hui ? Je t'en souhaite[3] !
85 Et qu'en dirait demain mon mari ? *(Figaro l'embrasse.)*

SUZANNE. Hé bien ! hé bien !

FIGARO. C'est que tu n'as pas d'idée de mon amour.

SUZANNE, *se défripant.* Quand cesserez-vous, importun, de m'en parler du matin au soir ?

90 **FIGARO,** *mystérieusement.* Quand je pourrai te le prouver du soir jusqu'au matin. *(On sonne une seconde fois.)*

SUZANNE, *de loin, les doigts unis sur sa bouche.* Voilà votre baiser, monsieur ; je n'ai plus rien à vous.

FIGARO *court après elle.* Oh ! mais ce n'est pas ainsi que
95 vous l'avez reçu.

---

1. Suzanne chantonne.
2. Rêve : pense (voir p. 298).
3. Je t'en souhaite : Je te le souhaite ! (par antiphrase).

Dominique Blanc (SUZANNE) et André Marcon (FIGARO) dans la mise en scène
de Jean-Pierre Vincent, théâtre national de Chaillot, 1987.

◼ SITUER

À peine le rideau s'est-il levé que le spectateur est en mesure de comprendre le titre de la pièce. Mais cette scène d'exposition*, si elle nous plonge dans le bonheur de Figaro et de Suzanne, annonce aussi en un clin d'œil les obstacles et les nouvelles intrigues.

◼ RÉFLÉCHIR

DRAMATURGIE : une scène d'exposition

1. Pour renouer le fil rompu et placer cette pièce dans la continuité du *Barbier de Séville*, le dramaturge use d'allusions. Lesquelles ?

2. Quels éléments de l'intrigue sont ici mis en place ?

3. Quels aspects du caractère de Suzanne et Figaro sont mis en valeur ?

REGISTRES ET TONALITÉS : vivacité et humour

4. Quels traits stylistiques donnent à ce dialogue vivacité et naturel ?

5. Cherchez les traits d'humour et d'ironie qui séduisent d'emblée le spectateur.

MISE EN SCÈNE : théâtre lu, théâtre vu

6. Quels objets, présents ou absents, vous paraissent prépondérants dans l'espace scénique ? Pourquoi Beaumarchais a-t-il préféré laisser l'espace scénique presque vide ?

7. Commentez les gestes indiqués par les didascalies* : qu'ajoutent-ils au texte ? Comment le prolongent-ils ?

8. Quel objet absent dans le texte de Beaumarchais est réintroduit dans la mise en scène de Jean-Pierre Vincent (photo p. 75) ? Quel aspect des relations présentes et futures de Suzanne et de Figaro est ainsi souligné ?

SCÈNE 2. FIGARO, *seul.*

La charmante fille ! toujours riante, verdissante[1], pleine de
gaieté, d'esprit, d'amour et de délices ! mais sage ! *(Il
marche vivement en se frottant les mains.)* Ah ! Monseigneur ! mon cher Monseigneur ! vous voulez m'en
5 donner… à garder[2] ! Je cherchais aussi pourquoi m'ayant
nommé concierge, il m'emmène à son ambassade, et
m'établit courrier de dépêches. J'entends, monsieur le
Comte ; trois promotions à la fois : vous, compagnon ministre ; moi, casse-cou[3] politique, et Suzon, dame du lieu,
10 l'ambassadrice de poche, et puis, fouette courrier ! Pendant
que je galoperais d'un côté, vous feriez faire de l'autre à ma
belle un joli chemin ! Me crottant, m'échinant pour la gloire
de votre famille ; vous, daignant concourir à l'accroissement
de la mienne ! Quelle douce réciprocité ! Mais, Monsei-
15 gneur, il y a de l'abus. Faire à Londres, en même temps, les
affaires de votre maître et celles de votre valet ! représenter à
la fois le roi et moi dans une cour étrangère, c'est trop de
moitié, c'est trop. – Pour toi, Bazile ! fripon, mon cadet[4] ! je
veux t'apprendre à clocher devant les boiteux[5] ; je veux…
20 Non, dissimulons avec eux, pour les enferrer l'un par l'autre.
Attention sur la journée, monsieur Figaro ! D'abord avancer
l'heure de votre petite fête[6], pour épouser plus sûrement ;
écarter une Marceline qui de vous est friande en diable ;
empocher l'or et les présents ; donner le change aux petites
25 passions de monsieur le Comte ; étriller rondement
monsieur du Bazile, et…

---

1. **Verdissante :** éclatante de jeunesse (métaphore).
2. **M'en donner à garder :** faire de moi votre dupe.
3. **Casse-cou :** garçon de courses, apprenti qui prend tous les risques (dans le
   vocabulaire des corporations, le « casse-cou » s'oppose au « compagnon
   ministre » qui est l'ouvrier en titre).
4. Par antiphrase ironique, car Bazile est plus âgé que Figaro.
5. **À clocher devant les boiteux :** à vouloir rivaliser avec plus fort que toi
   (expression proverbiale).
6. **Petite fête :** le mariage.

Scène 3. Marceline, Bartholo, Figaro.

FIGARO *s'interrompt.* Héééé, voilà le gros docteur : la fête sera complète. Hé ! bonjour, cher docteur de mon cœur ! Est-ce ma noce avec Suzon qui vous attire au château ?

BARTHOLO, *avec dédain.* Ah ! mon cher monsieur, point
5 du tout !

FIGARO. Cela serait bien généreux !

BARTHOLO. Certainement, et par trop sot.

FIGARO. Moi qui eus le malheur de troubler la vôtre[1] !

BARTHOLO. Avez-vous autre chose à nous dire ?

10 **FIGARO.** On n'aura pas pris soin de votre mule[2] !

BARTHOLO, *en colère.* Bavard enragé ! laissez-nous !

FIGARO. Vous vous fâchez, docteur ? Les gens de votre
état[3] sont bien durs ! Pas plus de pitié des pauvres animaux…
en vérité… que si c'était des hommes ! Adieu, Marceline :
15 avez-vous toujours envie de plaider contre moi ?

« Pour n'aimer pas, faut-il qu'on se haïsse[4] ? »

Je m'en rapporte au docteur.

BARTHOLO. Qu'est-ce que c'est ?

FIGARO. Elle vous le contera de reste[5]. *(Il sort.)*

---

1. Figaro s'est opposé au mariage de Bartholo et de Rosine, favorisant le mariage de celle-ci avec son maître, Almaviva : telle est l'intrigue du *Barbier de Séville*.
2. Figaro avait mis un cataplasme sur les yeux de la bête aveugle (mettant à profit ses qualités de vétérinaire, outre celles d'apothicaire, de chirurgien et de barbier).
3. **État :** situation professionnelle et sociale.
4. Vers extrait de *Nanine*, comédie de Voltaire.
5. **De reste :** elle aura toujours plus à vous dire que vous ne pourrez entendre.

SCÈNE 4. MARCELINE, BARTHOLO.

BARTHOLO *le regarde aller.* Ce drôle[1] est toujours le même ! Et à moins qu'on ne l'écorche vif, je prédis qu'il mourra dans la peau du plus fier insolent…

MARCELINE *le retourne.* Enfin, vous voilà donc, éternel 5 docteur ! toujours si grave et compassé, qu'on pourrait mourir en attendant vos secours, comme on s'est marié jadis, malgré vos précautions[2].

BARTHOLO. Toujours amère et provocante ! Hé bien, qui rend donc ma présence au château si nécessaire ? Monsieur 10 le Comte a-t-il eu quelque accident ?

MARCELINE. Non, docteur.

BARTHOLO. La Rosine, sa trompeuse Comtesse, est-elle incommodée, Dieu merci ?

MARCELINE. Elle languit.

15 **BARTHOLO.** Et de quoi ?

MARCELINE. Son mari la néglige.

BARTHOLO, *avec joie.* Ah ! le digne époux qui me venge !

MARCELINE. On ne sait comment définir le Comte ; il est jaloux et libertin[3].

20 **BARTHOLO.** Libertin par ennui, jaloux par vanité ; cela va sans dire.

MARCELINE. Aujourd'hui, par exemple, il marie notre Suzanne à son Figaro, qu'il comble en faveur de cette union…

BARTHOLO. Que Son Excellence a rendue nécessaire[4] !

---

1. **Ce drôle :** le terme exprime ici le mécontentement et un certain mépris, il est synonyme de « maraud » à la ligne 30.
2. Le sous-titre du *Barbier de Séville* était : *la Précaution inutile.*
3. Le libertin était étymologiquement un esprit libre, c'est-à-dire libéré des préjugés de la religion (libre-penseur) ; au XVIIIᵉ siècle, le terme désigne surtout un débauché (le Dom Juan de Molière étant libertin dans les deux sens du terme).
4. Bartholo imagine que Suzanne doit épouser Figaro pour dissimuler son adultère avec le Comte et le fruit qui pourrait en naître.

25 **MARCELINE.** Pas tout à fait ; mais dont Son Excellence voudrait égayer en secret l'événement avec l'épousée…

BARTHOLO. De monsieur Figaro ? C'est un marché qu'on peut conclure avec lui.

MARCELINE. Bazile assure que non.

30 **BARTHOLO.** Cet autre maraud[1] loge ici ? C'est une caverne[2] ! Hé ! qu'y fait-il ?

MARCELINE. Tout le mal dont il est capable. Mais le pis que j'y trouve est cette ennuyeuse passion qu'il a pour moi depuis si longtemps.

35 **BARTHOLO.** Je me serais débarrassé vingt fois de sa poursuite.

MARCELINE. De quelle manière ?

BARTHOLO. En l'épousant.

MARCELINE. Railleur fade et cruel, que ne vous
40 débarrassez-vous de la mienne à ce prix ? Ne le devez-vous pas ? Où est le souvenir de vos engagements ? Qu'est devenu celui de notre petit Emmanuel, ce fruit d'un amour oublié[3], qui devait nous conduire à des noces ?

BARTHOLO, *ôtant son chapeau.* Est-ce pour écouter ces
45 sornettes que vous m'avez fait venir de Séville ? Et cet accès[4] d'hymen qui vous reprend si vif…

MARCELINE. Eh bien ! n'en parlons plus. Mais, si rien n'a pu vous porter à la justice de m'épouser, aidez-moi donc du moins à en épouser un autre.

50 **BARTHOLO.** Ah ! volontiers : parlons. Mais quel mortel abandonné du ciel et des femmes ?…

---

1. **Maraud** : voleur, coquin.
2. **Caverne** : repère de brigands.
3. Le dramaturge pose ici une pierre d'attente, et cet enfant n'apparaîtra qu'au troisième acte.
4. Le mariage (« hymen ») est assimilé à une maladie ; n'oublions pas que Bartholo est médecin.

MARCELINE. Eh ! qui pourrait-ce être, docteur, sinon le beau, le gai, l'aimable Figaro ?

BARTHOLO. Ce fripon-là ?

55 **MARCELINE.** Jamais fâché, toujours en belle humeur ; donnant le présent à la joie, et s'inquiétant de l'avenir tout aussi peu que du passé ; sémillant[1], généreux ! généreux…

BARTHOLO. Comme un voleur.

MARCELINE. Comme un seigneur. Charmant enfin : mais 60 c'est le plus grand monstre !

BARTHOLO. Et sa Suzanne ?

MARCELINE. Elle ne l'aurait pas, la rusée, si vous vouliez m'aider, mon petit docteur, à faire valoir un engagement que j'ai de lui.

65 **BARTHOLO.** Le jour de son mariage ?

MARCELINE. On en rompt de plus avancés : et, si je ne craignais d'éventer un petit secret des femmes !…

BARTHOLO. En ont-elles pour le médecin du corps ?

MARCELINE. Ah ! vous savez que je n'en ai pas pour vous. 70 Mon sexe est ardent, mais timide : un certain charme a beau nous attirer vers le plaisir, la femme la plus aventurée sent en elle une voix qui lui dit : « Sois belle, si tu peux, sage si tu veux ; mais sois considérée, il le faut. » Or, puisqu'il faut être au moins considérée, que toute femme en sent l'importance, effrayons 75 d'abord la Suzanne sur la divulgation des offres qu'on lui fait.

BARTHOLO. Où cela mènera-t-il ?

MARCELINE. Que, la honte la prenant au collet, elle continuera de refuser le Comte, lequel, pour se venger, appuiera l'opposition que j'ai faite à son mariage[2] : alors le mien 80 devient certain.

---

1. **Sémillant :** qui cherche à plaire par sa vivacité.
2. En sa qualité de corrégidor (premier magistrat) d'Andalousie, le Comte est saisi de la plainte de Marceline qui s'oppose au mariage de Figaro.

BARTHOLO. Elle a raison. Parbleu ! c'est un bon tour que de faire épouser ma vieille gouvernante au coquin qui fit enlever ma jeune maîtresse.

MARCELINE, *vite.* Et qui croit ajouter à ses plaisirs en trom-
85 pant mes espérances.

BARTHOLO, *vite.* Et qui m'a volé dans le temps cent écus que j'ai sur le cœur[1].

MARCELINE. Ah ! quelle volupté !…

BARTHOLO. De punir un scélérat…

90 **MARCELINE.** De l'épouser, docteur, de l'épouser !

SCÈNE 5. MARCELINE, BARTHOLO, SUZANNE.

SUZANNE, *un bonnet de femme avec un large ruban dans la main, une robe de femme sur le bras.* L'épouser, l'épouser ! Qui donc ? Mon Figaro ?

MARCELINE, *aigrement.* Pourquoi non ? Vous l'épousez
5 bien !

BARTHOLO, *riant.* Le bon argument de femme en colère ! Nous parlions, belle Suzon, du bonheur qu'il aura de vous posséder.

MARCELINE. Sans compter Monseigneur, dont on ne parle
10 pas.

SUZANNE, *une révérence.* Votre servante, madame ; il y a toujours quelque chose d'amer dans vos propos.

MARCELINE, *une révérence.* Bien la vôtre, madame ; où donc est l'amertume ? N'est-il pas juste qu'un libéral[2]
15 seigneur partage un peu la joie qu'il procure à ses gens ?

SUZANNE. Qu'il procure ?

MARCELINE. Oui, madame.

SUZANNE. Heureusement, la jalousie de madame est aussi connue que ses droits sur Figaro sont légers.

---

1. Allusion au *Barbier de Séville* (acte IV, scène 8) ; avoir sur le cœur signifie regretter et garder rancune.
2. **Libéral** : généreux.

20 **MARCELINE**. On eût pu les rendre plus forts en les ciment-
tant à la façon de madame[1].

SUZANNE. Oh, cette façon, madame, est celle des dames
savantes.

MARCELINE. Et l'enfant ne l'est pas du tout ! Innocente
25 comme un vieux juge !

BARTHOLO, *attirant Marceline*. Adieu, jolie fiancée de
notre Figaro.

MARCELINE, *une révérence*. L'accordée[2] secrète de Monseigneur.

30 **SUZANNE**, *une révérence*. Qui vous estime[3] beaucoup,
madame.

MARCELINE, *une révérence*. Me fera-t-elle aussi l'honneur
de me chérir un peu, madame ?

SUZANNE, *une révérence*. À cet égard, madame n'a rien à
35 désirer.

MARCELINE, *une révérence*. C'est une si jolie personne que
madame !

SUZANNE, *une révérence*. Eh mais ! assez pour désoler
madame.

40 **MARCELINE**, *une révérence*. Surtout bien respectable !

SUZANNE, *une révérence*. C'est aux duègnes[4] à l'être.

MARCELINE, *outrée*. Aux duègnes ! aux duègnes !

BARTHOLO, *l'arrêtant*. Marceline !

MARCELINE. Allons, docteur, car je n'y tiendrais pas.
45 Bonjour, madame.

(Une révérence.)

---

1. Marceline accuse allusivement Suzanne de s'être donnée à Figaro sans
avoir attendu le mariage.
2. **L'accordée :** la fiancée.
3. Beaumarchais avait d'abord écrit : « Qui vous méprise » : il a donc préféré
l'antiphrase ironique.
4. **Duègne :** gouvernante chargée de veiller sur la vertu d'une jeune fille ; elle est
en général âgée.

Scène 6. Suzanne, *seule.*

Allez, madame ! allez, pédante ! je crains aussi peu vos efforts que je méprise vos outrages. – Voyez cette vieille sibylle[1] ! parce qu'elle a fait quelques études et tourmenté la jeunesse de Madame[2], elle veut tout dominer au château ! *(Elle jette la robe qu'elle tient sur une chaise.)* Je ne sais plus ce que je venais prendre.

Scène 7. Suzanne, Chérubin.

Chérubin, *accourant.* Ah ! Suzon, depuis deux heures j'épie le moment de te trouver seule. Hélas ! tu te maries, et moi je vais partir.

Suzanne. Comment mon mariage éloigne-t-il du château le premier page de Monseigneur ?

Chérubin, *piteusement.* Suzanne, il me renvoie.

Suzanne *le contrefait.* Chérubin, quelque sottise[3] !

Chérubin. Il m'a trouvé hier au soir chez ta cousine Fanchette, à qui je faisais répéter son petit rôle d'innocente[4], pour la fête de ce soir : il s'est mis dans une fureur en me voyant ! – « Sortez, m'a-t-il dit, petit... » Je n'ose pas prononcer devant une femme le gros mot qu'il a dit : « Sortez, et demain vous ne coucherez pas au château. » Si Madame, si ma belle marraine ne parvient pas à l'apaiser, c'est fait, Suzon, je suis à jamais privé du bonheur de te voir.

Suzanne. De me voir ! moi ? c'est mon tour ! Ce n'est donc plus pour ma maîtresse que vous soupirez en secret ?

---

1. **Sibylle :** prophétesse dans l'Antiquité (la sibylle prononçait des oracles énigmatiques pour annoncer l'avenir). Au XVIIIe siècle, le terme désigne les vieilles pédantes.
2. Allusion au *Barbier de Séville* : Marceline était au service de Bartholo, tuteur de Rosine, avant que celle-ci ne devienne comtesse Almaviva.
3. Vous avez dû faire « quelque sottise ».
4. **Innocente :** ingénue. En fait, on peut comprendre le terme « innocente » ironiquement car Chérubin et Fanchette sont surpris dans une situation amoureuse.

CHÉRUBIN. Ah ! Suzon, qu'elle est noble et belle ! mais qu'elle est imposante !

20 **SUZANNE.** C'est-à-dire que je ne le suis pas, et qu'on peut oser avec moi.

CHÉRUBIN. Tu sais trop bien, méchante, que je n'ose pas oser. Mais que tu es heureuse ! à tous moments la voir, lui parler, l'habiller le matin et la déshabiller le soir, épingle à
25 épingle !... Ah ! Suzon ! je donnerais... Qu'est-ce que tu tiens donc là ?

SUZANNE, *raillant.* Hélas ! l'heureux bonnet et le fortuné ruban qui renferment la nuit les cheveux de cette belle marraine...

30 **CHÉRUBIN,** *vivement.* Son ruban de nuit ! donne-le-moi, mon cœur.

SUZANNE, *le retirant.* Eh ! que non pas ! – *Son cœur !* Comme il est familier donc ! Si ce n'était pas un morveux sans conséquence... *(Chérubin arrache le ruban.)* Ah ! le ruban !

35 **CHÉRUBIN** *tourne autour du grand fauteuil.* Tu diras qu'il est égaré, gâté[1], qu'il est perdu. Tu diras tout ce que tu voudras.

SUZANNE *tourne après lui.* Oh ! dans trois ou quatre ans, je prédis que vous serez le plus grand petit vaurien !... Rendez-
40 vous le ruban ? *(Elle veut le reprendre.)*

CHÉRUBIN *tire une romance[2] de sa poche.* Laisse, ah ! laisse-le-moi, Suzon ; je te donnerai ma romance ; et pendant que le souvenir de ta belle maîtresse attristera tous mes moments, le tien y versera le seul rayon de joie qui puisse encore
45 amuser mon cœur.

SUZANNE *arrache la romance.* Amuser votre cœur, petit scélérat ! vous croyez parler à votre Fanchette. On vous surprend chez elle, et vous soupirez pour Madame ; et vous m'en contez[3] à moi, par-dessus le marché !

---

1. **Gâté :** abîmé.
2. **Romance :** poème sentimental qu'on accompagne de musique ; chanson sentimentale.
3. **Vous m'en contez :** vous me faites la cour (vous me dites des sornettes).

50 **CHÉRUBIN**, *exalté.* Cela est vrai, d'honneur ! Je ne sais plus ce que je suis ; mais depuis quelque temps je sens ma poitrine agitée ; mon cœur palpite au seul aspect d'une femme ; les mots « amour » et « volupté » le font tressaillir et le troublent. Enfin le besoin de dire à quelqu'un « Je vous 55 aime », est devenu pour moi si pressant, que je le dis tout seul, en courant dans le parc, à ta maîtresse, à toi, aux arbres, aux nuages, au vent qui les emporte avec mes paroles perdues. – Hier je rencontrai Marceline...

SUZANNE, *riant.* Ah ! ah ! ah ! ah !

60 **CHÉRUBIN.** Pourquoi non ? elle est femme, elle est fille[1] ! Une fille ! une femme ! ah ! que ces noms sont doux ! qu'ils sont intéressants[2] !

SUZANNE. Il devient fou !

CHÉRUBIN. Fanchette est douce ; elle m'écoute au moins : 65 tu ne l'es pas, toi !

SUZANNE. C'est bien dommage ; écoutez donc monsieur ! *(Elle veut arracher le ruban.)*

CHÉRUBIN *tourne en fuyant.* Ah ! ouiche[3] ! on ne l'aura, vois-tu, qu'avec ma vie. Mais si tu n'es pas contente du prix, 70 j'y joindrai mille baisers. *(Il lui donne chasse à son tour.)*

SUZANNE *tourne en fuyant.* Mille soufflets, si vous approchez. Je vais m'en plaindre à ma maîtresse ; et loin de supplier pour vous, je dirai moi-même à Monseigneur : « C'est bien fait, Monseigneur ; chassez-nous ce petit 75 voleur ; renvoyez à ses parents un petit mauvais sujet qui se donne les airs d'aimer Madame, et qui veut toujours m'embrasser par contrecoup. »

CHÉRUBIN *voit le Comte entrer ; il se jette derrière le fauteuil avec effroi.* Je suis perdu !

80 **SUZANNE.** Quelle frayeur ?...

---

1. **Fille** : célibataire.
2. Dans le vocabulaire amoureux classique, l'intérêt désigne une attirance, un désir.
3. **Ouiche** : déformation populaire de « oui », acquiescement qui équivaut ici à « non » par antiphrase.

SITUER

À la menace du Comte s'est ajoutée celle de Bartholo et Marceline conjurés. Celle-ci a trouvé en Bartholo un allié. Les fiancés apparaissent bien isolés dans leur lutte. L'arrivée du jeune page n'est-elle qu'une parenthèse plaisante et Chérubin n'est-il qu'une « utilité » ?

RÉFLÉCHIR

STRATÉGIES : esquives et faux-semblants, un jeu ambigu

1. Étudiez l'enchaînement des répliques et les jeux de scène : quels rôles ont-ils dans l'organisation de la scène ?

2. Par quels termes et quelles expressions Suzanne désigne-t-elle Chérubin ? Quels sentiments s'y manifestent ?

3. Précisez les différences d'âge et de condition qui séparent Suzanne et Chérubin. En quoi interviennent-elles dans leur pseudo-relation sentimentale ?

4. Commentez l'ambivalence de la gestuelle et notamment la lutte pour le ruban.

THÈMES ET PERSONNAGES : Chérubin ou la naissance d'un type

5. Justifiez le nom du personnage : Chérubin.

6. Étudiez la manière dont Chérubin aborde le thème de l'amour et la conception qui se dégage de ses propos.

7. Pourquoi le rôle de Chérubin est-il traditionnellement joué par une jeune fille (et non par un jeune garçon) ? Montrez en quoi cette ambiguïté sexuelle est justifiée et révélatrice.

8. Quels effets de style expriment l'ambivalence psychologique du personnage ?

9. Quelle image de l'adolescence est présentée ici ? En quoi consiste sa nouveauté ?

ÉCRIRE

10. Vous écrirez un texte d'une page expliquant en quoi Chérubin permet de comprendre tout adolescent, et en quoi il en donne une image dépassée.

Scène 8. Suzanne, Le Comte, Chérubin, *caché.*

Suzanne *aperçoit le Comte.* Ah !... *(Elle s'approche du fauteuil pour masquer Chérubin.)*

Le Comte *s'avance.* Tu es émue, Suzon ! tu parlais seule, et ton petit cœur paraît dans une agitation... bien pardon-
5 nable, au reste, un jour comme celui-ci.

Suzanne, *troublée.* Monseigneur, que me voulez-vous ? Si l'on vous trouvait avec moi...

Le Comte. Je serais désolé qu'on m'y surprît ; mais tu sais tout l'intérêt que je prends à toi. Bazile ne t'a pas laissé igno-
10 rer mon amour. Je n'ai qu'un instant pour t'expliquer mes vues ; écoute. *(Il s'assied dans le fauteuil.)*

Suzanne, *vivement.* Je n'écoute rien.

Le Comte *lui prend la main.* Un seul mot. Tu sais que le roi m'a nommé son ambassadeur à Londres. J'emmène avec
15 moi Figaro ; je lui donne un excellent poste ; et, comme le devoir d'une femme est de suivre son mari...

Suzanne. Ah ! si j'osais parler !

Le Comte *la rapproche de lui.* Parle, parle, ma chère ; use aujourd'hui d'un droit que tu prends sur moi pour la vie.

20 **Suzanne,** *effrayée.* Je n'en veux point, Monseigneur, je n'en veux point. Quittez-moi, je vous prie.

Le Comte. Mais dis auparavant.

Suzanne, *en colère.* Je ne sais plus ce que je disais.

Le Comte. Sur le devoir des femmes.

25 **Suzanne.** Eh bien, lorsque Monseigneur enleva la sienne de chez le docteur, et qu'il l'épousa par amour ; lorsqu'il abolit pour elle un certain affreux droit du seigneur...

Le Comte, *gaiement.* Qui faisait bien de la peine aux filles ! Ah ! Suzette ! ce droit charmant ! Si tu venais en jaser sur la
30 brune[1] au jardin, je mettrais un tel prix à cette légère faveur...

---

1. **Sur la brune :** au crépuscule (quand le paysage brunit).

BAZILE *parle en dehors*[1]. Il n'est pas chez lui, Monseigneur.

LE COMTE *se lève.* Quelle est cette voix ?

SUZANNE. Que je suis malheureuse !

LE COMTE. Sors, pour qu'on n'entre pas.

35 **SUZANNE**, *troublée.* Que je vous laisse ici ?

BAZILE *crie en dehors.* Monseigneur était chez Madame, il en est sorti ; je vais voir.

LE COMTE. Et pas un lieu pour se cacher ! Ah ! derrière ce fauteuil… assez mal ; mais renvoie-le bien vite.

40 *(Suzanne lui barre le chemin ; il la pousse doucement, elle recule, et se met ainsi entre lui et le petit page ; mais, pendant que le Comte s'abaisse et prend sa place, Chérubin tourne et se jette effrayé sur le fauteuil à genoux et s'y blottit. Suzanne prend la robe qu'elle apportait, en couvre le page, et se met*
45 *devant le fauteuil.)*

SCÈNE 9. LE COMTE ET CHÉRUBIN, *cachés,* SUZANNE, BAZILE.

BAZILE. N'auriez-vous pas vu Monseigneur, mademoiselle ?

SUZANNE, *brusquement.* Hé, pourquoi l'aurais-je vu ? Laissez-moi.

BAZILE *s'approche.* Si vous étiez plus raisonnable, il n'y aurait
5 rien d'étonnant à ma question. C'est Figaro qui le cherche.

SUZANNE. Il cherche donc l'homme qui lui veut le plus de mal après vous ?

LE COMTE, *à part.* Voyons un peu comme il me sert.

BAZILE. Désirer du bien à une femme, est-ce vouloir du
10 mal à son mari ?

SUZANNE. Non, dans vos affreux principes, agent de corruption !

---

1. **En dehors :** des coulisses.

■ SITUER

Précédé du portrait peu flatteur qu'en ont fait les autres protagonistes depuis le début de la pièce, le Comte fait irruption dans le badinage de Suzanne et de Chérubin. Suzanne va devoir se battre sur deux fronts à la fois.

■ RÉFLÉCHIR

SOCIÉTÉ : un grand seigneur libertin aux prises avec une spirituelle camériste

1. Quel mélange de tons observez-vous chez le Comte ? Quels sentiments s'y révèlent ?

2. Pour quelles raisons Suzanne est-elle émue au commencement de la scène ?

3. De quelles qualités Suzanne fait-elle preuve ici ?

DRAMATURGIE : le double plaisir du spectateur

4. Étudiez la liaison avec la scène précédente : comment l'entrée en scène d'Almaviva est-elle dramatisée ?

5. Quelles répliques prennent un double sens pour le spectateur ?

6. Commentez le rôle du fauteuil dans la mise en scène et proposez un plan donnant sa position par rapport aux spectateurs et aux personnages.

7. Quels types d'indications les didascalies apportent-elles ? Pouvez-vous en imaginer d'autres ? Quelle autre interprétation, compatible avec la pièce, pourrait-on envisager ?

■ ÉCRIRE

8. À partir des axes définis par les rubriques « société » et « dramaturgie » et des réponses que vous avez données aux questions, vous rédigerez deux parties constitutives d'un commentaire composé.

BAZILE. Que vous demande-t-on ici que vous n'alliez prodiguer à un autre ? Grâce à la douce cérémonie, ce qu'on 15 vous défendait hier, on vous le prescrira demain.

SUZANNE. Indigne !

BAZILE. De toutes les choses sérieuses le mariage étant la plus bouffonne, j'avais pensé…

SUZANNE, *outrée.* Des horreurs ! Qui vous permet d'entrer 20 ici ?

BAZILE. Là, là, mauvaise ! Dieu vous apaise ! Il n'en sera que ce que vous voulez : mais ne croyez pas non plus que je regarde monsieur Figaro comme l'obstacle qui nuit à Monseigneur ; et sans le petit page…

25 **SUZANNE,** *timidement.* Don Chérubin ?

BAZILE *la contrefait*[1]. *Cherubino di amore,* qui tourne autour de vous sans cesse, et qui ce matin encore rôdait ici pour y entrer, quand je vous ai quittée. Dites que cela n'est pas vrai ?

SUZANNE. Quelle imposture ! Allez-vous-en, méchant 30 homme !

BAZILE. On est un méchant homme, parce qu'on y voit clair. N'est-ce pas pour vous aussi, cette romance dont il fait mystère ?

SUZANNE, *en colère.* Ah ! oui, pour moi !…

35 **BAZILE.** À moins qu'il ne l'ait composée pour Madame ! En effet, quand il sert à table, on dit qu'il la regarde avec des yeux !… Mais, peste, qu'il ne s'y joue pas ! Monseigneur est *brutal* sur l'article[2].

SUZANNE, *outrée.* Et vous bien scélérat, d'aller semant de 40 pareils bruits pour perdre un malheureux enfant tombé dans la disgrâce de son maître.

BAZILE. L'ai-je inventé ? Je le dis, parce que tout le monde en parle.

---

1. Contrefait : imite.
2. Sur l'article : sur le sujet (celui de la fidélité de sa femme).

LE COMTE *se lève.* Comment, tout le monde en parle !

45 **SUZANNE.** Ah ciel !

BAZILE. Ha ! ha !

LE COMTE. Courez, Bazile, et qu'on le chasse.

BAZILE. Ah ! que je suis fâché d'être entré !

SUZANNE, *troublée.* Mon Dieu ! Mon Dieu !

50 **LE COMTE,** *à Bazile.* Elle est saisie. Asseyons-la dans ce fauteuil.

SUZANNE *le repousse vivement.* Je ne veux pas m'asseoir. Entrer ainsi librement, c'est indigne !

LE COMTE. Nous sommes deux avec toi, ma chère. Il n'y a 55 plus le moindre danger !

BAZILE. Moi je suis désolé de m'être égayé sur le page, puisque vous l'entendiez. Je n'en usais ainsi que pour pénétrer ses sentiments ; car au fond…

LE COMTE. Cinquante pistoles[1], un cheval, et qu'on le 60 renvoie à ses parents.

BAZILE. Monseigneur, pour un badinage[2] ?

LE COMTE. Un petit libertin[3] que j'ai surpris encore hier avec la fille du jardinier.

BAZILE. Avec Fanchette ?

65 **LE COMTE.** Et dans sa chambre.

SUZANNE, *outrée.* Où Monseigneur avait sans doute affaire aussi !

LE COMTE, *gaiement.* J'en aime assez la remarque.

BAZILE. Elle est d'un bon augure.

70 **LE COMTE,** *gaiement.* Mais non ; j'allais chercher ton oncle Antonio, mon ivrogne de jardinier, pour lui donner des ordres. Je frappe, on est longtemps à m'ouvrir ; ta cousine a

---

1. Qu'on lui donne cinquante pistoles…
2. **Badinage :** jeu amoureux, marivaudage de peu d'importance (voir p. 297).
3. **Libertin :** débauché.

l'air empêtré ; je prends un soupçon, je lui parle, et tout en causant j'examine. Il y avait derrière la porte une espèce de
75 rideau, de portemanteau, de je ne sais pas quoi, qui couvrait des hardes[1]; sans faire semblant de rien, je vais doucement, doucement lever ce rideau *(pour imiter le geste, il lève la robe du fauteuil)*, et je vois... *(Il aperçoit le page.)* Ah !...

BAZILE. Ha ! ha !

80 **LE COMTE.** Ce tour-ci vaut l'autre.

BAZILE. Encore mieux.

LE COMTE, *à Suzanne.* À merveille, mademoiselle ! à peine fiancée, vous faites de ces apprêts[2]? C'était pour recevoir mon page que vous désiriez d'être seule ? Et vous, monsieur, qui ne
85 changez point de conduite, il vous manquait de vous adresser, sans respect pour votre marraine, à sa première camariste[3], à la femme de votre ami ! Mais je ne souffrirai pas que Figaro, qu'un homme que j'estime et que j'aime, soit victime d'une pareille tromperie. Était-il avec vous, Bazile ?

90 **SUZANNE,** *outrée.* Il n'y a ni tromperie ni victime ; il était là lorsque vous me parliez.

LE COMTE, *emporté.* Puisses-tu mentir en le disant ! Son plus cruel ennemi n'oserait lui souhaiter ce malheur.

SUZANNE. Il me priait d'engager Madame à vous demander
95 sa grâce. Votre arrivée l'a si fort troublé, qu'il s'est masqué de ce fauteuil.

LE COMTE, *en colère.* Ruse d'enfer ! Je m'y suis assis en entrant.

CHÉRUBIN. Hélas ! Monseigneur, j'étais tremblant derrière.

100 **LE COMTE.** Autre fourberie ! Je viens de m'y placer moi-même.

CHÉRUBIN. Pardon ; mais c'est alors que je me suis blotti dedans.

---

1. **Hardes :** vêtements.
2. **Apprêts :** préparatifs (pour tromper Figaro).
3. **Camariste :** femme de chambre (camériste).

LE COMTE, *plus outré.* C'est donc une couleuvre que ce
105 petit... serpent-là ! Il nous écoutait !

CHÉRUBIN. Au contraire, Monseigneur, j'ai fait ce que j'ai
pu pour ne rien entendre.

LE COMTE. Ô perfidie ! *(À Suzanne.)* Tu n'épouseras pas
Figaro.

110 **BAZILE.** Contenez-vous, on vient.

LE COMTE, *tirant Chérubin du fauteuil et le mettant sur ses
pieds.* Il resterait là devant toute la terre !

SCÈNE 10. CHÉRUBIN, SUZANNE, FIGARO, LA COMTESSE, LE COMTE, FANCHETTE, BAZILE ;
beaucoup de valets, paysannes, paysans vêtus de blanc.

FIGARO, *tenant une toque de femme, garnie de plumes blanches et de rubans blancs, parle à la Comtesse.* Il n'y a que
vous, Madame, qui puissiez nous obtenir cette faveur.

LA COMTESSE. Vous le voyez, monsieur le Comte, ils me
5 supposent un crédit[1] que je n'ai point, mais comme leur
demande n'est pas déraisonnable...

LE COMTE, *embarrassé.* Il faudrait qu'elle le fût beaucoup...[2]

FIGARO, *bas à Suzanne.* Soutiens bien mes efforts.

10 **SUZANNE**, *bas à Figaro.* Qui ne mèneront à rien.

FIGARO, *bas.* Va toujours.

LE COMTE, *à Figaro.* Que voulez-vous ?

FIGARO. Monseigneur, vos vassaux, touchés de l'abolition
d'un certain droit fâcheux que votre amour pour Madame...

---

1. **Crédit :** influence efficace.
2. Phrase incomplète : « Il faudrait qu'elle le fût beaucoup » pour que je n'y accède pas.

15 **LE COMTE.** Hé bien, ce droit n'existe plus. Que veux-tu dire ?...

FIGARO, *malignement.* Qu'il est bien temps que la vertu d'un si bon maître éclate ; elle m'est d'un tel avantage aujourd'hui, que je désire être le premier à la célébrer à mes noces.

20 **LE COMTE,** *plus embarrassé.* Tu te moques, ami ! L'abolition d'un droit honteux n'est que l'acquit d'une dette envers l'honnêteté. Un Espagnol peut vouloir conquérir la beauté par des soins[1]; mais en exiger le premier, le plus doux emploi, comme une servile redevance[2], ah ! c'est la tyrannie
25 d'un Vandale, et non le droit avoué d'un noble Castillan.

FIGARO, *tenant Suzanne par la main.* Permettez donc que cette jeune créature, de qui votre sagesse a préservé l'honneur, reçoive de votre main, publiquement, la toque virginale, ornée de plumes et de rubans blancs, symbole de la
30 pureté de vos intentions : adoptez-en la cérémonie pour tous les mariages, et qu'un quatrain chanté en chœur rappelle à jamais le souvenir...

LE COMTE, *embarrassé.* Si je ne savais pas qu'amoureux, poète et musicien sont trois titres d'indulgence pour toutes
35 les folies...

FIGARO. Joignez-vous à moi, mes amis !

TOUS ENSEMBLE. Monseigneur ! Monseigneur !

SUZANNE, *au Comte.* Pourquoi fuir un éloge que vous méritez si bien ?

40 **LE COMTE,** *à part.* La perfide !

FIGARO. Regardez-la donc, Monseigneur. Jamais plus jolie fiancée ne montrera mieux la grandeur de votre sacrifice.

SUZANNE. Laisse là ma figure, et ne vantons que sa vertu.

LE COMTE, *à part.* C'est un jeu que tout ceci.

---

1. **Soins :** attentions empressées (que l'on a pour une femme).
2. **Servile redevance :** ce que doit un serf à son maître.

45 **LA COMTESSE.** Je me joins à eux, monsieur le Comte ; et cette cérémonie me sera toujours chère, puisqu'elle doit son motif à l'amour charmant que vous aviez pour moi.

LE COMTE. Que j'ai toujours, madame ; et c'est à ce titre que je me rends.

50 **TOUS ENSEMBLE.** Vivat[1] !

LE COMTE, *à part.* Je suis pris. *(Haut.)* Pour que la cérémonie eût un peu plus d'éclat, je voudrais seulement qu'on la remît à tantôt[2]. *(À part.)* Faisons vite chercher Marceline.

55 **FIGARO,** *à Chérubin.* Eh bien, espiègle, vous n'applaudissez pas ?

SUZANNE. Il est au désespoir ; Monseigneur le renvoie.

LA COMTESSE. Ah ! monsieur, je demande sa grâce.

LE COMTE. Il ne la mérite point.

LA COMTESSE. Hélas ! il est si jeune !

60 **LE COMTE.** Pas tant que vous le croyez.

CHÉRUBIN, *tremblant.* Pardonner généreusement n'est pas le droit du seigneur auquel vous avez renoncé en épousant Madame.

LA COMTESSE. Il n'a renoncé qu'à celui qui vous affligeait
65 tous.

SUZANNE. Si Monseigneur avait cédé le droit de pardonner, ce serait sûrement le premier qu'il voudrait racheter en secret.

LE COMTE, *embarrassé.* Sans doute.

LA COMTESSE. Eh pourquoi le racheter ?

70 **CHÉRUBIN,** *au Comte.* Je fus léger dans ma conduite, il est vrai, Monseigneur ; mais jamais la moindre indiscrétion dans mes paroles…

LE COMTE, *embarrassé.* Eh bien, c'est assez…

---

1. Vivat : acclamation (Vive Monsieur le Comte !)
2. Tantôt : un peu plus tard.

Figaro. Qu'entend-il[1] ?

75 **Le Comte**, *vivement*. C'est assez, c'est assez. Tout le monde exige son pardon, je l'accorde ; et j'irai plus loin : je lui donne une compagnie[2] dans ma légion.

Tous ensemble. Vivat !

Le Comte. Mais c'est à condition qu'il partira sur-le-
80 champ pour joindre[3] en Catalogne.

Figaro. Ah ! Monseigneur, demain.

Le Comte *insiste*. Je le veux.

Chérubin. J'obéis.

Le Comte. Saluez votre marraine, et demandez sa protec-
85 tion. *(Chérubin met un genou en terre devant la Comtesse, et ne peut parler.)*

La Comtesse, *émue*. Puisqu'on ne peut vous garder seule-ment aujourd'hui, partez, jeune homme. Un nouvel état vous appelle ; allez le remplir dignement. Honorez votre
90 bienfaiteur. Souvenez-vous de cette maison, où votre jeunesse a trouvé tant d'indulgence. Soyez soumis, honnête et brave ; nous prendrons part à vos succès. *(Chérubin se relève et retourne à sa place.)*

Le Comte. Vous êtes bien émue, madame !

95 **La Comtesse**. Je ne m'en défends pas. Qui sait le sort d'un enfant jeté dans une carrière aussi dangereuse ? Il est allié de mes parents ; et de plus, il est mon filleul.

Le Comte, *à part*. Je vois que Bazile avait raison. *(Haut.)* Jeune homme, embrassez Suzanne… pour la dernière fois.

100 **Figaro**. Pourquoi cela, Monseigneur ? Il viendra passer ses hivers. Baise-moi donc aussi, capitaine ! *(Il l'embrasse.)* Adieu, mon petit Chérubin. Tu vas mener un train de vie

---

1. **Qu'entend-il ? :** Que veut-il dire ? (voir p. 297)
2. **Une compagnie :** correspond au grade de capitaine.
3. **Joindre :** rejoindre sa compagnie.

bien différent, mon enfant : dame ! tu ne rôderas plus tout le jour au quartier des femmes, plus d'échaudés[1], de goûtés[2] à
105 la crème ; plus de main-chaude[3] ou de colin-maillard. De bons soldats, morbleu ! basanés, mal vêtus ; un grand fusil bien lourd : tourne à droite, tourne à gauche, en avant, marche à la gloire ; et ne va pas broncher en chemin, à moins qu'un bon coup de feu...

110 **SUZANNE.** Fi donc, l'horreur !

LA COMTESSE. Quel pronostic !

LE COMTE. Où donc est Marceline ? Il est bien singulier qu'elle ne soit pas des vôtres !

FANCHETTE. Monseigneur, elle a pris le chemin du bourg,
115 par le petit sentier de la ferme.

LE COMTE. Et elle en reviendra ?...

BAZILE. Quand il plaira à Dieu.

FIGARO. S'il lui plaisait qu'il ne lui plût jamais...

FANCHETTE. Monsieur le docteur lui donnait le bras.

120 **LE COMTE,** *vivement.* Le docteur est ici ?

BAZILE. Elle s'en est d'abord[4] emparée...

LE COMTE, *à part.* Il ne pouvait venir plus à propos.

FANCHETTE. Elle avait l'air bien échauffée ; elle parlait tout haut en marchant, puis elle s'arrêtait, et faisait comme ça de
125 grands bras[5]... et monsieur le docteur lui faisait comme ça de la main, en l'apaisant : elle paraissait si courroucée ! elle nommait mon cousin Figaro.

LE COMTE *lui prend le menton.* Cousin... futur.

---

1. **Échaudés** : gâteaux faits avec de la pâte échaudée (dans l'eau bouillante).
2. **Goûtés** : goûters.
3. **Main-chaude** : jeu (un joueur place derrière son dos sa main frappée par d'autres joueurs qu'il lui faut identifier). La main-chaude peut en outre s'interpréter comme un sous-entendu grivois.
4. **D'abord** : dès son arrivée.
5. **De grands bras** : de grands gestes avec les bras.

FANCHETTE, *montrant Chérubin.* Monseigneur, nous avez-
130 vous pardonné d'hier ?…

LE COMTE *interrompt.* Bonjour, bonjour, petite.

FIGARO. C'est son chien d'amour qui la berce : elle aurait
troublé notre fête.

LE COMTE, *à part.* Elle la troublera, je t'en réponds. *(Haut.)*
135 Allons, madame, entrons. Bazile, vous passerez chez moi.

SUZANNE, *à Figaro.* Tu me rejoindras, mon fils ?

FIGARO, *bas à Suzanne.* Est-il bien enfilé[1] ?

SUZANNE, *bas.* Charmant garçon ! *(Ils sortent tous.)*

SCÈNE 11. CHÉRUBIN, FIGARO, BAZILE.
(Pendant qu'on sort, Figaro les arrête
tous deux et les ramène.)

FIGARO. Ah çà, vous autres ! la cérémonie adoptée, ma fête
de ce soir en est la suite ; il faut bravement nous recorder[2] :
ne faisons point comme ces acteurs qui ne jouent jamais si
mal que le jour où la critique est le plus éveillée. Nous
5 n'avons point de lendemain qui nous excuse, nous[3]. Sachons
bien nos rôles aujourd'hui.

BAZILE, *malignement.* Le mien est plus difficile que tu ne
crois.

FIGARO, *faisant, sans qu'il le voie, le geste de le rosser.* Tu es
10 loin aussi de savoir tout le succès qu'il te vaudra.

CHÉRUBIN. Mon ami, tu oublies que je pars.

FIGARO. Et toi, tu voudrais bien rester !

CHÉRUBIN. Ah ! si je le voudrais !

---

1. Enfilé : berné, terme emprunté au jeu de trictrac (voir p. 297).
2. Recorder : répéter nos rôles, nous les remémorer.
3. Nous ne pouvons rattraper une mauvaise prestation en étant meilleur le
lendemain.

■ **Situer**

La scène précédente laissait le Comte, Suzanne et Chérubin entre colère et chantage. L'arrivée de Figaro et de la Comtesse, accompagnés des villageois, va pour un temps désamorcer la menace.

■ **Réfléchir**

STRATÉGIES : la tactique du dramaturge et les ruses des personnages

1. Anne Ubersfeld a écrit : « Il n'existe pas, avant *Le Mariage de Figaro*, de haute comédie où le peuple joue un si grand rôle. » En quoi la présence du peuple entre-t-elle dans la stratégie de Figaro ? En quoi sert-elle l'intention polémique et satirique de Beaumarchais ?

2. Étudiez les apartés*, les interventions et les didascalies dans le discours du Comte : quelles dispositions d'esprit s'y révèlent ?

3. Quels éléments apparentent cette scène à un petit dénouement ? Quels éléments suggèrent une action en suspens ?

REGISTRES ET TONALITÉS : solennité, ironie et sous-entendus

4. Repérez et étudiez les tirades* de style solennel : quels personnages les utilisent et pourquoi ?

5. Par quels procédés d'écriture (longueur des phrases, choix du vocabulaire, formulations révérencieuses) Beaumarchais crée-t-il cette solennité ?

6. Montrez que cette solennité porte des signes discrets d'ironie.

7. Dans quelles répliques le spectateur perçoit-il des allusions ? Quel rôle jouent-elles dans le déroulement de cette pièce ?

FIGARO. Il faut ruser. Point de murmure à ton départ. Le
15 manteau de voyage à l'épaule ; arrange ouvertement ta
trousse, et qu'on voie ton cheval à la grille ; un temps de
galop jusqu'à la ferme ; reviens à pied par les derrières.
Monseigneur te croira parti ; tiens-toi seulement hors de sa
vue ; je me charge de l'apaiser après la fête.

20 **CHÉRUBIN.** Mais Fanchette qui ne sait pas son rôle !

BAZILE. Que diable lui apprenez-vous donc, depuis huit
jours que vous ne la quittez pas ?

FIGARO. Tu n'as rien à faire aujourd'hui : donne-lui, par
grâce, une leçon.

25 **BAZILE.** Prenez garde, jeune homme, prenez garde ! Le
père n'est pas satisfait ; la fille a été souffletée ; elle n'étudie
pas avec vous : Chérubin ! Chérubin ! vous lui causerez des
chagrins ! « Tant va la cruche à l'eau !… »

FIGARO. Ah ! voilà notre imbécile avec ses vieux proverbes !
30 Hé bien, pédant, que dit la sagesse des nations ? « Tant va la
cruche à l'eau, qu'à la fin… »

BAZILE. Elle s'emplit[1].

FIGARO, *en s'en allant.* Pas si bête, pourtant, pas si bête !

---

1. **Elle s'emplit :** le proverbe véritable étant : « Tant va la cruche à l'eau qu'à la
fin elle se casse. » On peut lire dans la déformation du proverbe une allusion
grivoise : Fanchette est en effet assimilée à la cruche qui s'emplit.

PERSONNAGES ET SOCIÉTÉ : du *Barbier* au *Mariage*

Le premier acte a noué toutes les intrigues, et le dramaturge s'est attaché à montrer ce qu'étaient devenus les protagonistes du *Barbier de Séville.* Cette continuité est primordiale, parce qu'elle permet à Beaumarchais d'embrasser une longue période de la vie de ses personnages et donc d'approfondir la réflexion psychologique, en montrant que le temps change les êtres, et surtout leurs sentiments. Cependant, cette continuité s'explique davantage encore par l'engagement politique de la pièce : il fallait en effet que l'histoire des seigneurs d'Aguas-Frescas rencontre l'Histoire (voir p. 257). Il fallait un personnage de grand seigneur libertin pour pouvoir s'interroger sur les prérogatives liées à la naissance : les aristocrates méritent-ils leur rang ?

1. Quels détails, quelles allusions tissent des liens précis et solides avec *Le Barbier de Séville* ?

2. Quelles scènes amorcent une réflexion historique et politique qui s'approfondira tout au long du *Mariage de Figaro* ?

MISE EN SCÈNE : *La Folle Journée* ou une esthétique du dynamisme

Paradoxalement, c'est sur une seule journée que le drame suscité par le nouveau caprice d'Almaviva sera résolu, parce que le temps, au théâtre, s'accélère par la multiplication des ruptures et rebondissements. Avec *Le Mariage de Figaro*, plus encore qu'avec *Le Barbier de Séville*, Beaumarchais multiplie jusqu'au vertige ce que Jacques Scherer (*La Dramaturgie* de Beaumarchais*) a appelé les « péripéties-éclairs » (voir p. 148). La rapidité du tempo tient aussi aux prompts déplacements des comédiens (dans la chambre vide au lever du rideau, autour du fauteuil dans la scène 7). Les objets, outre qu'ils sont symboliques, voire érotisés comme le ruban volé à la Comtesse, dynamisent l'espace (c'est le cas lors de la bataille de la scène 7).

3. Quels objets permettent la mobilité des acteurs et servent à enchaîner les scènes ?

4. Comment l'espace s'ouvre-t-il à la scène 11 ? Comment la mise en scène pourrait-elle faire percevoir cette ouverture ?

STYLE : **un brio irrésistible**

Si le style de Beaumarchais éblouit, c'est aussi par ses formules scintillantes : métaphores inattendues, jeux de mots impromptus et formules à l'emporte-pièce fusent sans cesse. Les répliques sont brèves et bien frappées, et leurs enchaînements sont vivifiés par l'esprit d'à-propos des personnages principaux. Le comique de mots repose surtout sur la verve éblouissante de Figaro, un valet de comédie plus fertile en inventions et en bons mots que ses maîtres.

5. Quelle scène vous paraît plus qu'aucune autre brillante ? Pourquoi ?

6. Étudiez le style dans le monologue de Figaro à la scène 2. Quels traits vous paraissent caractéristiques du personnage ? du style de Beaumarchais en général ?

ÉCRIRE

7. Réécrivez la scène 2 de l'acte I : au lieu du monologue de Figaro, inventez celui de Suzanne.

ACTE II

Le théâtre représente une chambre à coucher superbe, un grand lit en alcôve, une estrade au-devant. La porte pour entrer s'ouvre et se ferme à la troisième coulisse à droite ; celle d'un cabinet, à la première coulisse à gauche. Une porte dans le fond va chez les femmes. Une fenêtre s'ouvre de l'autre côté.

SCÈNE PREMIÈRE. SUZANNE, LA COMTESSE
entrent par la porte à droite.

LA COMTESSE *se jette dans une bergère[1]*. Ferme la porte, Suzanne, et conte-moi tout dans le plus grand détail.

SUZANNE. Je n'ai rien caché à Madame.

LA COMTESSE. Quoi ! Suzon, il voulait te séduire ?

5 **SUZANNE.** Oh ! que non ! Monseigneur n'y met pas tant de façon avec sa servante : il voulait m'acheter.

LA COMTESSE. Et le petit page était présent ?

SUZANNE. C'est-à-dire caché derrière le grand fauteuil. Il venait me prier de vous demander sa grâce.

10 **LA COMTESSE.** Hé, pourquoi ne pas s'adresser à moi-même ? est-ce que je l'aurais refusé[2], Suzon ?

SUZANNE. C'est ce que j'ai dit : mais ses regrets de partir, et surtout de quitter Madame ! « Ah ! Suzon, qu'elle est noble et belle ! mais qu'elle est imposante ! »

15 **LA COMTESSE.** Est-ce que j'ai cet air-là, Suzon ? Moi qui l'ai toujours protégé.

SUZANNE. Puis il a vu votre ruban de nuit que je tenais : il s'est jeté dessus…

LA COMTESSE, *souriant.* Mon ruban ?… Quelle enfance[3] !

---

1. **Bergère :** fauteuil large et profond.
2. **Je l'aurais refusé :** je lui aurais opposé un refus (« l' » représente Chérubin).
3. **Enfance :** enfantillage, puérilité.

20 **SUZANNE.** J'ai voulu le lui ôter ; Madame, c'était un lion ; ses yeux brillaient… « Tu ne l'auras qu'avec ma vie », disait-il en forçant sa petite voix douce et grêle.

LA COMTESSE, *rêvant.* Eh bien, Suzon ?

SUZANNE. Eh bien, Madame, est-ce qu'on peut faire finir
25 ce petit démon-là ? Ma marraine par-ci ; je voudrais bien par l'autre[1] ; et parce qu'il n'oserait seulement baiser la robe de Madame, il voudrait toujours m'embrasser, moi.

LA COMTESSE, *rêvant.* Laissons… laissons ces folies… Enfin, ma pauvre Suzanne, mon époux a fini par te dire ?…

30 **SUZANNE.** Que si je ne voulais pas l'entendre, il allait protéger Marceline.

LA COMTESSE *se lève et se promène en se servant fortement de l'éventail.* Il ne m'aime plus du tout.

SUZANNE. Pourquoi tant de jalousie ?

35 **LA COMTESSE.** Comme tous les maris, ma chère ! uniquement par orgueil. Ah ! je l'ai trop aimé ! je l'ai lassé de mes tendresses et fatigué de mon amour ; voilà mon seul tort avec lui : mais je n'entends pas que cet honnête aveu te nuise, et tu épouseras Figaro. Lui seul peut nous y aider :
40 viendra-t-il ?

SUZANNE. Dès qu'il verra partir la chasse.

LA COMTESSE, *se servant de l'éventail.* Ouvre un peu la croisée sur le jardin. Il fait une chaleur ici !…

SUZANNE. C'est que Madame parle et marche avec action[2].
45 *(Elle va ouvrir la croisée du fond.)*

LA COMTESSE, *rêvant longtemps.* Sans cette constance à me fuir… Les hommes sont bien coupables !

---

1. **Par-ci… par l'autre :** par-ci… par-là.
2. **Action :** animation, vivacité.

▌ SITUER

Suzanne doit transformer sa maîtresse en alliée dans la lutte qui l'oppose à son maître. Le mariage de Figaro et de Suzanne est en effet compromis par le comte Almaviva, prêt à user du « droit du seigneur », et par Marceline, qui détient une promesse de mariage engageant Figaro. Quant au petit page Chérubin, amoureux de toutes les femmes et plus particulièrement de la Comtesse, sera-t-il chassé du château par son « brevet d'officier » ?

▌ RÉFLÉCHIR

MISE EN SCÈNE : objets et extérieurs

1. Beaumarchais, pour laisser affleurer les désirs inconscients, utilise des objets qui sont comme des métonymies* du corps féminin : lesquels et comment ? Avez-vous le souvenir d'objets pareillement investis d'une portée symbolique dans le premier acte ?

2. Dites ce qu'apporte à l'espace scénique la fenêtre à laquelle se penche la Comtesse. En quoi cette « croisée » sert-elle aussi le déroulement de l'intrigue ?

PERSONNAGES : les « rêveries » de la Comtesse

3. Relevez les didascalies qui insistent sur la rêverie de la Comtesse, et celles qui au contraire soulignent son agitation. Quels états d'âme traduisent-elles ? Expliquez le paradoxe de ces deux attitudes.

4. Que suggèrent les points de suspension ?

5. Par quelles formules paradoxales mises dans la bouche de la Comtesse Beaumarchais résume-t-il l'amertume de l'épouse délaissée ? Quelle conception de l'amour Beaumarchais propose-t-il, par la bouche de la Comtesse, au spectateur ? Est-ce, selon vous, une conception pessimiste ?

SUZANNE *crie de la fenêtre.* Ah ! voilà Monseigneur qui traverse à cheval le grand potager, suivi de Pédrille, avec
50 deux, trois, quatre lévriers.

LA COMTESSE. Nous avons du temps devant nous. *(Elle s'assied.)* On frappe, Suzon ?

SUZANNE *court ouvrir en chantant.* Ah ! c'est mon Figaro ! ah ! c'est mon Figaro !

SCÈNE 2. FIGARO, SUZANNE, LA COMTESSE, *assise.*

SUZANNE. Mon cher ami, viens donc ! Madame est dans une impatience !…

FIGARO. Et toi, ma petite Suzanne ? – Madame n'en doit prendre aucune. Au fait, de quoi s'agit-il ? d'une misère.
5 Monsieur le Comte trouve notre jeune femme aimable, il voudrait en faire sa maîtresse ; et c'est bien naturel.

SUZANNE. Naturel ?

FIGARO. Puis il m'a nommé courrier de dépêches, et Suzon conseiller d'ambassade. Il n'y a pas là d'étourderie.

10 **SUZANNE.** Tu finiras ?

FIGARO. Et parce que ma Suzanne, ma fiancée, n'accepte pas le diplôme[1], il va favoriser les vues de Marceline. Quoi de plus simple encore ? Se venger de ceux qui nuisent à nos projets en renversant les leurs, c'est ce que chacun fait, ce que
15 nous allons faire nous-mêmes. Hé bien, voilà tout pourtant.

LA COMTESSE. Pouvez-vous, Figaro, traiter si légèrement un dessein qui nous coûte à tous le bonheur ?

FIGARO. Qui dit cela, Madame ?

SUZANNE. Au lieu de t'affliger de nos chagrins…

---

1. Le diplôme de « conseiller d'ambassade » représente ironiquement le titre de maîtresse.

20 **FIGARO.** N'est-ce pas assez que je m'en occupe ? Or, pour agir aussi méthodiquement que lui, tempérons d'abord son ardeur de nos possessions[1], en l'inquiétant sur les siennes.

LA COMTESSE. C'est bien dit ; mais comment ?

FIGARO. C'est déjà fait, Madame ; un faux avis donné sur 25 vous...

LA COMTESSE. Sur moi ! La tête vous tourne[2] !

FIGARO. Oh ! c'est à lui qu'elle doit tourner.

LA COMTESSE. Un homme aussi jaloux !...

FIGARO. Tant mieux ; pour tirer parti des gens de ce 30 caractère, il ne faut qu'un peu leur fouetter le sang ; c'est ce que les femmes entendent si bien[3] ! Puis les tient-on fâchés tout rouge : avec un brin d'intrigue on les mène où l'on veut, par le nez, dans le Guadalquivir[4]. Je vous[5] ai fait rendre[6] à Bazile un billet inconnu[7], lequel avertit Monseigneur 35 qu'un galant[8] doit chercher à vous voir aujourd'hui pendant le bal.

LA COMTESSE. Et vous vous jouez ainsi de la vérité sur le compte d'une femme d'honneur !...

FIGARO. Il y en a peu, Madame, avec qui je l'eusse osé, 40 crainte de rencontrer juste[9].

LA COMTESSE. Il faudra que je l'en remercie !

---

1. **Son ardeur de nos possessions :** l'ardeur qu'il met à vouloir s'emparer de nos possessions, c'est-à-dire de Suzanne. Parallèlement, « les siennes » représente la Comtesse.
2. **La tête vous tourne :** vous avez perdu la tête.
3. **Entendent si bien :** savent si bien faire.
4. Le grand fleuve de l'Andalousie.
5. **Vous :** pronom impliquant l'interlocuteur en faveur de qui se fait ici l'action.
6. **Rendre :** remettre.
7. **Inconnu :** anonyme.
8. **Un galant :** un amoureux.
9. **De rencontrer juste :** d'être dans le vrai.

FIGARO. Mais, dites-moi s'il n'est pas charmant de lui avoir taillé ses morceaux de la journée[1], de façon qu'il passe à rôder, à jurer après sa dame, le temps qu'il destinait à se complaire avec la nôtre ? Il est déjà tout dérouté : galopera-t-il celle-ci ? surveillera-t-il celle-là ? Dans son trouble d'esprit, tenez, tenez, le voilà qui court la plaine, et force un lièvre qui n'en peut mais[2]. L'heure du mariage arrive en poste[3], il n'aura pas pris de parti contre, et jamais il n'osera s'y opposer devant Madame.

SUZANNE.   Non ; mais Marceline, le bel esprit, osera le faire, elle.

FIGARO. Brrrr ! Cela m'inquiète bien, ma foi ! Tu feras dire à Monseigneur que tu te rendras sur la brune[4] au jardin.

SUZANNE. Tu comptes sur celui-là[5] ?

FIGARO. Oh dame ! écoutez donc, les gens qui ne veulent rien faire de rien n'avancent rien et ne sont bons à rien. Voilà mon mot.

SUZANNE. Il est joli !

LA COMTESSE. Comme son idée. Vous consentiriez qu'elle s'y rendît ?

FIGARO.   Point du tout. Je fais endosser un habit de Suzanne à quelqu'un : surpris par nous au rendez-vous, le Comte pourra-t-il s'en dédire[6] ?

SUZANNE. À qui mes habits ?

FIGARO. Chérubin.

LA COMTESSE. Il est parti.

FIGARO. Non pas pour moi. Veut-on me laisser faire ?

SUZANNE. On peut s'en fier à lui pour mener une intrigue.

FIGARO. Deux, trois, quatre à la fois ; bien embrouillées, qui se croisent. J'étais né pour être courtisan.

---

1. **Taillé ses morceaux de la journée :** découpé son emploi du temps.
2. **N'en peut mais :** n'en peut plus.
3. **En poste :** à la vitesse des chevaux de poste, à toute vitesse.
4. **La brune :** la tombée de la nuit.
5. **Celui-là :** cette ruse-là.
6. **S'en dédire :** dire qu'il n'était pas au rendez-vous.

SUZANNE. On dit que c'est un métier si difficile !

FIGARO. Recevoir, prendre et demander, voilà le secret en trois mots.

75 **LA COMTESSE.** Il a tant d'assurance qu'il finit par m'en inspirer.

FIGARO. C'est mon dessein.

SUZANNE. Tu disais donc ?

FIGARO. Que, pendant l'absence de Monseigneur, je vais
80 vous envoyer le Chérubin ; coiffez-le, habillez-le ; je le renferme et l'endoctrine[1] ; et puis dansez, Monseigneur. *(Il sort.)*

SCÈNE 3. SUZANNE, LA COMTESSE, *assise*.

LA COMTESSE, *tenant sa boîte à mouches[2]*. Mon Dieu, Suzon, comme je suis faite[3] !... Ce jeune homme qui va venir !...

SUZANNE. Madame ne veut donc pas qu'il en réchappe ?

5 **LA COMTESSE** *rêve devant sa petite glace*. Moi ?... Tu verras comme je vais le gronder.

SUZANNE. Faisons-lui chanter sa romance. *(Elle la met sur la Comtesse[4].)*

LA COMTESSE. Mais c'est qu'en vérité mes cheveux sont
10 dans un désordre…

SUZANNE, *riant.* Je n'ai qu'à reprendre ces deux boucles, Madame le grondera bien mieux.

LA COMTESSE, *revenant à elle.* Qu'est-ce que vous dites donc, mademoiselle ?

---

1. **Je […] l'endoctrine :** je lui apprends son rôle.
2. **Mouches :** petits ronds de taffetas noir (de la grosseur d'une aile de mouche) posés sur le visage ou le décolleté pour rehausser la blancheur du teint.
3. **Comme je suis faite :** comme je suis mal arrangée, peu à mon avantage.
4. **Sur la Comtesse :** sur les genoux de la Comtesse.

Figaro doit protéger sa fiancée contre les avances du Comte sans pour autant perdre la dot promise par ce dernier. Comment mener à bien cette double entreprise ?

RÉFLÉCHIR

STRATÉGIES : Figaro meneur de jeu

1. Quelles métaphores décrivent la stratégie de Figaro ? Que révèlent-elles ?

2. Quel enjeu, selon vous, le temps représente-t-il dans l'organisation de la pièce ?

3. Dans quel lieu se trouve Figaro lorsqu'il conçoit ses stratagèmes ? Qu'en pensez-vous ?

4. Sur quels tons Figaro et la Comtesse se parlent-ils ? Quel est l'intérêt psychologique et sociologique de cette diversité ?

5. Quand Suzanne intervient-elle ? Quel rôle joue-t-elle dans les échanges entre Figaro et la Comtesse ?

REGISTRES ET TONALITÉS : ironie et conviction

6. Explicitez les allusions qui se cachent derrière la « dignité » du diplôme octroyé à Suzanne, et commentez le ton avec lequel Figaro en parle.

7. Justifiez l'usage des pronoms personnels « nous » et « on » dans le passage qui va de la ligne 18 à la ligne 36. En quoi renforcent-ils la conviction avec laquelle Figaro expose son plan de bataille ?

8. Que dit Figaro des courtisans ? Sur quel ton ? Quelle portée de tels propos donnent-ils à la pièce ?

Scène 4. Chérubin, *l'air honteux,*
Suzanne, La Comtesse, *assise.*

Suzanne. Entrez, monsieur l'officier ; on est visible.

Chérubin *avance en tremblant.* Ah ! que ce nom m'afflige, Madame ! il m'apprend qu'il faut quitter des lieux… une marraine si… bonne !…

5 **Suzanne.** Et si belle !

Chérubin, *avec un soupir.* Ah ! oui.

Suzanne *le contrefait.* « Ah ! oui. » Le bon jeune homme ! avec ses longues paupières hypocrites. Allons, bel oiseau bleu[1], chantez la romance à Madame.

10 **La Comtesse** *la déplie.* De qui… dit-on qu'elle est ?

Suzanne. Voyez la rougeur du coupable : en a-t-il un pied[2] sur les joues ?

Chérubin. Est-ce qu'il est défendu… de chérir ?…

Suzanne *lui met le poing sous le nez.* Je dirai tout, vaurien !

15 **La Comtesse.** Là… chante-t-il ?

Chérubin. Oh ! Madame, je suis si tremblant !…

Suzanne, *en riant.* Et gnian, gnian, gnian, gnian, gnian, gnian, gnian, dès que[3] Madame le veut, modeste auteur ! Je vais l'accompagner.

20 **La Comtesse.** Prends ma guitare. *(La Comtesse assise tient le papier pour suivre. Suzanne est derrière son fauteuil, et prélude, en regardant la musique par-dessus sa maîtresse. Le petit page est devant elle, les yeux baissés. Ce tableau est juste la belle estampe, d'après Van Loo, appelée* la Conversation espagnole[4].*)*

---

1. Allusion à un conte de Mme d'Aulnoy dans lequel le héros métamorphosé en oiseau bleu chante son amour impossible et sa tristesse.
2. Un pied d'épaisseur (se dit d'ordinaire d'un fard déposé en couche trop épaisse).
3. **Dès que :** dès lors que, puisque.
4. Le titre exact du tableau est *Le Concert espagnol* (1755) de Carle Van Loo, un peintre français.

ROMANCE[1]
AIR : *Marlbroug s'en va-t-en guerre.*

PREMIER COUPLET

Mon coursier hors d'haleine,
(Que mon cœur, mon cœur a de peine !)
J'errais de plaine en plaine,
Au gré du destrier.

DEUXIÈME COUPLET

Au gré du destrier,
Sans varlet, n'écuyer[2] ;
Là près d'une fontaine,
(Que mon cœur, mon cœur a de peine !)
Songeant à ma marraine,
Sentais mes pleurs couler.

TROISIÈME COUPLET

Sentais mes pleurs couler,
Prêt à me désoler.
Je gravais sur un frêne,
(Que mon cœur, mon cœur a de peine !)
Sa lettre sans la mienne[3] ;
Le roi vint à passer.

QUATRIÈME COUPLET

Le roi vint à passer,
Ses barons, son clergier[4].
Beau page, dit la reine,
(Que mon cœur, mon cœur a de peine !)

---

1. Romance : pièce poétique simple et populaire accompagnée de musique
dont le sujet est sentimental et attendrissant. Elle est écrite en « style
marotique » (avec quelques archaïsmes empruntés à la langue du XVIe siècle).
2. Sans varlet, n'écuyer : sans valet ni écuyer.
3. Sa lettre sans la mienne : l'initiale de son nom, sans l'entrelacer à celle
du mien.
4. Clergier : clergé (forme médiévale).

Qui vous met à la gêne[1] ?
Qui vous fait tant plorer[2] ?

CINQUIÈME COUPLET

Qui vous fait tant plorer ?
Nous faut le déclarer.
Madame et souveraine,
(Que mon cœur, mon cœur a de peine !)
J'avais une marraine,
Que toujours adorai[3].

SIXIÈME COUPLET

Que toujours adorai ;
Je sens que j'en mourrai.
Beau page, dit la reine,
(Que mon cœur, mon cœur a de peine !)
N'est-il qu'une marraine ?
Je vous en servirai.

SEPTIÈME COUPLET

Je vous en servirai ;
Mon page vous ferai ;
Puis à ma jeune Hélène,
(Que mon cœur, mon cœur a de peine !)
Fille d'un capitaine,
Un jour vous marierai.

HUITIÈME COUPLET

Un jour vous marierai,
Nenni, n'en faut parler !
Je veux, traînant ma chaîne,
(Que mon cœur, mon cœur a de peine !)

---

1. **Qui vous met à la gêne :** qui vous torture.
2. **Plorer :** pleurer.
3. « Ici, la Comtesse arrête le page en fermant le papier. Le reste ne se chante pas au théâtre. » (Note de Beaumarchais.) La romance commençait au spectacle au vers : « Là près d'une fontaine » (l. 31).

> *Mourir de cette peine,*
> *Mais non m'en consoler.*

80

LA COMTESSE. Il y a de la naïveté[1]… du sentiment même.

SUZANNE *va poser la guitare sur un fauteuil.* Oh ! pour du sentiment, c'est un jeune homme qui… Ah çà, monsieur l'officier, vous a-t-on dit que pour égayer la soirée nous voulons
85 savoir d'avance si un de mes habits vous ira passablement ?

LA COMTESSE. J'ai peur que non.

SUZANNE *se mesure avec lui.* Il est de ma grandeur. Ôtons d'abord le manteau. *(Elle le détache.)*

LA COMTESSE. Et si quelqu'un entrait ?

90 **SUZANNE.** Est-ce que nous faisons du mal donc ? Je vais fermer la porte *(elle court)* ; mais c'est la coiffure que je veux voir.

LA COMTESSE. Sur ma toilette[2], une baigneuse[3] à moi. *(Suzanne entre dans le cabinet dont la porte est au bord du*
95 *théâtre.)*

SCÈNE 5. CHÉRUBIN, LA COMTESSE,
assise.

LA COMTESSE. Jusqu'à l'instant du bal, le Comte ignorera que vous soyez au château. Nous lui dirons après que le temps d'expédier[4] votre brevet[5] nous a fait naître l'idée…

CHÉRUBIN *le lui montre.* Hélas ! Madame, le voici ! Bazile
5 me l'a remis de sa part.

---

1. **Naïveté :** naturel, ingénuité.
2. **Toilette :** table de toilette.
3. **Baigneuse :** grand bonnet plissé.
4. **Expédier :** mettre un brevet en bonne et due forme (par les cachets et signatures qui l'authentifient).
5. **Brevet :** acte par lequel Chérubin vient d'être nommé officier.

LA COMTESSE. Déjà ? L'on a craint d'y perdre une minute. *(Elle lit.)* Ils se sont tant pressés, qu'ils ont oublié d'y mettre son cachet. *(Elle le lui rend.)*

SCÈNE 6. CHÉRUBIN, LA COMTESSE, SUZANNE.

SUZANNE *entre avec un grand bonnet.* Le cachet, à quoi ?

LA COMTESSE. À son brevet.

SUZANNE. Déjà ?

LA COMTESSE. C'est ce que je disais. Est-ce là ma
5 baigneuse ?

SUZANNE *s'assied près de la Comtesse.* Et la plus belle de toutes. *(Elle chante avec des épingles dans sa bouche.)*
　　　　Tournez-vous donc envers ici,
　　　　Jean de Lyra, mon bel ami.
10 *(Chérubin se met à genoux. Elle le coiffe.)*
Madame, il est charmant !

LA COMTESSE. Arrange son collet d'un air un peu plus féminin.

SUZANNE *l'arrange.* Là… Mais voyez donc ce morveux,
15 comme il est joli en fille ! j'en suis jalouse, moi ! *(Elle lui prend le menton.)* Voulez-vous bien n'être pas joli comme ça ?

LA COMTESSE. Qu'elle est folle ! il faut relever la manche, afin que l'amadis prenne mieux[1]… *(Elle le retrousse.)* Qu'est-ce qu'il a donc au bras ? Un ruban !

20 **SUZANNE.** Et un ruban à vous. Je suis bien aise que Madame l'ait vu. Je lui avais dit que je le dirais, déjà ! Oh ! si Monseigneur n'était pas venu, j'aurais bien repris le ruban ; car je suis presque aussi forte que lui.

LA COMTESSE. Il y a du sang ! *(Elle détache le ruban.)*

---

1. **Amadis :** manche de robe serrée sur le poignet, dont la mode avait été lancée par le costume d'Amadis, personnage d'un opéra de Lulli et Quinault (1684) ; **prenne mieux :** serre mieux.

Thomas Fournier (CHÉRUBIN), Valérie Roumanoff (SUZANNE),
Marie Fréderique Auger (LA COMTESSE), mise en scène de Colette Roumanoff,
Théâtre Fontaine, Paris, 2012.

25 **CHÉRUBIN**, *honteux.* Ce matin, comptant partir, j'arrangeais la gourmette[1] de mon cheval ; il a donné de la tête, et la bossette[2] m'a effleuré le bras.

LA COMTESSE. On n'a jamais mis un ruban...

SUZANNE. Et surtout un ruban volé. – Voyons donc ce que
30 la bossette... la courbette... la cornette[3] du cheval... Je n'entends rien à tous ces noms-là. – Ah ! qu'il a le bras blanc ; c'est comme une femme ! plus blanc que le mien ! Regardez donc, Madame ! *(Elle les compare.)*

LA COMTESSE, *d'un ton glacé.* Occupez-vous plutôt de
35 m'avoir du taffetas gommé[4] dans ma toilette. *(Suzanne lui pousse la tête en riant ; il tombe sur les deux mains. Elle entre dans le cabinet au bord du théâtre.)*

SCÈNE 7. CHÉRUBIN, *à genoux,* LA COMTESSE, *assise.*

LA COMTESSE *reste un moment sans parler, les yeux sur son ruban. Chérubin la dévore de ses regards.* Pour mon ruban, monsieur... comme c'est celui dont la couleur m'agrée le plus... j'étais fort en colère de l'avoir perdu.

SCÈNE 8. CHÉRUBIN, *à genoux,* LA COMTESSE, *assise,* SUZANNE.

SUZANNE, *revenant.* Et la ligature à son bras ? *(Elle remet à la Comtesse du taffetas gommé et des ciseaux.)*

LA COMTESSE. En allant lui chercher tes hardes[5], prends le ruban d'un autre bonnet. *(Suzanne sort par la porte du fond,*
5 *en emportant le manteau du page.)*

---

1. **Gourmette :** chaînette joignant les deux branches du mors.
2. **Bossette :** ornement du mors formant une petite bosse.
3. La **courbette** est une figure de manège et la **cornette** est une sorte de coiffe.
4. **Taffetas gommé :** tissu servant à faire des pansements.
5. **Hardes :** vêtements (le mot n'est pas encore péjoratif).

SCÈNE 9. CHÉRUBIN, *à genoux,*
LA COMTESSE, *assise.*

CHÉRUBIN, *les yeux baissés.* Celui qui m'est ôté m'aurait guéri en moins de rien.

LA COMTESSE. Par quelle vertu ? *(Lui montrant le taffetas.)* Ceci vaut mieux.

5 CHÉRUBIN, *hésitant.* Quand un ruban... a serré la tête... ou touché la peau d'une personne...

LA COMTESSE, *coupant la phrase.* ... Étrangère, il devient bon pour les blessures ? J'ignorais cette propriété. Pour l'éprouver, je garde celui-ci qui vous a serré le bras. À la
10 première égratignure... de mes femmes, j'en ferai l'essai.

CHÉRUBIN, *pénétré.* Vous le gardez, et moi je pars !

LA COMTESSE. Non pour toujours.

CHÉRUBIN. Je suis si malheureux !

LA COMTESSE, *émue.* Il pleure à présent ! C'est ce vilain
15 Figaro avec son pronostic[1] !

CHÉRUBIN, *exalté.* Ah ! je voudrais toucher au terme qu'il m'a prédit ! Sûr de mourir à l'instant, peut-être ma bouche oserait...

LA COMTESSE *l'interrompt et lui essuie les yeux avec son*
20 *mouchoir.* Taisez-vous, taisez-vous, enfant ! Il n'y a pas un brin de raison dans tout ce que vous dites. *(On frappe à la porte ; elle élève la voix.)* Qui frappe ainsi chez moi ?

---

1. **Pronostic :** celui de Figaro, acte I, scène 10, l. 109-110 : « à moins qu'un bon coup de feu... ».

■ SITUER

Figaro veut déguiser Chérubin pour qu'il se substitue à Suzanne : de la sorte, le Comte sera convaincu d'infidélité et devra ménager le petit page qui l'aura confondu. Suzanne et la Comtesse entreprennent donc de travestir Chérubin.

■ RÉFLÉCHIR

REGISTRES ET TONALITÉS : un lyrisme* à demi-mots

1. Relevez les phrases interrompues et inachevées : justifiez ces « accidents du langage » par les émotions qu'ils traduisent. Observez plus particulièrement la manière dont la Comtesse interrompt le jeune homme à la ligne 19 et justifiez qu'elle lui coupe ainsi la parole.

2. Commentez l'enchaînement entre la réplique de Chérubin et celle de la Comtesse aux lignes 6-7 : que révèle-t-il des sentiments des deux protagonistes ?

3. Comparez cette scène avec la scène 7 de l'acte I. Quelles différences de tons et de relations apparaissent ? Comment les expliquez-vous ?

MISE EN SCÈNE : tendres émois

4. Relevez les didascalies qui dirigent l'acteur jouant Chérubin : commentez le crescendo des émotions qu'elles indiquent.

5. L'émotion de la Comtesse est mieux contenue : quel ton affecte-t-elle pour dérober son trouble au jeune homme ? Comment ce trouble est-il cependant révélé au spectateur ? Quel est le geste qui la trahit ?

6. Sur la photo de la p. 117, comment s'expriment les sentiments de Chérubin ? et de la Comtesse ?

■ ÉCRIRE

7. En partant du questionnaire « Registres et tonalités », vous rédigerez la première partie d'un commentaire composé. Vous porterez votre attention sur les procédés du lyrisme.

■ DIRE

8. En vous inspirant de la question 5 et des « Caractères et habillements de la pièce » (p. 65), vous donnerez à l'actrice jouant la Comtesse vos consignes pour l'interprétation de son rôle.

SCÈNE 10. CHÉRUBIN, LA COMTESSE, LE COMTE, *en dehors.*

LE COMTE, *en dehors.* Pourquoi donc enfermée ?

LA COMTESSE, *troublée, se lève.* C'est mon époux ! grands dieux ! (*À Chérubin qui s'est levé aussi.*) Vous, sans manteau, le col et les bras nus ! seul avec moi ! cet air de désordre, un
5 billet reçu, sa jalousie !…

LE COMTE, *en dehors.* Vous n'ouvrez pas ?

LA COMTESSE. C'est que… je suis seule.

LE COMTE, *en dehors.* Seule ! Avec qui parlez-vous donc ?

LA COMTESSE, *cherchant.* … Avec vous sans doute.

10 **CHÉRUBIN**, *à part.* Après les scènes d'hier et de ce matin[1], il me tuerait sur la place ! (*Il court au cabinet de toilette, y entre, et tire la porte sur lui.*)

SCÈNE 11. LA COMTESSE, *seule, en ôte la clef, et court ouvrir au Comte.*

Ah ! quelle faute ! quelle faute !

SCÈNE 12. LE COMTE, LA COMTESSE.

LE COMTE, *un peu sévère.* Vous n'êtes pas dans l'usage[2] de vous enfermer !

LA COMTESSE, *troublée.* Je… je chiffonnais[3]… oui, je chiffonnais avec Suzanne ; elle est passée un moment chez elle.

5 **LE COMTE** *l'examine.* Vous avez l'air et le ton bien altérés !

---

1. Le Comte a trouvé Chérubin « hier » avec Fanchette et « ce matin » avec Suzanne.
2. **Vous n'êtes pas dans l'usage :** vous n'avez pas l'habitude.
3. **Je chiffonnais :** je manipulais des tissus, je faisais des essayages.

LA COMTESSE. Cela n'est pas étonnant... pas étonnant du tout... je vous assure... nous parlions de vous... Elle est passée, comme je vous dis...

LE COMTE. Vous parliez de moi !... Je suis ramené par
10 l'inquiétude ; en montant à cheval, un billet qu'on m'a remis, mais auquel je n'ajoute aucune foi, m'a... pourtant agité.

LA COMTESSE. Comment, monsieur ?... quel billet ?

LE COMTE. Il faut avouer, madame, que vous ou moi
15 sommes entourés d'êtres... bien méchants ! On me donne avis que, dans la journée, quelqu'un que je crois absent doit chercher à vous entretenir.

LA COMTESSE. Quel que soit cet audacieux, il faudra qu'il pénètre ici ; car mon projet est de ne pas quitter ma chambre
20 de tout le jour.

LE COMTE. Ce soir, pour la noce de Suzanne ?

LA COMTESSE. Pour rien au monde ; je suis très incommo-dée.

LE COMTE. Heureusement le docteur est ici. *(Le page fait*
25 *tomber une chaise dans le cabinet.)* Quel bruit entends-je ?

LA COMTESSE, *plus troublée.* Du bruit ?

LE COMTE. On a fait tomber un meuble.

LA COMTESSE. Je... je n'ai rien entendu, pour moi.

LE COMTE. Il faut que vous soyez furieusement préoc-
30 cupée !

LA COMTESSE. Préoccupée ! de quoi ?

LE COMTE. Il y a quelqu'un dans ce cabinet, madame.

LA COMTESSE. Hé... qui voulez-vous qu'il y ait, monsieur ?

35 **LE COMTE.** C'est moi qui vous le demande ; j'arrive.

LA COMTESSE. Hé mais... Suzanne apparemment qui range.

LE COMTE. Vous avez dit qu'elle était passée chez elle !

LA COMTESSE. Passée… ou entrée là ; je ne sais lequel[1].

40 LE COMTE. Si c'est Suzanne, d'où vient le trouble où je vous vois ?

LA COMTESSE. Du trouble pour ma cameriste ?

LE COMTE. Pour votre cameriste, je ne sais ; mais pour du trouble, assurément.

45 LA COMTESSE. Assurément, monsieur, cette fille vous trouble et vous occupe beaucoup plus que moi.

LE COMTE, *en colère.* Elle m'occupe à tel point, madame, que je veux la voir à l'instant.

LA COMTESSE. Je crois, en effet, que vous le voulez 50 souvent : mais voilà bien les soupçons les moins fondés…

SCÈNE 13. LE COMTE, LA COMTESSE, SUZANNE *entre avec des hardes et pousse la porte du fond.*

LE COMTE. Ils en seront plus aisés à détruire. *(Il parle au cabinet.)* Sortez, Suzon, je vous l'ordonne ! *(Suzanne s'arrête auprès de l'alcôve dans le fond.)*

LA COMTESSE. Elle est presque nue, monsieur ; vient-on 5 troubler ainsi des femmes dans leur retraite ? Elle essayait des hardes que je lui donne en la mariant ; elle s'est enfuie quand elle vous a entendu.

LE COMTE. Si elle craint tant de se montrer, au moins elle peut parler. *(Il se tourne vers la porte du cabinet.)* Répondez-10 moi, Suzanne ; êtes-vous dans ce cabinet ? *(Suzanne, restée au fond, se jette dans l'alcôve et s'y cache.)*

LA COMTESSE, *vivement, parlant au cabinet.* Suzon, je vous défends de répondre. *(Au Comte.)* On n'a jamais poussé si loin la tyrannie !

---

1. **Je ne sais lequel :** je ne sais quelle hypothèse est exacte.

15 **LE COMTE** *s'avance au cabinet.* Oh ! bien, puisqu'elle ne parle pas, vêtue ou non, je la verrai.

LA COMTESSE *se met au-devant.* Partout ailleurs je ne puis l'empêcher[1] ; mais j'espère aussi que chez moi...

LE COMTE. Et moi j'espère savoir dans un moment[2] quelle 20 est cette Suzanne mystérieuse. Vous demander la clef serait, je le vois, inutile ; mais il est un moyen sûr de jeter en dedans cette légère porte. Holà ! quelqu'un !

LA COMTESSE. Attirer vos gens, et faire un scandale public d'un soupçon qui nous rendrait la fable du château ?

25 **LE COMTE.** Fort bien, madame. En effet, j'y suffirai ; je vais à l'instant prendre chez moi ce qu'il faut... *(Il marche pour sortir, et revient.)* Mais, pour que tout reste au même état, voudrez-vous bien m'accompagner sans scandale et sans bruit, puisqu'il vous déplaît[3] tant ?... Une chose aussi 30 simple, apparemment, ne me sera pas refusée !

LA COMTESSE, *troublée.* Eh ! monsieur, qui songe à vous contrarier ?

LE COMTE. Ah ! j'oubliais la porte qui va chez vos femmes ; il faut que je la ferme aussi, pour que vous soyez 35 pleinement justifiée. *(Il va fermer la porte du fond et en ôte la clef.)*

LA COMTESSE, *à part.* Ô ciel ! étourderie funeste !

LE COMTE, *revenant à elle.* Maintenant que cette chambre est close, acceptez mon bras, je vous prie ; *(il élève la voix)* et 40 quant à la Suzanne du cabinet, il faudra qu'elle ait la bonté de m'attendre ; et le moindre mal qui puisse lui arriver à mon retour...

---

1. **Je ne puis l'empêcher :** je ne puis vous empêcher de voir Suzanne.
2. **Dans un moment :** dans un instant, très vite.
3. **Il vous déplaît :** cela vous déplaît (« il », neutre, représente le « scandale » et le « bruit »).

LA COMTESSE.   En vérité, monsieur, voilà bien la plus odieuse aventure... *(Le Comte l'emmène et ferme la porte à* 45 *clef.)*

SCÈNE 14. SUZANNE, CHÉRUBIN.

SUZANNE *sort de l'alcôve, accourt au cabinet et parle à la serrure.*   Ouvrez, Chérubin, ouvrez vite, c'est Suzanne ; ouvrez et sortez.

CHÉRUBIN *sort.*   Ah ! Suzon, quelle horrible scène !

5 **SUZANNE.**   Sortez, vous n'avez pas une minute.

CHÉRUBIN, *effrayé.*   Eh, par où sortir ?

SUZANNE.   Je n'en sais rien, mais sortez.

CHÉRUBIN.   S'il n'y a pas d'issue ?

SUZANNE.   Après la rencontre de tantôt[1], il vous écraserait, 10 et nous serions perdues. – Courez conter à Figaro...

CHÉRUBIN.   La fenêtre du jardin n'est peut-être pas bien haute. *(Il court y regarder.)*

SUZANNE, *avec effroi.*   Un grand étage ! impossible ! Ah ! ma pauvre maîtresse ! Et mon mariage, ô ciel !

15 **CHÉRUBIN** *revient.*   Elle donne sur la melonnière[2] ; quitte à gâter une couche ou deux.

SUZANNE *le retient et s'écrie.*   Il va se tuer !

CHÉRUBIN, *exalté.*   Dans un gouffre allumé, Suzon ! oui, je m'y jetterais plutôt que de lui nuire... Et ce baiser va me 20 porter bonheur. *(Il l'embrasse et court sauter par la fenêtre.)*

---

1. **Tantôt :** ce matin.
2. **Melonnière :** partie du jardin où sont cultivés les melons. La « couche » est un carré de fumier mêlé à de la terre favorisant la croissance de certaines plantes ; ce sont ces plantes (ici des melons) qui risquent d'être abîmées.

« Je le tuerai, je le tuerai. Tuez-le donc, ce méchant page »,
gravure de C.N. Malapeau d'après un dessin de J. P. P. Saint-Quentin, 1785,
Bibliothèque nationale de France, Paris.

SCÈNE 15. SUZANNE *seule, un cri de frayeur.*

Ah !... *(Elle tombe assise un moment. Elle va péniblement regarder à la fenêtre et revient.)* Il est déjà bien loin. Oh ! le petit garnement ! Aussi leste que joli ! Si celui-là manque de femmes... Prenons sa place au plus tôt. *(En entrant dans le* 5 *cabinet.)* Vous pouvez à présent, monsieur le Comte, rompre la cloison, si cela vous amuse ; au diantre qui répond un mot ! *(Elle s'y enferme.)*

SCÈNE 16. LE COMTE, LA COMTESSE
rentrent dans la chambre.

LE COMTE, *une pince à la main qu'il jette sur le fauteuil.* Tout est bien comme je l'ai laissé. Madame, en m'exposant à briser cette porte, réfléchissez aux suites : encore une fois, voulez-vous l'ouvrir ?

5 LA COMTESSE. Eh ! monsieur, quelle horrible humeur peut altérer ainsi les égards entre deux époux ? Si l'amour vous dominait au point de vous inspirer ces fureurs, malgré leur déraison, je les excuserais ; j'oublierais peut-être, en faveur du motif, ce qu'elles ont d'offensant pour moi. Mais la seule 10 vanité peut-elle jeter dans cet excès un galant homme ?

LE COMTE. Amour ou vanité, vous ouvrirez la porte ; ou je vais à l'instant...

LA COMTESSE, *au-devant.* Arrêtez, monsieur, je vous prie ! Me croyez-vous capable de manquer à ce que je me dois ?

15 LE COMTE. Tout ce qu'il vous plaira, madame ; mais je verrai qui est dans ce cabinet.

LA COMTESSE, *effrayée.* Hé bien, monsieur, vous le verrez. Écoutez-moi... tranquillement.

LE COMTE. Ce n'est donc pas Suzanne ?

20 LA COMTESSE, *timidement.* Au moins n'est-ce pas non plus une personne... dont vous deviez rien redouter... Nous disposions une plaisanterie... bien innocente, en vérité, pour ce soir ; et je vous jure...

127

LE COMTE. Et vous me jurez ?...

25 **LA COMTESSE.** Que nous n'avions pas plus dessein de vous offenser l'un que l'autre.

LE COMTE, *vite.* L'un que l'autre ? C'est un homme.

LA COMTESSE. Un enfant, monsieur.

LE COMTE. Hé ! qui donc ?

30 **LA COMTESSE.** À peine osé-je le nommer !

LE COMTE, *furieux.* Je le tuerai.

LA COMTESSE. Grands dieux !

LE COMTE. Parlez donc !

LA COMTESSE. Ce jeune... Chérubin...

35 **LE COMTE.** Chérubin ! l'insolent ! Voilà mes soupçons et le billet expliqués.

LA COMTESSE, *joignant les mains.* Ah ! monsieur ! gardez de penser...

LE COMTE, *frappant du pied, à part.* Je trouverai partout
40 ce maudit page ! *(Haut.)* Allons, madame, ouvrez ; je sais tout maintenant. Vous n'auriez pas été si émue, en le congédiant ce matin ; il serait parti quand je l'ai ordonné ; vous n'auriez pas mis tant de fausseté dans votre conte de Suzanne, il ne se serait pas si soigneusement caché, s'il n'y
45 avait rien de criminel.

LA COMTESSE. Il a craint de vous irriter en se montrant.

LE COMTE, *hors de lui, crie au cabinet.* Sors donc, petit malheureux !

LA COMTESSE *le prend à bras-le-corps, en l'éloignant.* Ah !
50 monsieur, monsieur, votre colère me fait trembler pour lui. N'en croyez pas un injuste soupçon, de grâce ! et que le désordre où vous l'allez trouver...

LE COMTE. Du désordre !

LA COMTESSE. Hélas, oui ! Prêt à s'habiller en femme, une
55 coiffure à moi sur la tête, en veste et sans manteau, le col ouvert, les bras nus : il allait essayer...

LE COMTE.   Et vous vouliez garder votre chambre ! Indigne épouse ! ah ! vous la garderez… longtemps[1] ; mais il faut avant que j'en chasse un insolent, de manière à ne plus
60   le rencontrer nulle part.

LA COMTESSE *se jette à genoux, les bras élevés.* Monsieur le Comte, épargnez un enfant ; je ne me consolerais pas d'avoir causé…

LE COMTE.   Vos frayeurs aggravent son crime.

65   **LA COMTESSE.**   Il n'est pas coupable, il partait : c'est moi qui l'ai fait appeler.

LE COMTE, *furieux.* Levez-vous. Ôtez-vous… Tu es bien audacieuse d'oser me parler pour un autre !

LA COMTESSE.   Eh bien ! je m'ôterai, monsieur, je me lève-
70   rai ; je vous remettrai même la clef du cabinet : mais, au nom de votre amour…

LE COMTE.   De mon amour, perfide[2] !

LA COMTESSE *se lève et lui présente la clef.* Promettez-moi que vous laisserez aller cet enfant sans lui faire aucun mal ; et
75   puisse, après, tout votre courroux tomber sur moi, si je ne vous convaincs pas…

LE COMTE, *prenant la clef.* Je n'écoute plus rien.

LA COMTESSE *se jette sur une bergère, un mouchoir sur les yeux.* Ô ciel ! il va périr !

80   **LE COMTE** *ouvre la porte et recule.* C'est Suzanne !

---

1. Le Comte menace son épouse de l'enfermer dans un couvent.
2. **Perfide :** qui trahit la parole donnée.

Scène 17. La Comtesse, Le Comte, Suzanne.

Suzanne *sort en riant.* « Je le tuerai, je le tuerai ! » Tuez-le donc, ce méchant page.

Le Comte, *à part.* Ah ! quelle école[1] ! *(Regardant la Comtesse qui est restée stupéfaite.)* Et vous aussi, vous jouez
5 l'étonnement ?… Mais peut-être elle n'y est pas seule. *(Il entre.)*

Scène 18. La Comtesse, *assise,* Suzanne.

Suzanne *accourt à sa maîtresse.* Remettez-vous, Madame ; il est bien loin ; il a fait un saut…

La Comtesse. Ah ! Suzon ! je suis morte !

Scène 19. La Comtesse, *assise,* Suzanne, Le Comte.

Le Comte *sort du cabinet d'un air confus. Après un court silence.* Il n'y a personne, et pour le coup j'ai tort.
– Madame… vous jouez fort bien la comédie.

Suzanne, *gaiement.* Et moi, Monseigneur ? *(La Comtesse,*
5 *son mouchoir sur la bouche, pour se remettre, ne parle pas.)*

Le Comte *s'approche.* Quoi ! madame, vous plaisantiez ?

La Comtesse, *se remettant un peu.* Eh pourquoi non, monsieur ?

Le Comte. Quel affreux badinage ! et par quel motif, je
10 vous prie… ?

La Comtesse. Vos folies méritent-elles de la pitié ?

---

1. **Quelle école :** quelle bévue ; terme emprunté au jeu du trictrac et désignant une erreur stupide, telle celle d'oublier de marquer les points qu'on a gagnés.

LE COMTE. Nommer folies ce qui touche à l'honneur !

LA COMTESSE, *assurant son ton par degrés.* Me suis-je unie à vous pour être éternellement dévouée[1] à l'abandon et à la
15 jalousie, que vous seul osez concilier ?

LE COMTE. Ah ! madame, c'est sans ménagement[2].

SUZANNE. Madame n'avait qu'à vous laisser appeler les gens.

LE COMTE. Tu as raison, et c'est à moi de m'humilier…
20 Pardon, je suis d'une confusion !…

SUZANNE. Avouez, Monseigneur, que vous la méritez un peu !

LE COMTE. Pourquoi donc ne sortais-tu pas lorsque je t'appelais ? Mauvaise !

25 **SUZANNE.** Je me rhabillais de mon mieux, à grand renfort d'épingles ; et Madame, qui me le défendait, avait bien ses raisons pour le faire.

LE COMTE. Au lieu de rappeler mes torts, aide-moi plutôt à l'apaiser.

30 **LA COMTESSE.** Non, monsieur ; un pareil outrage ne se couvre point[3]. Je vais me retirer aux Ursulines[4], et je vois trop qu'il en est temps.

LE COMTE. Le pourriez-vous sans quelques regrets ?

SUZANNE. Je suis sûre, moi, que le jour du départ serait la
35 veille des larmes.

LA COMTESSE. Eh ! quand cela serait, Suzon ? j'aime mieux le regretter que d'avoir la bassesse de lui pardonner ; il m'a trop offensée.

---

1. **Dévouée :** vouée à l'abandon, sacrifiée.
2. **Sans ménagement :** sans l'avoir prémédité, sans l'avoir fait exprès.
3. **Ne se couvre point :** ne peut se réparer.
4. Couvent des Ursulines, destiné à l'éducation des jeunes filles. Au XVIIIe siècle, il a mauvaise réputation car il reçoit les femmes adultères répudiées par leur mari.

LE COMTE. Rosine !...

40 **LA COMTESSE.** Je ne la suis plus, cette Rosine que vous avez tant poursuivie ! Je suis la pauvre comtesse Almaviva, la triste femme délaissée, que vous n'aimez plus.

SUZANNE. Madame !

LE COMTE, *suppliant.* Par pitié !

45 **LA COMTESSE.** Vous n'en aviez aucune pour moi.

LE COMTE. Mais aussi ce billet... Il m'a tourné le sang !

LA COMTESSE. Je n'avais pas consenti qu'on l'écrivît.

LE COMTE. Vous le saviez ?

LA COMTESSE. C'est cet étourdi de Figaro...

50 **LE COMTE.** Il en était ?

LA COMTESSE. ... qui l'a remis à Bazile.

LE COMTE. Qui m'a dit le tenir d'un paysan. Ô perfide chanteur[1], lame à deux tranchants ! C'est toi qui payeras pour tout le monde.

55 **LA COMTESSE.** Vous demandez pour vous un pardon que vous refusez aux autres : voilà bien les hommes ! Ah ! si jamais je consentais à pardonner en faveur de[2] l'erreur où vous a jeté ce billet, j'exigerais que l'amnistie fût générale.

LE COMTE. Eh bien, de tout mon cœur, Comtesse. Mais
60 comment réparer une faute aussi humiliante ?

LA COMTESSE *se lève.* Elle l'était pour tous deux.

LE COMTE. Ah ! dites pour moi seul. – Mais je suis encore à concevoir[3] comment les femmes prennent si vite et si juste l'air et le ton des circonstances. Vous rougissiez, vous pleu-
65 riez, votre visage était défait... D'honneur, il l'est encore.

---

1. **Chanteur :** maître à chanter et maître chanteur (mot à double sens).
2. **En faveur de :** en considération de.
3. **Concevoir :** essayer de comprendre.

LA COMTESSE, *s'efforçant de sourire.* Je rougissais... du ressentiment de[1] vos soupçons. Mais les hommes sont-ils assez délicats pour distinguer l'indignation d'une âme honnête outragée, d'avec la confusion qui naît d'une accusa-
70 tion méritée ?

LE COMTE, *souriant.* Et ce page en désordre, en veste et presque nu...

LA COMTESSE, *montrant Suzanne.* Vous le voyez devant vous. N'aimez-vous pas mieux l'avoir trouvé que l'autre ? En
75 général vous ne haïssez pas de rencontrer celui-ci.

LE COMTE, *riant plus fort.* Et ces prières, ces larmes feintes...

LA COMTESSE. Vous me faites rire, et j'en ai peu d'envie.

LE COMTE. Nous croyons valoir quelque chose en politique, et nous ne sommes que des enfants. C'est vous, c'est
80 vous, madame, que le roi devrait envoyer en ambassade à Londres ! Il faut que votre sexe ait fait une étude bien réfléchie de l'art de se composer[2], pour réussir à ce point !

LA COMTESSE. C'est toujours vous qui nous y forcez.

SUZANNE. Laissez-nous prisonniers sur parole, et vous
85 verrez si nous sommes gens d'honneur.

LA COMTESSE. Brisons là, monsieur le Comte. J'ai peut-
être été trop loin ; mais mon indulgence en un cas aussi grave doit au moins m'obtenir la vôtre.

LE COMTE. Mais vous répéterez que vous me pardonnez.

90 **LA COMTESSE.** Est-ce que je l'ai dit, Suzon ?

SUZANNE. Je ne l'ai pas entendu, Madame.

LE COMTE. Eh bien ! que ce mot vous échappe.

LA COMTESSE. Le méritez-vous donc, ingrat ?

LE COMTE. Oui, par mon repentir.

---

1. **Ressentiment de :** ressentiment suscité par vos soupçons.
2. **Se composer :** feindre, jouer la comédie.

SITUER

Le Comte, trop tôt revenu de la chasse, croit surprendre en Chérubin l'auteur d'un billet galant adressé à sa femme. Ses soupçons l'ont mis dans la plus grande colère. Cependant, Chérubin a sauté par la fenêtre et Suzanne s'est substituée à lui dans le cabinet de toilette de sa maîtresse. La Comtesse ignore tout de cette substitution.

RÉFLÉCHIR

DRAMATURGIE : le théâtre dans le théâtre

1. Parmi les personnages, quel est celui qui joue le mieux la comédie et pourquoi ?

2. Où et pourquoi la Comtesse a-t-elle du mal à tenir son nouveau rôle ? À quel moment est-elle enfin à l'aise dans le personnage qu'elle doit jouer ?

3. À quel moment la feinte, chez la Comtesse, donne-t-elle naissance à la vérité ?

4. Quand Suzanne intervient-elle dans le dialogue entre le Comte et la Comtesse ? À quoi servent ses interventions ?

5. À quoi tient, dans cette scène, le plaisir du spectateur ?

SOCIÉTÉ : la relation homme-femme au XVIIIe siècle

6. Par quelles allusions la Comtesse insinue-t-elle qu'elle n'ignore rien des infidélités de son mari – de celles qu'il a commises comme de celles qu'il rêve de commettre ?

7. Pensez-vous que le Comte soit sincèrement confus ? Cherchez dans ses répliques et son attitude les preuves qu'il ne se sent pas profondément coupable.

8. Caractérisez l'attitude finale de la Comtesse envers son mari. En quoi consiste l'ambiguïté de cette scène ?

95 **SUZANNE.**   Soupçonner un homme dans le cabinet de Madame !

LE COMTE.   Elle m'en a si sévèrement puni !

SUZANNE.   Ne pas s'en fier à elle, quand elle dit que c'est sa camariste !

100 **LE COMTE.**   Rosine, êtes-vous donc implacable ?

LA COMTESSE.   Ah ! Suzon, que je suis faible ! quel exemple je te donne ! *(Tendant la main au Comte.)* On ne croira plus à la colère des femmes.

SUZANNE.   Bon, Madame, avec eux ne faut-il pas toujours
105 en venir là ? *(Le Comte baise ardemment la main de sa femme.)*

SCÈNE 20.   SUZANNE, FIGARO, LA COMTESSE, LE COMTE.

FIGARO, *arrivant tout essoufflé.*   On disait Madame incommodée. Je suis vite accouru… je vois avec joie qu'il n'en est rien.

LE COMTE, *sèchement.*   Vous êtes fort attentif[1].

5 **FIGARO.**   Et c'est mon devoir. Mais puisqu'il n'en est rien, Monseigneur, tous vos jeunes vassaux des deux sexes sont en bas avec les violons et les cornemuses, attendant, pour m'accompagner, l'instant où vous permettrez que je mène ma fiancée…

10 **LE COMTE.**   Et qui surveillera la Comtesse au château ?

FIGARO.   La veiller ! elle n'est pas malade.

LE COMTE.   Non ; mais cet homme absent qui doit l'entretenir ?

FIGARO.   Quel homme absent ?

---

1. **Attentif :** plein d'attentions.

15 **LE COMTE.** L'homme du billet[1] que vous avez remis à Bazile.

FIGARO. Qui dit cela ?

LE COMTE. Quand je ne le saurais pas d'ailleurs, fripon, ta physionomie qui t'accuse me prouverait déjà que tu mens.

20 **FIGARO.** S'il est ainsi, ce n'est pas moi qui mens, c'est ma physionomie.

SUZANNE. Va, mon pauvre Figaro, n'use pas ton éloquence en défaites[2] ; nous avons tout dit.

FIGARO. Et quoi dit ? Vous me traitez comme un Bazile !

25 **SUZANNE.** Que tu avais écrit le billet de tantôt pour faire accroire à Monseigneur, quand il entrerait, que le petit page était dans ce cabinet, où je me suis enfermée.

LE COMTE. Qu'as-tu à répondre ?

LA COMTESSE. Il n'y a plus rien à cacher, Figaro ; le badi-
30 nage est consommé.

FIGARO, *cherchant à deviner.* Le badinage... est consommé[3] ?

LE COMTE. Oui, consommé. Que dis-tu là-dessus ?

FIGARO. Moi ! je dis... que je voudrais bien qu'on en pût
35 dire autant de mon mariage ; et si vous l'ordonnez...

LE COMTE. Tu conviens donc enfin du billet ?

FIGARO. Puisque Madame le veut, que Suzanne le veut, que vous le voulez vous-même, il faut bien que je le veuille aussi : mais à votre place, en vérité, Monseigneur, je ne croi-
40 rais pas un mot de tout ce que nous vous disons.

LE COMTE. Toujours mentir contre l'évidence ! À la fin, cela m'irrite.

---

1. **L'homme du billet :** l'homme dont il est question dans le billet.
2. **Défaites :** mauvaises excuses, vains stratagèmes.
3. **Consommé :** achevé et révélé ; l'expression permet surtout le jeu de mots avec mariage consommé (l. 33-34).

LA COMTESSE, *en riant.* Eh ! ce pauvre garçon ! pourquoi voulez-vous, monsieur, qu'il dise une fois la vérité ?

FIGARO, *bas à Suzanne.* Je l'avertis de son danger ; c'est
45 tout ce qu'un honnête homme peut faire.

SUZANNE, *bas.* As-tu vu le petit page ?

FIGARO, *bas.* Encore tout froissé[1].

SUZANNE, *bas.* Ah ! pécaïre[2] !

LA COMTESSE. Allons, monsieur le Comte, ils brûlent de
50 s'unir : leur impatience est naturelle ! Entrons pour la cérémonie.

LE COMTE, *à part.* Et Marceline, Marceline... *(Haut.)* Je voudrais être... au moins vêtu[3].

LA COMTESSE. Pour nos gens[4] ! Est-ce que je le suis ?

SCÈNE 21. FIGARO, SUZANNE, LA COMTESSE, LE COMTE, ANTONIO.

ANTONIO, *demi-gris[5], tenant un pot de giroflées écrasées.* Monseigneur ! Monseigneur !

LE COMTE. Que me veux-tu, Antonio ?

ANTONIO. Faites donc une fois griller[6] les croisées qui
5 donnent sur mes couches. On jette toutes sortes de choses par ces fenêtres : et tout à l'heure encore on vient d'en jeter un homme.

LE COMTE. Par ces fenêtres ?

ANTONIO. Regardez comme on arrange mes giroflées !

---

1. **Froissé :** meurtri, contusionné (à cause du saut qu'il a dû faire).
2. **Pécaïre :** le pauvre (en provençal : pauvre pécheur).
3. **Vêtu :** en habit (le Comte est en effet en costume de chasse et la Comtesse en robe d'intérieur).
4. **Nos gens :** nos domestiques.
5. **Demi-gris :** à moitié ivre.
6. Une bonne fois pour toutes, faites mettre des grilles.

10 **SUZANNE**, *bas à Figaro*. Alerte, Figaro, alerte !

FIGARO. Monseigneur, il est gris dès le matin.

ANTONIO. Vous n'y êtes pas. C'est un petit reste d'hier. Voilà comme on fait des jugements… ténébreux[1].

LE COMTE, *avec feu*. Cet homme ! cet homme ! où est-il ?

15 **ANTONIO.** Où il est ?

LE COMTE. Oui.

ANTONIO. C'est ce que je dis. Il faut me le trouver, déjà. Je suis votre domestique ; il n'y a que moi qui prends soin de votre jardin ; il y tombe un homme ; et vous sentez… que
20 ma réputation en est effleurée[2].

SUZANNE, *bas à Figaro*. Détourne, détourne !

FIGARO. Tu boiras donc toujours ?

ANTONIO. Et si je ne buvais pas, je deviendrais enragé.

LA COMTESSE. Mais en[3] prendre ainsi sans besoin…

25 **ANTONIO.** Boire sans soif et faire l'amour en tout temps, Madame, il n'y a que ça qui nous distingue des autres bêtes.

LE COMTE, *vivement*. Réponds-moi donc, ou je vais te chasser.

ANTONIO. Est-ce que je m'en irais ?

30 **LE COMTE.** Comment donc ?

ANTONIO, *se touchant le front*. Si vous n'avez pas assez de ça pour garder un bon domestique, je ne suis pas assez bête, moi, pour renvoyer un si bon maître.

LE COMTE *le secoue avec colère*. On a, dis-tu, jeté un homme
35 par cette fenêtre ?

---

1. **Ténébreux** : Antonio confond avec « téméraires ».
2. **Effleurée** : enlever les fleurs ; jeu de mots puisque les giroflées ont été écrasées.
3. **En** : du vin.

ANTONIO. Oui, mon Excellence[1] ; tout à l'heure, en veste blanche, et qui s'est enfui, jarni[2], courant...

LE COMTE, *impatienté.* Après ?

ANTONIO. J'ai bien voulu courir après ; mais je me suis
40 donné, contre la grille, une si fière gourde[3] à la main, que je ne peux plus remuer ni pied, ni patte, de ce doigt-là. *(Levant le doigt.)*

LE COMTE. Au moins, tu reconnaîtrais l'homme ?

ANTONIO. Oh ! que oui-da ! si je l'avais vu pourtant !

45 **SUZANNE,** *bas à Figaro.* Il ne l'a pas vu.

FIGARO. Voilà bien du train[4] pour un pot de fleurs ! combien te faut-il, pleurard, avec ta giroflée ? Il est inutile de chercher, Monseigneur, c'est moi qui ai sauté.

LE COMTE. Comment, c'est vous !

50 **ANTONIO.** « Combien te faut-il, pleurard ? » Votre corps a donc bien grandi depuis ce temps-là ; car je vous ai trouvé beaucoup plus moindre, et plus fluet !

FIGARO. Certainement ; quand on saute, on se pelotonne...

55 **ANTONIO.** M'est avis que c'était plutôt... qui dirait, le gringalet de page.

LE COMTE. Chérubin, tu veux dire ?

FIGARO. Oui, revenu tout exprès, avec son cheval, de la porte de Séville, où peut-être il est déjà.

60 **ANTONIO.** Oh ! non, je ne dis pas ça, je ne dis pas ça ; je n'ai pas vu sauter de cheval, car je le dirais de même.

LE COMTE. Quelle patience !

---

1. L'usage exigerait, comme aujourd'hui, « Excellence » sans l'adjectif possessif.
2. **Jarni :** juron paysan (à l'origine : je renie).
3. **Gourde :** coup violent qui engourdit (le mot est absent des dictionnaires de l'époque).
4. **Train :** tapage.

FIGARO. J'étais dans la chambre des femmes, en veste blanche : il fait un chaud !… J'attendais là ma Suzannette, quand j'ai ouï tout à coup la voix de Monseigneur et le grand bruit qui se faisait ! je ne sais quelle crainte m'a saisi à l'occasion de ce billet ; et, s'il faut avouer ma bêtise, j'ai sauté sans réflexion sur les couches, où je me suis même un peu foulé le pied droit. *(Il frotte son pied.)*

ANTONIO. Puisque c'est vous, il est juste de vous rendre ce brimborion[1] de papier qui a coulé[2] de votre veste, en tombant[3].

LE COMTE *se jette dessus.* Donne-le-moi. *(Il ouvre le papier et le referme.)*

FIGARO, *à part.* Je suis pris.

LE COMTE, *à Figaro.* La frayeur ne vous aura pas fait oublier ce que contient ce papier, ni comment il se trouvait dans votre poche ?

FIGARO, *embarrassé, fouille dans ses poches et en tire des papiers.* Non sûrement… Mais c'est que j'en ai tant. Il faut répondre à tout… *(Il regarde un des papiers.)* Ceci ? ah ! c'est une lettre de Marceline, en quatre pages ; elle est belle !… Ne serait-ce pas la requête de ce pauvre braconnier en prison ?… Non, la voici… J'avais l'état des meubles du petit château dans l'autre poche… *(Le Comte rouvre le papier qu'il tient.)*

LA COMTESSE, *bas à Suzanne.* Ah ! dieux ! Suzon, c'est le brevet d'officier.

SUZANNE, *bas à Figaro.* Tout est perdu, c'est le brevet.

LE COMTE *replie le papier.* Eh bien ! l'homme aux expédients, vous ne devinez pas ?

ANTONIO, *s'approchant de Figaro.* Monseigneur dit, si vous ne devinez pas ?

---

1. **Brimborion :** chose sans importance, sans valeur.
2. **Qui a coulé :** qui a glissé.
3. **En tombant :** quand vous êtes tombé.

FIGARO *le repousse.* Fi donc, vilain[1], qui me parle dans le nez !

95 **LE COMTE.** Vous ne vous rappelez pas ce que ce peut être ?

FIGARO. A, a, a, ah ! *povero*[2] ! ce sera le brevet de ce malheureux enfant, qu'il m'avait remis, et que j'ai oublié de lui rendre. O, o, o, oh ! étourdi que je suis ! que fera-t-il sans son brevet ? Il faut courir…

100 **LE COMTE.** Pourquoi vous l'aurait-il remis ?

FIGARO, *embarrassé.* Il… désirait qu'on y fît quelque chose.

LE COMTE *regarde son papier.* Il n'y manque rien.

LA COMTESSE, *bas à Suzanne.* Le cachet.

SUZANNE, *bas à Figaro.* Le cachet manque.

105 **LE COMTE**, *à Figaro.* Vous ne répondez pas ?

FIGARO. C'est… qu'en effet, il y manque peu de chose. Il dit que c'est l'usage.

LE COMTE. L'usage ! l'usage ! l'usage de quoi ?

FIGARO. D'y apposer le sceau de vos armes. Peut-être aussi 110 que cela ne valait pas la peine.

LE COMTE *rouvre le papier et le chiffonne de colère.* Allons, il est écrit que je ne saurai rien. *(À part.)* C'est ce Figaro qui les mène, et je ne m'en vengerais pas ! *(Il veut sortir avec dépit.)*

115 **FIGARO**, *l'arrêtant.* Vous sortez sans ordonner mon mariage ?

---

1. **Vilain :** dans les deux sens du terme, au sens ancien de paysan, de rustre et au sens moderne de méchant.
2. *Povero :* pauvre (mot italien).

SITUER

On pourrait croire tout danger éloigné. Le mariage de Figaro et de Suzanne devrait être heureusement conclu ; mais voici que l'action rebondit parce que le saut de Chérubin a eu d'imprévisibles conséquences.

RÉFLÉCHIR

DRAMATURGIE : l'art des péripéties

1. L'irruption d'Antonio a-t-elle été préparée ? Comment et pourquoi surprend-elle le spectateur ?

2. Comment Figaro essaie-t-il de reprendre la direction de l'intrigue ? Quel est l'intérêt psychologique et dramatique de ce nouveau rôle ?

3. Deux nouvelles péripéties découlent de celle des giroflées écrasées : lesquelles ? En vertu de quelle logique ?

REGISTRES ET TONALITÉS : bouffonnerie et suspense

4. Par quels traits de caractère le personnage d'Antonio appartient-il à la farce* ?

5. Relevez dans les répliques d'Antonio tous les procédés relevant d'un comique de mots appuyé : déformations, confusions ou à-peu-près, mots d'esprit, jurons…

6. Quelle incidence l'intervention d'Antonio a-t-elle sur le ton de la pièce ?

7. Outre Antonio, de qui et de quoi sourit aussi le spectateur ?

SCÈNE 22. BAZILE, BARTHOLO, MARCELINE, FIGARO, LE COMTE, GRIPE-SOLEIL, LA COMTESSE, SUZANNE, ANTONIO, VALETS DU COMTE, SES VASSAUX.

MARCELINE, *au Comte.* Ne l'ordonnez pas, Monseigneur ! Avant de lui faire grâce[1], vous nous devez justice. Il a des engagements avec moi.

LE COMTE, *à part.* Voilà ma vengeance arrivée.

5 **FIGARO.** Des engagements ! De quelle nature ? Expliquez-vous.

MARCELINE. Oui, je m'expliquerai, malhonnête !
(La Comtesse s'assied sur une bergère. Suzanne est derrière elle.)

LE COMTE. De quoi s'agit-il, Marceline ?

10 **MARCELINE.** D'une obligation de mariage.

FIGARO. Un billet, voilà tout, pour de l'argent prêté.

MARCELINE, *au Comte.* Sous condition de m'épouser. Vous êtes un grand seigneur, le premier juge de la province[2]…

15 **LE COMTE.** Présentez-vous au tribunal, j'y rendrai justice à tout le monde.

BAZILE, *montrant Marceline.* En ce cas, Votre Grandeur permet que je fasse aussi valoir mes droits[3] sur Marceline ?

LE COMTE, *à part.* Ah, voilà mon fripon du billet.

20 **FIGARO.** Autre fou de la même espèce !

LE COMTE, *en colère à Bazile.* Vos droits ! vos droits ! Il vous convient bien de parler devant moi, maître sot !

ANTONIO, *frappant dans sa main.* Il ne l'a, ma foi, pas manqué du premier coup : c'est son nom.

---

1. **Faire grâce :** accorder à quelqu'un ce qu'il ne peut demander avec justice.
2. Almaviva est « grand corrégidor » d'Andalousie, premier magistrat de la province.
3. Nous ne les connaîtrons qu'à la scène 10 de l'acte IV.

25 **LE COMTE.** Marceline, on suspendra tout jusqu'à l'examen de vos titres, qui se fera publiquement dans la grande salle d'audience. Honnête Bazile, agent fidèle et sûr, allez au bourg chercher les gens du Siège[1].

BAZILE. Pour son affaire ?

30 **LE COMTE.** Et vous m'amènerez le paysan du billet.

BAZILE. Est-ce que je le connais ?

LE COMTE. Vous résistez ?

BAZILE. Je ne suis pas entré au château pour en faire les commissions.

35 **LE COMTE.** Quoi donc ?

BAZILE. Homme à talent sur l'orgue du village, je montre le clavecin à Madame, à chanter à ses femmes, la mandoline aux pages, et mon emploi surtout est d'amuser votre compagnie avec ma guitare, quand il vous plaît me l'ordonner.

40 **GRIPE-SOLEIL** *s'avance.* J'irai bien, Monsigneu, si cela vous plaira.

LE COMTE. Quel est ton nom et ton emploi ?

GRIPE-SOLEIL. Je suis Gripe-Soleil, mon bon signeu ; le petit patouriau des chèvres, commandé pour le feu d'artifice.
45 C'est fête aujourd'hui dans le troupiau ; et je sais ous-ce-qu'est toute l'enragée boutique à procès du pays[2].

LE COMTE. Ton zèle me plaît ; vas-y : mais vous *(à Bazile)*, accompagnez monsieur en jouant de la guitare, et chantant pour l'amuser en chemin. Il est de ma compagnie.

50 **GRIPE-SOLEIL,** *joyeux.* Oh ! moi, je suis de la ?... *(Suzanne l'apaise de la main, en lui montrant la Comtesse.)*

BAZILE, *surpris.* Que j'accompagne Gripe-Soleil en jouant ?...

LE COMTE. C'est votre emploi. Partez ou je vous chasse. *(Il sort.)*

---

1. **Les gens du Siège :** juges subalternes, officiers de justice nommés par le corrégidor qui rendent la justice assis (alors qu'avocats et procureurs plaident debout).
2. **Boutique à procès du pays :** tous les marchands de justice du pays.

SCÈNE 23. LES ACTEURS PRÉCÉDENTS
excepté LE COMTE.

BAZILE, *à lui-même.* Ah ! je n'irai pas lutter contre le pot de fer, moi qui ne suis…

FIGARO. Qu'une cruche[1].

BAZILE, *à part.* Au lieu d'aider à leur mariage, je m'en vais
5 assurer le mien avec Marceline. *(À Figaro.)* Ne conclus rien, crois-moi, que je ne sois[2] de retour. *(Il va prendre la guitare sur le fauteuil du fond.)*

FIGARO *le suit.* Conclure ! oh ! va, ne crains rien, quand même tu ne reviendrais jamais… Tu n'as pas l'air en train[3] de
10 chanter, veux-tu que je commence ?… Allons, gai, haut la-mi-la[4] pour ma fiancée. *(Il se met en marche à reculons, danse en chantant la séguedille[5] suivante ; Bazile accompagne ; et tout le monde le suit.)*

SÉGUEDILLE : *Air noté*

15
Je préfère à richesse	*Aussi sa gentillesse*
La sagesse	*Est maîtresse*
De ma Suzon,	*De ma raison,*
Zon, zon, zon,	*Zon, zon, zon,*
Zon, zon, zon,	*Zon, zon, zon,*
Zon, zon, zon,	*Zon, zon, zon,*
Zon, zon, zon.	*Zon, zon, zon.*

(Le bruit s'éloigne, on n'entend pas le reste.)

---

1. La fable célèbre de La Fontaine oppose le pot de terre au pot de fer.
2. **Que je ne sois :** avant que je ne sois.
3. **En train :** bien disposé pour chanter.
4. **La-mi-la :** expression ordonnant de commencer la musique.
5. **Séguedille :** air de danse vif et gai, populaire en Espagne.

Scène 24. Suzanne, La Comtesse.

La Comtesse, *dans sa bergère.* Vous voyez, Suzanne, la jolie scène que votre étourdi m'a value avec son billet.

Suzanne. Ah ! Madame, quand je suis rentrée du cabinet, si vous aviez vu votre visage ! Il s'est terni tout à coup : mais
5 ce n'a été qu'un nuage ; et par degrés vous êtes devenue rouge, rouge, rouge !

La Comtesse. Il a donc sauté par la fenêtre ?

Suzanne. Sans hésiter, le charmant enfant ! Léger… comme une abeille !

10 **La Comtesse.** Ah ! ce fatal jardinier ! Tout cela m'a remuée au point… que je ne pouvais rassembler deux idées.

Suzanne. Ah ! Madame, au contraire ; et c'est là que j'ai vu combien l'usage du grand monde donne d'aisance aux dames comme il faut, pour mentir sans qu'il y paraisse.

15 **La Comtesse.** Crois-tu que le Comte en soit la dupe ? Et s'il trouvait cet enfant au château !

Suzanne. Je vais recommander de le cacher si bien…

La Comtesse. Il faut qu'il parte. Après ce qui vient d'arriver, vous croyez bien que je ne suis pas tentée de l'envoyer
20 au jardin à votre place.

Suzanne. Il est certain que je n'irai pas non plus. Voilà donc mon mariage encore une fois…

La Comtesse *se lève.* Attends… Au lieu d'un autre, ou de toi, si j'y allais moi-même !

25 **Suzanne.** Vous, Madame ?

La Comtesse. Il n'y aurait personne d'exposé… Le Comte alors ne pourrait nier… Avoir puni sa jalousie, et lui prouver son infidélité, cela serait… Allons : le bonheur d'un premier hasard[1] m'enhardit à tenter le second. Fais-lui savoir prompte-
30 ment que tu te rendras au jardin. Mais surtout que personne…

---

1. **Le bonheur d'un premier hasard :** l'heureuse issue d'une première tentative risquée (voir p. 298).

SUZANNE. Ah ! Figaro.

LA COMTESSE. Non, non. Il voudrait mettre ici du sien[1]…
Mon masque de velours et ma canne ; que j'aille y rêver[2] sur
la terrasse. *(Suzanne entre dans le cabinet de toilette.)*

SCÈNE 25. LA COMTESSE, *seule.*

Il est assez effronté, mon petit projet ! *(Elle se retourne.)*
Ah ! le ruban ! mon joli ruban ! je t'oubliais ! *(Elle le prend
sur sa bergère et le roule.)* Tu ne me quitteras plus… Tu me
rappelleras la scène où ce malheureux enfant… Ah !
5 monsieur le Comte, qu'avez-vous fait ? et moi, que fais-je en
ce moment ?

SCÈNE 26. LA COMTESSE, SUZANNE.

(La Comtesse met furtivement le ruban dans son sein.)

SUZANNE. Voici la canne et votre loup[3].

LA COMTESSE. Souviens-toi que je t'ai défendu d'en dire
un mot à Figaro.

SUZANNE, *avec joie.* Madame, il est charmant votre projet !
5 je viens d'y réfléchir. Il rapproche tout, termine tout,
embrasse tout[4] ; et, quelque chose qui arrive[5], mon mariage
est maintenant certain. *(Elle baise la main de sa maîtresse.
Elles sortent.)*

---

1. **Mettre du sien** : prendre des initiatives.
2. **Y rêver** : y réfléchir (voir p. 298).
3. **Loup** : masque de velours noir qui protégeait la peau contre le hâle en
   cachant tout le visage.
4. **Ce projet embrasse tout** : ce projet concilie tous les autres.
5. **Quelque chose qui arrive** : quoi qu'il arrive.

STRUCTURE : les « péripéties-éclairs »

Dans le deuxième acte, le spectateur a l'impression d'une soudaine accélération du tempo : les péripéties s'enchaînent avec la même aisance, la même promptitude que les répliques. Jacques Scherer distingue trois sortes de péripéties dans les comédies espagnoles : la « péripétie vraie » qui modifie la situation psychologique de tous les personnages, la « péripétie pour un seul personnage » qui ne modifie la psychologie que d'un seul personnage, et la « péripétie-éclair », plus propre à Beaumarchais. Il s'agit d'un retournement qui en annule un autre qui, ainsi, semble n'avoir duré qu'un « éclair ». Leur multiplication produit un effet d'accélération de l'action dramatique.

1. Faites le compte des péripéties de la scène 21 de l'acte II : quelles sont celles que l'on peut classer comme étant des « péripéties-éclairs » ?

MISE EN SCÈNE : l'âme des objets

Comme dans le premier acte, Beaumarchais utilise pleinement l'espace scénique. Il en fait un espace qui ressemble à la vie et un lieu où tout est symbole : en même temps que les objets concrétisent la réalité, la rendent sensible au spectateur, ils expriment les désirs et font circuler les sentiments et la sensualité. Il en va ainsi du ruban, utilisé avec brio aussi bien pour sa charge érotique et symbolique, que pour sa capacité à créer du mouvement et à confirmer la continuité de l'action.

2. Quels objets, outre le ruban, sont utilisés avec une grande efficacité comique et dramatique dans le deuxième acte ?

SOCIÉTÉ : la revanche des femmes

On pourrait affirmer que ce deuxième acte est celui des femmes : il se déroule dans la chambre de la Comtesse, entre sa toilette et son cabinet, dans un lieu saturé de féminité – une féminité conquérante – puisqu'elle va jusqu'à s'emparer du jeune page pour le travestir en fille. La Comtesse détourne aussi la ruse de Figaro, en y prenant le rôle que devait tenir le page auprès de son mari. Dans ce théâtre dans le théâtre, le Comte est d'ailleurs loin d'avoir le beau rôle. Il apparaît ici vaincu et, dans une certaine mesure, humilié par sa femme et par Suzanne : la critique du libertin s'élargit pour devenir condamnation de la tyrannie masculine, elle-même s'inscrivant dans une lutte, que mènent les forces vives de la pièce, pour les libertés.

3. À quel moment et pourquoi Figaro perd-il la maîtrise du jeu ? Quels sont les signes de ce changement ? Quand recouvre-t-il en partie son rôle ?

REGISTRES ET TONALITÉS : un mélange subtil

Non seulement Beaumarchais déploie toutes les nuances du comique, mais il va jusqu'à l'associer au pathétique* ou à l'angoisse : n'oublions pas que Beaumarchais est aussi un auteur de drame sérieux. Au lieu de la traditionnelle alternance, on trouve en effet dans certaines scènes une alliance subtile de tons, comme si le drame affleurait sous la surface de la virtuosité comique.

4. Comiques de mots, de gestes, de situation : dans quelles scènes sont-ils représentés ? Lequel vous paraît dominant ? Quel est l'intérêt de leur mélange ?

5. Repérez une ou deux scènes qui mêlent le comique au pathétique. Quel effet produit, sur le spectateur, ce savant mélange ?

ÉCRIRE

6. Gabriel Conesa a écrit dans *La Trilogie de Beaumarchais* que le dramaturge « ne se préoccupe guère de la qualité des mécanismes de l'intrigue ; seule semble l'intéresser la création des situations de parole qu'il souhaite exploiter » (p. 151). Vous vous interrogerez sur le bien-fondé de pareil jugement en ce qui concerne *Le Mariage de Figaro*.

ACTE[1] III

Le théâtre représente une salle du château appelée salle du trône et servant de salle d'audience, ayant sur le côté une impériale[2] en dais, et dessous, le portrait du roi.

SCÈNE PREMIÈRE. LE COMTE, PÉDRILLE,
en veste, botté, tenant un paquet cacheté.

LE COMTE, *vite*. M'as-tu bien entendu ?

PÉDRILLE. Excellence, oui. *(Il sort.)*

SCÈNE 2. LE COMTE, *seul, criant.*

Pédrille !

SCÈNE 3. LE COMTE, PÉDRILLE *revient.*

PÉDRILLE. Excellence ?

LE COMTE. On ne t'a pas vu ?

PÉDRILLE. Âme qui vive.

---

1. *Pendant l'entracte, des valets arrangent la salle d'audience : on apporte les deux banquettes à dossier des avocats, que l'on place aux deux côtés du théâtre, de façon que le passage soit libre par derrière. On pose une estrade à deux marches dans le milieu du théâtre, vers le fond, sur laquelle on place le fauteuil du Comte. On met la table du greffier et son tabouret de côté sur le devant, et des sièges pour Brid'oison et d'autres juges, des deux côtés de l'estrade du Comte.*

2. **Impériale :** tissu déployé au-dessus du portrait du roi (formant donc un dais) pour le sacraliser. D'ordinaire, l'impériale est au-dessus d'un carrosse ou d'un lit.

LE COMTE. Prenez le cheval barbe[1].

5 PÉDRILLE. Il est à la grille du potager, tout sellé.

LE COMTE. Ferme, d'un trait, jusqu'à Séville.

PÉDRILLE. Il n'y a que trois lieues[2], elles sont bonnes[3].

LE COMTE. En descendant, sachez si le page est arrivé.

PÉDRILLE. Dans l'hôtel[4] ?

10 LE COMTE. Oui ; surtout depuis quel temps[5].

PÉDRILLE. J'entends.

LE COMTE. Remets-lui son brevet, et reviens vite.

PÉDRILLE. Et s'il n'y était pas ?

LE COMTE. Revenez plus vite, et m'en rendez compte[6].
15 Allez.

SCÈNE 4. LE COMTE, *seul*,
marche en rêvant.

J'ai fait une gaucherie en éloignant Bazile !... la colère n'est
bonne à rien. – Ce billet remis par lui, qui m'avertit d'une
entreprise sur la Comtesse ; la camariste enfermée quand
j'arrive ; la maîtresse affectée d'une terreur fausse ou vraie ;
5 un homme qui saute par la fenêtre, et l'autre après qui

---

1. **Cheval barbe :** pur-sang arabe (cheval de Barbarie, c'est-à-dire d'Afrique du Nord).
2. **Trois lieues :** 13,5 km.
3. **Bonnes :** faciles à parcourir.
4. L'hôtel particulier du Comte.
5. **Depuis quel temps :** depuis combien de temps.
6. Tournure de la langue classique encore usitée au XVIIIᵉ siècle.

avoue… ou qui prétend que c'est lui… Le fil m'échappe. Il y a là-dedans une obscurité… Des libertés chez mes vassaux[1], qu'importe à gens de cette étoffe ? Mais la Comtesse ! si quelque insolent attentait… Où m'égaré-je ? En vérité,
10 quand la tête se monte, l'imagination la mieux réglée devient folle comme un rêve ! – Elle s'amusait : ces ris étouffés, cette joie mal éteinte ! – Elle se respecte ; et mon honneur… où diable on l'a placé ! De l'autre part, où suis-je ? cette friponne de Suzanne a-t-elle trahi mon secret ?… Comme il
15 n'est pas encore le sien[2]… Qui donc[3] m'enchaîne à cette fantaisie ? j'ai voulu vingt fois y renoncer… Étrange effet de l'irrésolution ! si je la voulais sans débat, je la désirerais mille fois moins. – Ce Figaro se fait bien attendre ! il faut le sonder adroitement *(Figaro paraît dans le fond, il s'arrête)* et
20 tâcher, dans la conversation que je vais avoir avec lui, de démêler d'une manière détournée s'il est instruit ou non de mon amour pour Suzanne.

Scène 5. Le Comte, Figaro.

Figaro, *à part.* Nous y voilà.

Le Comte. … S'il en sait par elle un seul mot…

Figaro, *à part.* Je m'en suis douté.

Le Comte. … Je lui fais épouser la vieille[4].

5 **Figaro,** *à part.* Les amours de monsieur Bazile[5] ?

Le Comte. …Et voyons ce que nous ferons de la jeunesse[6].

---

1. **Des libertés chez mes vassaux :** que mes vassaux prennent des libertés avec la morale.
2. **Comme il n'est pas encore le sien :** comme je n'en ai pas encore fait ma complice (c'est-à-dire ma maîtresse).
3. **Qui donc :** qu'est-ce donc qui.
4. Marceline.
5. Marceline est aimée de Bazile (voir acte I, scène 4).
6. La jeune Suzanne.

■ Situer

Almaviva veut connaître le fin mot de l'affaire du cabinet de toilette et envoie Pédrille s'enquérir de Chérubin sous prétexte de lui remettre son brevet. Mais sa décision n'empêche pas l'incertitude…

■ Réfléchir

DRAMATURGIE : fonctions du monologue

1. Avez-vous le souvenir d'autres monologues situés dans les deux premiers actes de la pièce ? Qui en était le locuteur ? Quelle était leur fonction dans l'économie de la pièce ?

2. Pour quelle raison Beaumarchais place-t-il ce monologue au tout début du troisième acte ?

3. Le Comte n'apparaît-il pas sous un nouveau jour ? En quoi le monologue permet-il un approfondissement de la psychologie du personnage d'Almaviva, et plus généralement de la réflexion sur l'homme et sur l'amour ?

PERSONNAGES : de la réflexion à « l'irrésolution »

4. Étudiez les types de phrases employées par le Comte. Quel état d'esprit révèlent-ils ?

5. La morale du Comte ne semble pas unifiée : quelles sont les marques stylistiques de cette incohérence ?

SOCIÉTÉ : le cynisme des aristocrates

6. Quelle phrase nous montre le mépris que ressent le noble à l'égard du peuple ? En quoi peut-on parler ici de cynisme ?

7. De quelle façon Beaumarchais montre-t-il que les aristocrates sont inconséquents ?

■ Dire

8. Vous êtes le metteur en scène de la pièce et vous proposez à l'acteur jouant cette scène quelques indications pour interpréter le rôle du Comte.

FIGARO, *à part.* Ah ! ma femme, s'il vous plaît.

LE COMTE *se retourne.* Hein ? quoi ? qu'est-ce que c'est ?

10 **FIGARO** *s'avance.* Moi, qui me rends à vos ordres.

LE COMTE. Et pourquoi ces mots ?…

FIGARO. Je n'ai rien dit.

LE COMTE *répète.* « Ma femme, s'il vous plaît ? »

FIGARO. C'est… la fin d'une réponse que je faisais : « allez
15 le dire à ma femme, s'il vous plaît ».

LE COMTE *se promène.* « Sa femme !… » Je voudrais bien
savoir quelle affaire peut arrêter monsieur, quand je le fais
appeler ?

FIGARO, *feignant d'assurer son habillement.* Je m'étais sali
20 sur ces couches en tombant[1] ; je me changeais.

LE COMTE. Faut-il une heure ?

FIGARO. Il faut le temps.

LE COMTE. Les domestiques ici… sont plus longs à
s'habiller que les maîtres !

25 **FIGARO.** C'est qu'ils n'ont point de valets pour les y aider.

LE COMTE. … Je n'ai pas trop compris ce qui vous avait
forcé tantôt de courir un danger inutile, en vous jetant…

FIGARO. Un danger ! on dirait que je me suis engouffré
tout vivant…

30 **LE COMTE.** Essayez de me donner le change en feignant de
le prendre[2], insidieux[3] valet ! Vous entendez[4] fort bien que
ce n'est pas le danger qui m'inquiète, mais le motif.

FIGARO. Sur un faux avis, vous arrivez furieux, renversant
tout, comme le torrent de la Morena[5] ; vous cherchez un

---

1. Voir acte II, scène 21.
2. **Essayez de me donner le change en feignant de le prendre :** essayez de
me duper en faisant semblant de vous tromper sur le sens de ma question
(le change est un terme de vénerie qui désigne la ruse d'une bête
poursuivie qui détourne ses poursuivants sur une autre trace).
3. **Insidieux :** qui dresse des embûches, des pièges.
4. **Vous entendez :** vous comprenez (voir p. 297).
5. Montagnes au nord-ouest de Séville.

35 homme, il vous le faut, ou vous allez briser les portes, enfoncer les cloisons ! Je me trouve là par hasard : qui sait dans
votre emportement si…

LE COMTE, *interrompant.* Vous pouviez fuir par l'escalier.

FIGARO. Et vous, me prendre au corridor.

40 LE COMTE, *en colère.* Au corridor ! *(À part.)* Je
m'emporte, et nuis à ce que je veux savoir.

FIGARO, *à part.* Voyons-le venir, et jouons serré.

LE COMTE, *radouci.* Ce n'est pas ce que je voulais dire ; laissons cela. J'avais… oui, j'avais quelque envie de t'emmener à
45 Londres courrier de dépêches… mais, toutes réflexions faites…

FIGARO. Monseigneur a changé d'avis ?

LE COMTE. Premièrement, tu ne sais pas l'anglais.

FIGARO. Je sais *God-dam*[1].

LE COMTE. Je n'entends pas[2].

50 FIGARO. Je dis que je sais *God-dam*.

LE COMTE. Hé bien ?

FIGARO. Diable ! c'est une belle langue que l'anglais ! il en
faut peu pour aller loin. Avec *God-dam,* en Angleterre, on ne
manque de rien nulle part. – Voulez-vous tâter d'un bon
55 poulet gras : entrez dans une taverne, et faites seulement ce
geste au garçon. *(Il tourne la broche.) God-dam !* on vous
apporte un pied de bœuf salé, sans pain. C'est admirable.
Aimez-vous à boire un coup d'excellent bourgogne ou de
clairet[3] : rien que celui-ci. *(Il débouche une bouteille.) God-*
60 *dam !* on vous sert un pot de bière, en bel étain, la mousse aux
bords. Quelle satisfaction ! Rencontrez-vous une de ces jolies
personnes qui vont trottant menu, les yeux baissés, coudes en
arrière, et tortillant un peu des hanches : mettez
mignardement[4] tous les doigts unis sur la bouche. Ah ! *God-*

---

1. Juron anglais (que Dieu me damne) très employé au temps de la guerre
de Cent Ans puisque les Anglais furent surnommés les Godons.
2. **Je n'entends pas :** je ne comprends pas.
3 Vin **clairet**, vin rouge de Bordeaux, dont la robe est claire, par opposition
à celle du vin de Bourgogne.
4. **Mignardement :** avec une grâce et une gentillesse affectées.

65 *dam !* elle vous sangle[1] un soufflet de crocheteur[2] : preuve qu'elle entend. Les Anglais, à la vérité, ajoutent par-ci, par-là, quelques autres mots en conversant ; mais il est bien aisé de voir que *God-dam* est le fond de la langue ; et si Monseigneur n'a pas d'autre motif de me laisser en Espagne…

70 LE COMTE, *à part.* Il veut venir à Londres ; elle n'a pas parlé.

FIGARO, *à part.* Il croit que je ne sais rien ; travaillons-le un peu dans son genre.

LE COMTE. Quel motif avait la Comtesse pour me jouer un 75 pareil tour ?

FIGARO. Ma foi, Monseigneur, vous le savez mieux que moi.

LE COMTE. Je la préviens sur tout[3], et la comble de présents.

FIGARO. Vous lui donnez, mais vous êtes infidèle. Sait-on 80 gré du superflu à qui nous prive du nécessaire ?

LE COMTE. … Autrefois tu me disais tout.

FIGARO. Et maintenant je ne vous cache rien.

LE COMTE. Combien la Comtesse t'a-t-elle donné pour cette belle association ?

85 FIGARO. Combien me donnâtes-vous pour la tirer des mains du docteur[4] ? Tenez, Monseigneur, n'humilions pas l'homme qui nous sert bien, crainte d'en faire un mauvais valet.

LE COMTE. Pourquoi faut-il qu'il y ait toujours du louche 90 en ce que tu fais ?

FIGARO. C'est qu'on en voit partout quand on cherche des torts.

LE COMTE. Une réputation détestable !

---

1. **Vous sangle :** vous décoche comme un coup de fouet.
2. **Crocheteur :** portefaix, homme qui porte de lourdes charges sur son dos à l'aide d'un crochet.
3. **Je la préviens sur tout :** je préviens tous ses désirs.
4. Bartholo (allusion au *Barbier de Séville*).

FIGARO. Et si je vaux mieux qu'elle ? Y a-t-il beaucoup de
95 seigneurs qui puissent en dire autant ?

LE COMTE. Cent fois je t'ai vu marcher à la fortune, et
jamais aller droit.

FIGARO. Comment voulez-vous ? La foule est là : chacun
veut courir : on se presse, on pousse, on coudoie, on
100 renverse, arrive qui peut ; le reste est écrasé. Aussi c'est fait ;
pour moi, j'y renonce.

LE COMTE. À la fortune ? *(À part.)* Voici du neuf.

FIGARO, *à part.* À mon tour maintenant. *(Haut.)* Votre
Excellence m'a gratifié de la conciergerie du château ; c'est
105 un fort joli sort : à la vérité, je ne serai pas le courrier
étrenné[1] des nouvelles intéressantes ; mais, en revanche,
heureux avec ma femme au fond de l'Andalousie...

LE COMTE. Qui t'empêcherait de l'emmener à Londres ?

FIGARO. Il faudrait la quitter si souvent, que j'aurais bien-
110 tôt du mariage par-dessus la tête.

LE COMTE. Avec du caractère et de l'esprit, tu pourrais un
jour t'avancer dans les bureaux.

FIGARO. De l'esprit pour s'avancer ? Monseigneur se rit du
mien. Médiocre et rampant, et l'on arrive à tout.

115 **LE COMTE.** ... Il ne faudrait qu'étudier un peu sous moi la
politique.

FIGARO. Je la sais.

LE COMTE. Comme l'anglais, le fond de la langue !

FIGARO. Oui, s'il y avait ici de quoi se vanter. Mais feindre
120 d'ignorer ce qu'on sait, de savoir tout ce qu'on ignore ;
d'entendre[2] ce qu'on ne comprend pas, de ne point ouïr ce
qu'on entend ; surtout de pouvoir au-delà de ses forces ; avoir

---

1. **Le courrier étrenné :** le courrier qui a l'étrenne, c'est-à-dire la primeur
du courrier, le privilège de le lire en premier.
2. **Entendre :** comprendre, puis, avec un jeu de mots sur les deux sens,
entendre au sens d'« ouïr » dans l'expression de « ne point ouïr ce qu'on
entend ».

souvent pour grand secret de cacher qu'il n'y en a point ; s'enfermer pour tailler des plumes, et paraître profond quand
125 on n'est, comme on dit, que vide et creux ; jouer bien ou mal un personnage, répandre des espions et pensionner des traîtres ; amollir des cachets[1], intercepter des lettres, et tâcher d'ennoblir la pauvreté des moyens par l'importance des objets : voilà toute la politique, ou je meure[2] !

130 **LE COMTE.** Eh ! c'est l'intrigue que tu définis !

FIGARO. La politique, l'intrigue, volontiers ; mais, comme je les crois un peu germaines[3], en fasse qui voudra ! « J'aime mieux ma mie, ô gué ! » comme dit la chanson du bon Roi[4].

LE COMTE, *à part.* Il veut rester. J'entends… Suzanne m'a
135 trahi.

FIGARO, *à part.* Je l'enfile[5], et le paye en sa monnaie.

LE COMTE. Ainsi tu espères gagner ton procès contre Marceline ?

FIGARO. Me feriez-vous un crime de refuser une vieille fille,
140 quand Votre Excellence se permet de nous souffler toutes les jeunes !

LE COMTE, *raillant.* Au tribunal le magistrat s'oublie[6], et ne voit plus que l'ordonnance.

FIGARO. Indulgente aux grands, dure aux petits…

145 **LE COMTE.** Crois-tu donc que je plaisante ?

FIGARO. Eh ! qui le sait, Monseigneur ? *Tempo è galant'uomo*[7], dit l'Italien ; il dit toujours la vérité : c'est lui qui m'apprendra qui me veut du mal, ou du bien.

---

1. **Amollir les cachets :** faire fondre les cachets de cire afin de lire les lettres en secret.
2. **Ou je meure :** ou que je meure, s'il n'en est pas ainsi.
3. **Germaines :** sœurs.
4. Du bon roi Henri IV (chanson qu'Alceste, dans *Le Misanthrope*, à l'acte I scène 2, prétend bien meilleure que le sonnet d'Oronte).
5. **Je l'enfile :** je le berne, terme emprunté au jeu de trictrac (voir p. 297).
6. **S'oublie :** oublie ses intérêts personnels.
7. *Tempo è galant'uomo :* le temps est galant, c'est-à-dire honnête homme (proverbe italien).

SITUER

Le Comte veut sonder Figaro pour savoir si Suzanne lui a confié leur secret commun, auquel cas il empêchera leur mariage. Figaro, qui a pénétré les projets de son maître, doit défendre sa femme à couvert, en feignant l'ignorance. Le dialogue va donc reposer sur l'implicite.

RÉFLÉCHIR

STRATÉGIES : un duel à fleurets mouchetés

1. Comment et pourquoi les rapports de force entre Figaro et le Comte évoluent-ils au cours de la scène ?

2. Sur quels aspects sociaux et politiques porte la critique de Figaro ? Quel rôle jouent ces attaques par rapport à la rivalité amoureuse des deux hommes ?

3. Quels traits de style font des deux tirades de Figaro (l. 52-69 et 119-129) des morceaux de bravoure ? À travers elles, quel but Figaro vise-t-il ?

4. Par quels choix stylistiques Figaro fait-il accepter au Comte son impertinence ?

DRAMATURGIE : tirades et apartés

5. La fameuse tirade sur « God-dam » n'a-t-elle, selon vous, qu'une fonction ornementale ? Da Ponte a supprimé ce morceau de bravoure dans son livret des *Noces de Figaro* : a-t-il eu raison ? Justifiez votre réponse.

6. Relevez les nombreux apartés et classez-les selon leur fonction théâtrale. Sont-ils vraisemblables ? Quelles impossibilités propres au théâtre pallient-ils ?

7. Quels apartés sont surpris par l'interlocuteur (ce qui est contraire à la règle) ? Pourquoi, selon vous, Beaumarchais prend-il cette liberté avec les conventions théâtrales ?

LE COMTE, *à part.* Je vois qu'on lui a tout dit ; il épousera
150 la duègne.

FIGARO, *à part.* Il a joué au fin avec moi, qu'a-t-il appris ?

SCÈNE 6. LE COMTE, UN LAQUAIS, FIGARO.

LE LAQUAIS, *annonçant.* Don Gusman Brid'oison.

LE COMTE. Brid'oison ?

FIGARO. Eh ! sans doute. C'est le juge ordinaire, le lieutenant du Siège[1], votre prud'homme[2].

5 **LE COMTE.** Qu'il attende. *(Le laquais sort.)*

SCÈNE 7. LE COMTE, FIGARO.

FIGARO *reste un moment à regarder le Comte qui rêve.*
... Est-ce là ce que Monseigneur voulait ?

LE COMTE, *revenant à lui.* Moi ?... je disais d'arranger ce
salon pour l'audience publique.

5 **FIGARO.** Hé ! qu'est-ce qu'il manque ? Le grand fauteuil
pour vous, de bonnes chaises aux prud'hommes, le tabouret
du greffier, deux banquettes aux avocats, le plancher pour le
beau monde et la canaille derrière. Je vais renvoyer les
frotteurs[3]. *(Il sort.)*

---

1. **Lieutenant du Siège :** magistrat qui juge en l'absence du Comte (juge
   assis, par opposition aux avocats et procureurs qui plaident debout).
2. **Prud'homme :** vieux mot dont on ne se sert plus que dans le vocabulaire
   du droit pour désigner un expert. Beaumarchais recourt à ce terme avec
   une intention ironique, puisque le prud'homme est un maître sot.
3. **Les frotteurs :** les valets qui frottent le parquet depuis le début de l'acte.

SCÈNE 8. LE COMTE, *seul*.

Le maraud m'embarrassait ! en disputant[1], il prend son avantage ; il serre, vous enveloppe… Ah ! friponne et fripon, vous vous entendez pour me jouer ! Soyez amis, soyez amants, soyez ce qu'il vous plaira, j'y consens ; mais parbleu,
5 pour époux…

SCÈNE 9. SUZANNE, LE COMTE.

SUZANNE, *essoufflée*. Monseigneur… pardon, Monseigneur.

LE COMTE, *avec humeur*. Qu'est-ce qu'il y a, mademoiselle ?

SUZANNE. Vous êtes en colère ?

LE COMTE. Vous voulez quelque chose apparemment ?

5 **SUZANNE,** *timidement*. C'est que ma maîtresse a ses vapeurs[2]. J'accourais vous prier de nous prêter votre flacon d'éther. Je l'aurais rapporté dans l'instant.

LE COMTE *le lui donne*. Non, non, gardez-le pour vous-même. Il ne tardera pas à vous être utile.

10 **SUZANNE.** Est-ce que les femmes de mon état ont des vapeurs, donc ? C'est un mal de condition[3], qu'on ne prend que dans les boudoirs[4].

LE COMTE. Une fiancée bien éprise, et qui perd son futur…

SUZANNE. En payant Marceline avec la dot que vous
15 m'avez promise…

LE COMTE. Que je vous ai promise, moi ?

SUZANNE, *baissant les yeux*. Monseigneur, j'avais cru l'entendre[5].

---

1. **En disputant :** en discutant.
2. **A ses vapeurs :** se trouve mal, est sur le point de s'évanouir. Les vapeurs sont des troubles attribués à des vapeurs montant au cerveau.
3. **Un mal de condition :** un mal réservé aux femmes de condition, c'est-à-dire de haute naissance, de la haute société.
4. **Boudoirs :** petits salons élégants des dames.
5. **L'entendre :** avec le double sens de comprendre et ouïr.

LE COMTE. Oui, si vous consentiez à m'entendre vous-
même.

SUZANNE, *les yeux baissés.* Et n'est-ce pas mon devoir d'écouter Son Excellence ?

LE COMTE. Pourquoi donc, cruelle fille, ne me l'avoir pas
dit plus tôt ?

SUZANNE. Est-il jamais trop tard pour dire la vérité ?

LE COMTE. Tu te rendrais sur la brune au jardin ?

SUZANNE. Est-ce que je ne m'y promène pas tous les soirs ?

LE COMTE. Tu m'as traité ce matin si durement !

SUZANNE. Ce matin ? Et le page derrière le fauteuil ?

LE COMTE. Elle a raison, je l'oubliais… Mais pourquoi ce
refus obstiné quand Bazile, de ma part ?…

SUZANNE. Quelle nécessité qu'un Bazile[1]… ?

LE COMTE. Elle a toujours raison. Cependant il y a un
certain Figaro à qui je crains bien que vous n'ayez tout dit !

SUZANNE. Dame ! oui, je lui dis tout… hors ce qu'il faut
lui taire.

LE COMTE, *en riant.* Ah ! charmante ! Et tu me le promets ?
Si tu manquais à ta parole, entendons-nous, mon cœur : point
de rendez-vous, point de dot, point de mariage.

SUZANNE, *faisant la révérence.* Mais aussi point de mariage,
point de droit du seigneur, Monseigneur.

LE COMTE. Où prend-elle ce qu'elle dit ? d'honneur j'en
raffolerai ! Mais ta maîtresse attend le flacon…

SUZANNE, *riant et rendant le flacon.* Aurais-je pu vous
parler sans un prétexte ?

LE COMTE *veut l'embrasser.* Délicieuse créature !

SUZANNE *s'échappe.* Voilà du monde.

LE COMTE, *à part.* Elle est à moi. *(Il s'enfuit.)*

SUZANNE. Allons vite rendre compte à Madame.

---

1. Phrase interrompue qu'on pourrait poursuivre ainsi : « qu'un Bazile soit
au courant et puisse nous trahir ».

■ SITUER

Suzanne doit endormir les soupçons du Comte pour assurer son mariage et permettre au stratagème conçu par sa maîtresse de fonctionner : celle-ci se rendra à sa place « à la brune » au rendez-vous galant que le Comte lui a donné. Si Figaro, pour convaincre le Comte, a dû user de sa verve prolixe (scène 5), Suzanne obtiendra davantage en quelques mots bien sentis.

■ RÉFLÉCHIR

DRAMATURGIE : l'art des retournements et de la répartie

1. Observez l'évolution des sentiments du Comte : faites le schéma de leur brutale transformation. Quelles sont les causes de ces retournements ?

2. Quelles sont les réparties qui montrent le mieux l'esprit d'à-propos de la spirituelle cameriste ?

3. À quels traits stylistiques tiennent le charme et l'efficacité de ces réparties ?

SOCIÉTÉ : la dialectique du maître et de la servante

4. À quel moment Suzanne prend-elle le pouvoir sur son maître et par quels moyens ?

5. Comment lutte-t-elle pour sa liberté ? Existe-t-il, selon vous, des moyens plus efficaces ?

6. Suzanne vous paraît-elle insolente, dans cette scène ? Pourquoi ?

SCÈNE 10. SUZANNE, FIGARO.

FIGARO. Suzanne, Suzanne ! où cours-tu donc si vite en quittant Monseigneur ?

SUZANNE. Plaide à présent, si tu le veux ; tu viens de gagner ton procès. *(Elle s'enfuit.)*

5 **FIGARO** *la suit.* Ah ! mais, dis donc…

SCÈNE 11. LE COMTE *rentre seul.*

« Tu viens de gagner ton procès ! » – Je donnais là dans un bon piège ! Ô mes chers insolents ! je vous punirai de façon… Un bon arrêt… bien juste… Mais s'il allait payer la duègne[1]… Avec quoi ?… S'il payait… Eeeeh ! n'ai-je pas le fier Antonio, 5 dont le noble orgueil dédaigne en Figaro un inconnu[2] pour sa nièce ? En caressant cette manie… Pourquoi non ? dans le vaste champ de l'intrigue il faut savoir tout cultiver, jusqu'à la vanité d'un sot. *(Il appelle.)* Anto… *(Il voit entrer Marceline, etc.[3] Il sort.)*

---

1. **Duègne :** femme âgée chargée de veiller sur la vertu des jeunes filles. Le terme désigne ici Marceline.
2. **Inconnu :** de père et mère inconnus ; Figaro est un enfant trouvé.
3. Marceline, Bartholo et Brid'oison.

SCÈNE 12. BARTHOLO, MARCELINE, BRID'OISON.

MARCELINE, *à Brid'oison.* Monsieur, écoutez mon affaire.

BRID'OISON, *en robe, et bégayant un peu.* Eh bien ! pa-arlons-en verbalement[1].

BARTHOLO. C'est une promesse de mariage.

5 **MARCELINE.** Accompagnée d'un prêt d'argent.

BRID'OISON. J'en-entends, et cætera, le reste.

MARCELINE. Non, monsieur, point d'« et cætera ».

BRID'OISON. J'en-entends : vous avez la somme ?

MARCELINE. Non, monsieur ; c'est moi qui l'ai prêtée.

10 **BRID'OISON.** J'en-entends bien, vous-ous redemandez l'argent ?

MARCELINE. Non, monsieur ; je demande qu'il m'épouse.

BRID'OISON. Eh ! mais, j'en-entends fort bien ; et lui veu-eut-il vous épouser ?

15 **MARCELINE.** Non, monsieur ; voilà tout le procès !

BRID'OISON. Croyez-vous que je ne l'en-entende pas, le procès ?

MARCELINE. Non, monsieur. *(À Bartholo.)* Où sommes-nous[2] ? *(À Brid'oison.)* Quoi ! c'est vous qui nous jugerez ?

20 **BRID'OISON.** Est-ce que j'ai a-acheté ma charge pour autre chose ?

MARCELINE, *en soupirant.* C'est un grand abus que de les vendre !

BRID'OISON. Oui ; l'on-on ferait mieux de nous les donner
25 pour rien. Contre qui plai-aidez-vous ?

---

1. **Verbalement :** non pas à partir des pièces écrites du dossier. Beaumarchais s'amuse cependant du pléonasme.
2. **Où sommes-nous ? :** dans quelle situation sommes-nous ?

Scène 13. Bartholo,
Marceline, Brid'oison.
Figaro *rentre en se frottant les mains.*

Marceline, *montrant Figaro.* Monsieur, contre ce malhonnête homme.

Figaro, *très gaiement, à Marceline.* Je vous gêne peut-être. – Monseigneur revient dans l'instant, monsieur le conseiller.

5 **Brid'oison.** J'ai vu ce ga-arçon-là quelque part.

Figaro. Chez madame votre femme, à Séville, pour la servir, monsieur le conseiller.

Brid'oison. Dan-ans quel temps ?

Figaro. Un peu moins d'un an avant la naissance de
10 monsieur votre fils le cadet, qui est un bien joli enfant, je m'en vante.

Brid'oison. Oui, c'est le plus jo-oli de tous. On dit que tu-u fais ici des tiennes ?

Figaro. Monsieur est bien bon. Ce n'est là qu'une misère.

15 **Brid'oison.** Une promesse de mariage ! A-ah ! le pauvre benêt !

Figaro. Monsieur…

Brid'oison. A-t-il vu mon-on secrétaire, ce bon garçon ?

Figaro. N'est-ce pas Double-Main, le greffier ?

20 **Brid'oison.** Oui ; c'è-est qu'il mange à deux râteliers.

Figaro. Manger ! je suis garant qu'il dévore. Oh ! que oui, je l'ai vu pour l'extrait[1] et pour le supplément d'extrait ; comme cela se pratique, au reste.

Brid'oison. On-on doit remplir les formes[2].

---

1. **L'extrait :** l'abrégé, le résumé d'un procès.
2. **Les formes :** les règles de procédure.

25 **FIGARO.**   Assurément, monsieur ; si le fond des procès appartient aux plaideurs, on sait bien que la forme est le patrimoine des tribunaux.

BRID'OISON.   Ce garçon-là n'è-est pas si niais que je l'avais cru d'abord. Hé bien, l'ami, puisque tu en sais tant, nou-ous
30 aurons soin de ton affaire.

FIGARO.   Monsieur, je m'en rapporte à votre équité, quoi-que vous soyez de notre Justice.

BRID'OISON.   Hein ?… Oui, je suis de la-a Justice. Mais si tu dois, et que tu-u ne payes pas ?…

35 **FIGARO.**   Alors monsieur voit bien que c'est comme si je ne devais pas.

BRID'OISON.   San-ans doute. – Hé ! mais qu'est-ce donc qu'il dit ?

SCÈNE 14. Bartholo, Marceline, Le Comte, Brid'oison, Figaro, un huissier.

L'HUISSIER, *précédant le Comte, crie.* Monseigneur, messieurs.

LE COMTE.   En robe ici, seigneur Brid'oison ! Ce n'est qu'une affaire domestique[1] : l'habit de ville était trop bon.

BRID'OISON.   C'è-est vous qui l'êtes, monsieur le Comte.
5 Mais je ne vais jamais san-ans elle, parce que la forme, voyez-vous, la forme ! Tel rit d'un juge en habit court, qui-i trem-ble au seul aspect d'un procureur en robe. La forme, la-a forme !

LE COMTE, *à l'huissier.* Faites entrer l'audience.

10 **L'HUISSIER** *va ouvrir en glapissant.* L'audience[2] !

---

1. **Domestique :** privée.
2. L'assemblée de ceux à qui on donne audience, c'est-à-dire la cour et le public.

SCÈNE 15. LES ACTEURS PRÉCÉDENTS, ANTONIO, LES VALETS DU CHÂTEAU, LES PAYSANS *et* PAYSANNES *en habits de fête* ; LE COMTE *s'assied sur le grand fauteuil* ; BRID'OISON, *sur une chaise à côté* ; LE GREFFIER, *sur le tabouret derrière sa table* ; LES JUGES, LES AVOCATS, *sur les banquettes* ; MARCELINE, *à côté de* BARTHOLO ; FIGARO, *sur l'autre banquette* ; LES PAYSANS *et* VALETS, *debout derrière*.

BRID'OISON, *à Double-Main.* Double-Main, a-appelez les causes[1].

DOUBLE-MAIN *lit un papier.* « Noble, très noble, infiniment noble, *don Pedro George, hidalgo, baron de Los Altos,*
5 *y Montes Fieros, y Otros Montes*[2] ; contre *Alonzo Calderon*[3], jeune auteur dramatique. » Il est question d'une comédie mort-née, que chacun désavoue et rejette sur l'autre.

LE COMTE. Ils ont raison tous deux. Hors de cour[4]. S'ils font ensemble un autre ouvrage, pour qu'il marque un peu
10 dans le grand monde, ordonné que le noble y mettra son nom, le poète son talent.

DOUBLE-MAIN *lit un autre papier.* « *André Petrutchio*, laboureur ; contre le receveur de la province. » Il s'agit d'un forcement arbitraire[5].

15 **LE COMTE.** L'affaire n'est pas de mon ressort. Je servirai mieux mes vassaux en les protégeant près du roi. Passez.

DOUBLE-MAIN *en prend un troisième.* Bartholo et Figaro se lèvent. « *Barbe - Agar - Raab - Madeleine - Nicole - Marceline de Verte-Allure*, fille majeure *(Marceline se lève et salue)* ;
20 contre *Figaro…* » Nom de baptême en blanc ?

---

1. **Appelez les causes :** énoncez les causes des litiges.
2. **Don Pedro… y Otros Montes :** baron des hauteurs et des monts altiers et d'autres monts. Beaumarchais se moque de la longueur des noms aristocratiques espagnols.
3. **Calderon :** homonyme du célèbre dramaturge espagnol, Calderon de la Barca (1600-1681).
4. Le procès est renvoyé et les deux plaideurs son également déboutés.
5. **Forcement arbitraire :** saisie exercée sans titre de justice.

FIGARO. Anonyme.

BRID'OISON. A-anonyme ! Què-el patron[1] est-ce là ?

FIGARO. C'est le mien.

DOUBLE-MAIN *écrit.* Contre anonyme *Figaro.* Qualités ?

25 **FIGARO.** Gentilhomme.

LE COMTE. Vous êtes gentilhomme ? *(Le greffier écrit.)*

FIGARO. Si le ciel l'eût voulu, je serais fils d'un prince.

LE COMTE, *au greffier.* Allez.

L'HUISSIER, *glapissant.* Silence ! messieurs.

30 **DOUBLE-MAIN** *lit.* « … Pour cause d'opposition faite au mariage dudit *Figaro* par ladite *de Verte-Allure.* Le docteur *Bartholo* plaidant pour la demanderesse, et ledit *Figaro* pour lui-même[2], si la cour le permet, contre le vœu de l'usage[3] et la jurisprudence[4] du siège. »

35 **FIGARO.** L'usage, maître Double-Main, est souvent un abus. Le client un peu instruit sait toujours mieux sa cause que certains avocats, qui, suant à froid, criant à tue-tête, et connaissant tout, hors le fait, s'embarrassent aussi peu de ruiner le plaideur que d'ennuyer l'auditoire et d'endormir messieurs : plus 40 boursouflés après que s'ils eussent composé l'*Oratio pro Murena*[5]. Moi, je dirai le fait en peu de mots. Messieurs…

DOUBLE-MAIN. En voilà beaucoup d'inutiles, car vous n'êtes pas demandeur[6], et n'avez que la défense. Avancez, docteur, et lisez la promesse.

45 **FIGARO.** Oui, promesse !

BARTHOLO, *mettant ses lunettes.* Elle est précise.

BRID'OISON. I-il faut la voir.

---

1. **Patron :** saint patron, saint qui donne le nom de baptême.
2. Figaro se défend lui-même comme l'avait fait Beaumarchais dans son procès contre Goëzman.
3. **Contre le vœu de l'usage :** contre ce que veut l'usage.
4. **Jurisprudence :** interprétation par un tribunal d'un fait de droit.
5. Célèbre plaidoyer de Cicéron.
6. **Demandeur :** celui qui attaque en justice.

DOUBLE-MAIN. Silence donc, messieurs !

L'HUISSIER, *glapissant.* Silence !

50 **BARTHOLO** *lit.* « Je soussigné reconnais avoir reçu de damoiselle, etc. *Marceline de Verte-Allure,* dans le château d'Aguas-Frescas, la somme de deux mille piastres fortes cordonnées[1] ; laquelle somme je lui rendrai à sa réquisition, dans ce château ; et je l'épouserai, par forme de reconnais-
55 sance, etc. Signé *Figaro,* tout court. » Mes conclusions sont au payement du billet et à l'exécution de la promesse, avec dépens[2]. *(Il plaide.)* Messieurs... jamais cause plus intéressante ne fut soumise au jugement de la cour ; et, depuis Alexandre le Grand, qui promit mariage à la belle Thalestris...

60 **LE COMTE,** *interrompant.* Avant d'aller plus loin, avocat, convient-on de la validité du titre ?

BRID'OISON, *à Figaro.* Qu'oppo... qu'oppo-osez-vous à cette lecture ?

FIGARO. Qu'il y a, messieurs, malice, erreur ou distraction
65 dans la manière dont on a lu la pièce, car il n'est pas dit dans l'écrit : « *laquelle somme je lui rendrai,* ET *je l'épouserai* », mais « *laquelle somme je lui rendrai,* OU *je l'épouserai* » ; ce qui est bien différent.

LE COMTE. Y a-t-il ET dans l'acte, ou bien OU ?

70 **BARTHOLO.** Il y a ET.

FIGARO. Il y a OU.

BRID'OISON. Dou-ouble-Main, lisez vous-même.

DOUBLE-MAIN, *prenant le papier.* Et c'est le plus sûr ; car souvent les parties déguisent en lisant. *(Il lit.)* « E, e, e,
75 *damoiselle* e, e, e, *de Verte-Allure,* e, e, e. Ha ! *laquelle somme je lui rendrai à sa réquisition, dans ce château...* ET... OU... ET... OU... » Le mot est si mal écrit... il y a un pâté.

BRID'OISON. Un pâ-âté ? je sais ce que c'est.

---

1. **Piastres fortes cordonnées :** monnaie espagnole, dont les pièces sont entourées d'un cordon gravé.
2. **Dépens :** frais du procès.

BARTHOLO, *plaidant*. Je soutiens, moi, que c'est la
80 conjonction copulative ET qui lie les membres corrélatifs de
la phrase ; je payerai la demoiselle, ET je l'épouserai.

FIGARO, *plaidant*. Je soutiens, moi, que c'est la conjonction alternative OU qui sépare lesdits membres ; je payerai la
donzelle, OU je l'épouserai. À pédant, pédant et demi. Qu'il
85 s'avise de parler latin, j'y suis grec[1] ; je l'extermine.

LE COMTE. Comment juger pareille question ?

BARTHOLO. Pour la trancher, messieurs, et ne plus chicaner
sur un mot, nous passons[2] qu'il y ait OU.

FIGARO. J'en demande acte.

90 **BARTHOLO.** Et nous y adhérons. Un si mauvais refuge ne
sauvera pas le coupable. Examinons le titre en ce sens. *(Il
lit.)* « *Laquelle somme je lui rendrai dans ce château, où je
l'épouserai.* » C'est ainsi qu'on dirait, messieurs : « *Vous vous
ferez saigner dans ce lit, où vous resterez chaudement* » ; c'est
95 dans lequel. « *Il prendra deux gros[3] de rhubarbe, où vous
mêlerez un peu de tamarin[4]* » ; dans lesquels on mêlera. Ainsi
« *château où je l'épouserai* », messieurs, c'est « *château dans
lequel...* ».

FIGARO. Point du tout : la phrase est dans le sens de celle-
100 ci : « ou *la maladie vous tuera,* ou *ce sera le médecin* » ; ou
bien *le médecin* ; c'est incontestable. Autre exemple : « ou
vous n'écrirez rien qui plaise, ou *les sots vous dénigreront* » ;
ou bien *les sots* ; le sens est clair ; car, audit cas, *sots* ou
méchants sont le substantif qui gouverne. Maître Bartholo
105 croit-il donc que j'aie oublié ma syntaxe ? Ainsi, je la payerai
dans ce château, *virgule, ou* je l'épouserai...

BARTHOLO, *vite*. Sans virgule.

FIGARO, *vite*. Elle y est. C'est, *virgule*, messieurs, ou bien je
l'épouserai.

---

1. J'y suis grec : je parlerai grec, c'est-à-dire que je serai encore plus subtil
que lui. Un homme est grec quand il est très habile.
2. Nous passons : nous admettons.
3. Gros : la huitième partie d'une once (3,24 grammes).
4. Tamarin : extrait du tamarinier ayant des vertus laxatives.

110 **BARTHOLO,** *regardant le papier, vite.*   Sans virgule, messieurs.

FIGARO, *vite.* Elle y était, messieurs. D'ailleurs, l'homme qui épouse est-il tenu de rembourser ?

BARTHOLO, *vite.* Oui ; nous nous marions[1] séparés de biens.

115 **FIGARO,** *vite.* Et nous de corps, dès que[2] mariage n'est pas quittance[3]. *(Les juges se lèvent et opinent tout bas.)*

BARTHOLO. Plaisant acquittement !

DOUBLE-MAIN. Silence, messieurs !

L'HUISSIER, *glapissant.* Silence !

120 **BARTHOLO.** Un pareil fripon appelle cela payer ses dettes !

FIGARO. Est-ce votre cause, avocat, que vous plaidez ?

BARTHOLO. Je défends cette demoiselle.

FIGARO.   Continuez à déraisonner, mais cessez d'injurier. Lorsque, craignant l'emportement des plaideurs, les tribu-
125 naux ont toléré qu'on appelât des tiers[4], ils n'ont pas entendu que ces défenseurs modérés deviendraient impuné-ment des insolents privilégiés. C'est dégrader le plus noble institut[5]. *(Les juges continuent d'opiner bas.)*

ANTONIO, *à Marceline, montrant les juges.* Qu'ont-ils tant
130 à balbucifier[6] ?

MARCELINE.   On a corrompu le grand juge[7] ; il corrompt l'autre, et je perds mon procès.

BARTHOLO, *bas, d'un ton sombre.* J'en ai peur.

FIGARO, *gaiement.* Courage, Marceline !

---

1. « Nous » de l'avocat (Bartholo plaide pour Marceline).
2. **Dès que :** du moment que.
3. **Quittance :** acquittement des dettes. **Plaisant acquittement :** ce serait une plaisante façon de s'acquitter.
4. **Tiers :** les personnes étrangères à la cause, autres que les deux plaideurs.
5. **Institut :** institution.
6. **Balbucifier :** déformation de balbutier.
7. **Le grand juge :** le Comte.

135 **DOUBLE-MAIN** *se lève ; à Marceline.* Ah ! c'est trop fort ! je vous dénonce[1] ; et, pour l'honneur du tribunal, je demande qu'avant faire droit[2] sur l'autre affaire, il soit prononcé sur celle-ci.

LE COMTE *s'assied.* Non, greffier, je ne prononcerai point sur
140 mon injure[3] personnelle ; un juge espagnol n'aura point à rougir d'un excès digne au plus des tribunaux asiatiques[4] : c'est assez des autres abus ! J'en vais corriger un second, en vous motivant mon arrêt : tout juge qui s'y refuse est un grand ennemi des lois. Que peut requérir la demanderesse ? mariage à
145 défaut de payement ; les deux ensemble impliqueraient[5].

DOUBLE-MAIN. Silence, messieurs !

L'HUISSIER, *glapissant.* Silence.

LE COMTE. Que nous répond le défendeur ? qu'il veut garder sa personne ; à lui permis.

150 **FIGARO,** *avec joie.* J'ai gagné !

LE COMTE. Mais comme le texte dit : « *Laquelle somme je payerai à sa première réquisition, ou bien j'épouserai, etc. »*, la cour condamne le défendeur à payer deux mille piastres fortes à la demanderesse, ou bien à l'épouser dans le jour. *(Il se lève.)*

155 **FIGARO,** *stupéfait.* J'ai perdu.

ANTONIO, *avec joie.* Superbe arrêt !

FIGARO. En quoi superbe ?

ANTONIO. En ce que tu n'es plus mon neveu. Grand merci, Monseigneur.

160 **L'HUISSIER,** *glapissant.* Passez, messieurs. *(Le peuple sort.)*

ANTONIO. Je m'en vas tout conter à ma nièce. *(Il sort.)*

---

1. **Je vous dénonce :** pour outrage à magistrat.
2. **Avant faire droit :** avant de rendre justice.
3. **Mon injure :** l'injure qui m'est faite personnellement.
4. **Asiatiques :** despotiques (dans *L'Esprit des lois*, Montesquieu emprunte à l'Asie les exemples de despotisme).
5. **Impliqueraient :** seraient en contradiction.

SITUER

Marceline veut contraindre Figaro à l'épouser, comme il s'y est engagé dans une reconnaissance de dettes qu'il n'a jamais payées : l'obstacle créé par Marceline est au cœur du troisième acte. Or, le Comte a les moyens, en sa qualité de premier magistrat de la province, de briser le bonheur des fiancés. Il est aidé dans ses fonctions de juge par Brid'oison, personnage grotesque à travers lequel Beaumarchais fait la satire* de la justice dans un procès bouffon.

RÉFLÉCHIR

SOCIÉTÉ : la satire de l'institution judiciaire

1. Quels moyens font de Brid'oison un personnage de farce ?

2. Bartholo représente-t-il plus dignement l'ordre des avocats que celui des médecins ? Commentez le mélange incongru de ces deux professions et l'effet comique qu'en tire Beaumarchais.

3. Relevez les expressions empruntées à la langue de la justice qui prouvent que Beaumarchais la connaît parfaitement : d'où lui vient cette connaissance ?

4. Qu'ajoutent à tout cela les interventions d'Antonio ?

REGISTRES ET TONALITÉS : la concentration des effets comiques

5. Quel ressort comique est utilisé dans la querelle grammaticale sur le « ou/et » ? De quel défaut de l'institution judiciaire Beaumarchais se moque-t-il dans cette dispute ?

6. Pourquoi les exemples inventés par Bartholo puis par Figaro pour soutenir leur interprétation respective du « ou/où » sont-ils comiques ?

7. On trouve à la fin de cette scène une « péripétie-éclair », un soudain retournement de la situation marqué par deux expressions antithétiques qui se répondent : lesquelles ? Quel est leur effet ?

SCÈNE 16. Le Comte *allant de côté et d'autre* ;
Marceline, Bartholo, Figaro, Brid'oison.

MARCELINE *s'assied.* Ah ! je respire !

FIGARO. Et moi, j'étouffe.

LE COMTE, *à part.* Au moins je suis vengé, cela soulage.

FIGARO, *à part.* Et ce Bazile qui devait s'opposer au
5 mariage de Marceline, voyez comme il revient ! – *(Au Comte
qui sort.)* Monseigneur, vous nous quittez ?

LE COMTE. Tout est jugé.

FIGARO, *à Brid'oison.* C'est ce gros enflé de conseiller…

BRID'OISON. Moi, gros-os enflé !

10 **FIGARO.** Sans doute. Et je ne l'épouserai pas : je suis gentilhomme, une fois[1]. *(Le Comte s'arrête.)*

BARTHOLO. Vous l'épouserez.

FIGARO. Sans l'aveu[2] de mes nobles parents ?

BARTHOLO. Nommez-les, montrez-les.

15 **FIGARO.** Qu'on me donne un peu de temps : je suis bien
près de les revoir ; il y a quinze ans que je les cherche.

BARTHOLO. Le fat ! c'est quelque enfant trouvé !

FIGARO. Enfant perdu, docteur, ou plutôt enfant volé.

LE COMTE *revient.* « Volé, perdu », la preuve ? Il crierait
20 qu'on lui fait injure !

FIGARO. Monseigneur, quand les langes à dentelles, tapis
brodés et joyaux d'or trouvés sur moi par les brigands
n'indiqueraient pas ma haute naissance, la précaution qu'on
avait prise de me faire des marques distinctives témoignerait
25 assez combien j'étais un fils précieux : et cet hiéroglyphe[3] à
mon bras… *(Il veut se dépouiller le bras droit.)*

---

1. Que ce soit clair une fois pour toutes.
2. L'aveu : le consentement.
3. Hiéroglyphe : signe secret ici (caractère de l'écriture égyptienne).

MARCELINE, *se levant vivement.* Une spatule[1] à ton bras droit ?

FIGARO. D'où savez-vous que je dois l'avoir ?

30 **MARCELINE.** Dieux ! c'est lui !

FIGARO. Oui, c'est moi.

BARTHOLO, *à Marceline.* Et qui ? lui !

MARCELINE, *vivement.* C'est Emmanuel[2].

BARTHOLO, *à Figaro.* Tu fus enlevé par des bohémiens ?

35 **FIGARO,** *exalté.* Tout près d'un château. Bon docteur, si vous me rendez à ma noble famille, mettez un prix à ce service ; des monceaux d'or n'arrêteront pas mes illustres parents.

BARTHOLO, *montrant Marceline.* Voilà ta mère.

FIGARO. … Nourrice ?

40 **BARTHOLO.** Ta propre mère.

LE COMTE. Sa mère !

FIGARO. Expliquez-vous.

MARCELINE, *montrant Bartholo.* Voilà ton père.

FIGARO, *désolé.* Oooh ! aïe de moi !

45 **MARCELINE.** Est-ce que la nature ne te l'a pas dit mille fois ?

FIGARO. Jamais.

LE COMTE, *à part.* Sa mère !

BRID'OISON. C'est clair, i-il ne l'épousera pas.

50 **BARTHOLO**[3]. Ni moi non plus.

MARCELINE. Ni vous ! Et votre fils ? Vous m'aviez juré…

BARTHOLO. J'étais fou. Si pareils souvenirs engageaient, on serait tenu d'épouser tout le monde.

---

1. **Spatule :** instrument de chirurgie (Bartholo est médecin).
2. **Emmanuel :** voir acte I, scène 4.
3. [Bartholo. – Ni moi non plus… Nous attendrons l. 104] : passage supprimé par les Comédiens-Français, et rétabli par Beaumarchais dans la première édition (voir Préface, p. 47).

BRID'OISON. E-et si l'on y regardait de si près, per-ersonne n'épouserait personne.

BARTHOLO. Des fautes si connues ! une jeunesse déplorable.

MARCELINE, *s'échauffant par degrés.* Oui, déplorable, et plus qu'on ne croit ! Je n'entends pas nier mes fautes ; ce jour les a trop bien prouvées ! mais qu'il est dur de les expier après trente ans d'une vie modeste ! J'étais née, moi, pour être sage, et je le suis devenue sitôt qu'on m'a permis d'user de ma raison. Mais dans l'âge des illusions, de l'inexpérience et des besoins, où les séducteurs nous assiègent pendant que la misère nous poignarde, que peut opposer une enfant à tant d'ennemis rassemblés ? Tel nous juge ici sévèrement, qui, peut-être, en sa vie a perdu dix infortunées !

FIGARO. Les plus coupables sont les moins généreux ; c'est la règle.

MARCELINE, *vivement.* Hommes plus qu'ingrats, qui flétrissez par le mépris les jouets de vos passions, vos victimes ! c'est vous qu'il faut punir des erreurs de notre jeunesse ; vous et vos magistrats, si vains du droit de nous juger, et qui nous laissent enlever, par leur coupable négligence, tout honnête moyen de subsister. Est-il un seul état pour les malheureuses filles ? Elles avaient un droit naturel à toute la parure des femmes[1] : on y laisse former mille ouvriers de l'autre sexe.

FIGARO, *en colère.* Ils font broder jusqu'aux soldats !

MARCELINE, *exaltée.* Dans les rangs même plus élevés, les femmes n'obtiennent de vous qu'une considération dérisoire ; leurrées de respects apparents, dans une servitude réelle ; traitées en mineures pour nos biens, punies en majeures pour nos fautes ! Ah ! sous tous les aspects, votre conduite avec nous fait horreur ou pitié !

FIGARO. Elle a raison !

LE COMTE, *à part.* Que trop raison !

---

1. **La parure des femmes :** les ouvrages de couture ou de broderie auraient dû être réservés aux femmes dans le besoin.

BRID'OISON. Elle a, mon-on Dieu, raison.

MARCELINE. Mais que nous font, mon fils, les refus d'un homme injuste ? Ne regarde pas d'où tu viens, vois où tu vas : cela seul importe à chacun. Dans quelques mois ta fian-
90 cée ne dépendra plus que d'elle-même[1] ; elle t'acceptera, j'en réponds. Vis entre une épouse, une mère tendres qui te chériront à qui mieux mieux. Sois indulgent pour elles, heureux pour toi, mon fils ; gai, libre et bon pour tout le monde ; il ne manquera rien à ta mère.

95 **FIGARO.** Tu parles d'or, maman, et je me tiens à ton avis. Qu'on est sot, en effet ! Il y a des mille et mille ans que le monde roule, et dans cet océan de durée, où j'ai par hasard attrapé quelques chétifs trente ans qui ne reviendront plus, j'irais me tourmenter pour savoir à qui je les dois ! Tant pis
100 pour qui s'en inquiète. Passer ainsi la vie à chamailler, c'est peser sur le collier sans relâche, comme les malheureux chevaux de la remonte[2] des fleuves, qui ne reposent pas même quand ils s'arrêtent, et qui tirent toujours, quoiqu'ils cessent de marcher. Nous attendrons[3].

105 **LE COMTE.** Sot événement qui me dérange !

BRID'OISON, *à Figaro.* Et la noblesse, et le château ? Vous impo-osez à[4] la justice !

FIGARO. Elle allait me faire faire une belle sottise, la justice ! Après que j'ai manqué, pour ces maudits cent écus,
110 d'assommer vingt fois monsieur, qui se trouve aujourd'hui mon père ! Mais puisque le ciel a sauvé ma vertu de ces dangers, mon père, agréez mes excuses ;... et vous, ma mère, embrassez-moi... le plus maternellement que vous pourrez. *(Marceline lui saute au cou.)*

---

1. **Ne dépendra plus que d'elle-même :** car elle sera majeure.
2. **La remonte :** le halage.
3. Voir la note 3 p. 176.
4. **Vous imposez à :** vous trompez.

▪ SITUER

Le procès bouffon opposant Figaro à Marceline s'est achevé par un arrêt du Comte : Figaro doit payer les « deux mille piastres » qu'il doit à Marceline ou l'épouser « dans le jour ». Le mariage de Figaro et de Suzanne semble bien compromis…

▪ RÉFLÉCHIR

STRUCTURE : un complet retournement

1. Cette scène de reconnaissance a été préparée par le dramaturge. Dans quelles scènes et comment ?

2. En quoi constitue-t-elle un retournement complet ?

REGISTRES ET TONALITÉS : l'apparition du larmoyant*

3. Observez la réaction de Marceline, en comparaison avec celle de Bartholo et de Figaro : que pensez-vous des sentiments qu'elle exprime ? Quelle nouvelle dimension donnent-ils à ce personnage féminin ?

4. Pourquoi Figaro ne veut-il pas croire à cette reconnaissance ? De quoi le prive-t-elle ?

5. Qu'est-ce qui empêche la scène de basculer complètement dans le mélodrame* ?

6. Comment s'achève la scène ? Pourquoi ?

SOCIÉTÉ : la cause des femmes

7. Pourquoi, selon vous, le passage qui va de la ligne 50 à la ligne 104 a-t-il été supprimé par la Comédie-Française lors des premières représentations ?

8. Quels sont les principaux arguments qu'emploie Marceline pour défendre les femmes ?

9. Quels procédés d'écriture soutiennent l'éloquence de Marceline ?

SCÈNE 17. BARTHOLO, FIGARO, MARCELINE, BRID'OISON, SUZANNE, ANTONIO, LE COMTE.

SUZANNE, *accourant, une bourse à la main.* Monseigneur, arrêtez ; qu'on ne les marie pas : je viens payer madame avec la dot que ma maîtresse me donne.

LE COMTE, *à part.* Au diable la maîtresse ! Il semble que
5 tout conspire… *(Il sort.)*

SCÈNE 18. BARTHOLO, ANTONIO, SUZANNE, FIGARO, MARCELINE, BRID'OISON.

ANTONIO, *voyant Figaro embrasser sa mère, dit à Suzanne.* Ah ! oui, payer ! Tiens, tiens.

SUZANNE *se retourne.* J'en vois assez : sortons, mon oncle.

FIGARO, *l'arrêtant.* Non, s'il vous plaît. Que vois-tu donc ?

5 **SUZANNE.** Ma bêtise et ta lâcheté.

FIGARO. Pas plus de l'une que de l'autre.

SUZANNE, *en colère.* Et que tu l'épouses à gré, puisque tu la caresses.

FIGARO, *gaiement.* Je la caresse, mais je ne l'épouse pas.
10 *(Suzanne veut sortir, Figaro la retient.)*

SUZANNE *lui donne un soufflet.* Vous êtes bien insolent d'oser me retenir !

FIGARO, *à la compagnie.* C'est-il çà de l'amour ! Avant de nous quitter, je t'en supplie, envisage bien cette chère
15 femme-là.

SUZANNE. Je la regarde.

FIGARO. Et tu la trouves ?…

SUZANNE. Affreuse.

FIGARO. Et vive la jalousie ! elle ne vous marchande pas[1].

---

1. **Elle ne vous marchande pas :** elle ne vous épargne pas.

20 **MARCELINE,** *les bras ouverts.* Embrasse ta mère, ma jolie Suzannette. Le méchant qui te tourmente est mon fils.

SUZANNE *court à elle.* Vous, sa mère ! *(Elles restent dans les bras l'une de l'autre.)*

ANTONIO. C'est donc de tout à l'heure ?

25 **FIGARO.** … Que je le sais.

MARCELINE, *exaltée.* Non, mon cœur entraîné vers lui ne se trompait que de motif ; c'était le sang qui me parlait.

FIGARO. Et moi le bon sens[1], ma mère, qui me servait d'instinct quand je vous refusais ; car j'étais loin de vous haïr, 30 témoin l'argent…

MARCELINE *lui remet un papier.* Il est à toi : reprends ton billet[2], c'est ta dot.

SUZANNE *lui jette la bourse.* Prends encore celle-ci.

FIGARO. Grand merci.

35 **MARCELINE,** *exaltée.* Fille assez malheureuse, j'allais devenir la plus misérable des femmes, et je suis la plus fortunée[3] des mères ! Embrassez-moi, mes deux enfants ; j'unis dans vous toutes tendresses. Heureuse autant que je puis l'être, ah ! mes enfants, combien je vais aimer !

40 **FIGARO,** *attendri, avec vivacité.* Arrête donc, chère mère ! arrête donc ! voudrais-tu voir se fondre en eau mes yeux noyés des premières larmes que je connaisse ? Elles sont de joie, au moins. Mais quelle stupidité ! j'ai manqué d'en être honteux : je les sentais couler entre mes doigts : regarde ; *(il* 45 *montre ses doigts écartés)* et je les retenais bêtement ! Va te promener, la honte ! je veux rire et pleurer en même temps ; on ne sent pas deux fois ce que j'éprouve. *(Il embrasse sa mère d'un côté, Suzanne de l'autre.)*

---

1. **Le bon sens :** comme le « s » ne se prononçait pas au XVIIIᵉ siècle, on appréciera le jeu de mots avec *sang.*
2. **Ton billet :** ta reconnaissance de dette.
3. **Fortunée :** heureuse.

MARCELINE. Ô mon ami !

50 SUZANNE. Mon cher ami !

BRID'OISON, *s'essuyant les yeux d'un mouchoir.* Eh bien !
moi, je suis donc bê-ête aussi !

FIGARO, *exalté.* Chagrin, c'est maintenant que je puis te
défier ! Atteins-moi, si tu l'oses, entre ces deux femmes
55 chéries.

ANTONIO, *à Figaro.* Pas tant de cajoleries, s'il vous plaît. En
fait de mariage dans les familles, celui des parents va devant,
savez. Les vôtres se baillent-ils la main[1] ?

BARTHOLO. Ma main ! puisse-t-elle se dessécher et tomber,
60 si jamais je la donne à la mère d'un tel drôle !

ANTONIO, *à Bartholo.* Vous n'êtes donc qu'un père
marâtre[2] ? (*À Figaro.*) En ce cas, not' galant, plus de parole.

SUZANNE. Ah ! mon oncle…

ANTONIO. Irai-je donner l'enfant de not' sœur à sti[3] qui
65 n'est l'enfant de personne ?

BRID'OISON. Est-ce que cela-a se peut, imbécile ? on-on est
toujours l'enfant de quelqu'un.

ANTONIO. Tarare[4]… Il ne l'aura jamais. (*Il sort.*)

---

1. **Se baillent-ils la main :** se donnent-ils la main (pour se promettre le
mariage).
2. **Marâtre :** insensible (sens de l'adjectif). Mais le sens du nom est « belle-
mère » ; l'association « père marâtre » est donc comique.
3. **À sti :** à celui-ci (forme que l'on rencontre fréquemment dans le langage
populaire du XVIIIe siècle).
4. **Tarare :** taratata (interjection marquant un doute ironique). *Tarare* est
aussi le titre d'un opéra (et le nom de son héros) de Beaumarchais
(1790).

SCÈNE 19. BARTHOLO, SUZANNE, FIGARO,
MARCELINE, BRID'OISON.

BARTHOLO, *à Figaro.* Et cherche à présent qui t'adopte. *(Il veut sortir.)*

MARCELINE, *courant prendre Bartholo à bras-le-corps, le ramène.* Arrêtez, docteur, ne sortez pas !

5 **FIGARO,** *à part.* Non, tous les sots d'Andalousie sont, je crois, déchaînés contre mon pauvre mariage !

SUZANNE, *à Bartholo.* Bon petit papa, c'est votre fils.

MARCELINE, *à Bartholo.* De l'esprit, des talents, de la figure.

FIGARO, *à Bartholo.* Et qui ne vous a pas coûté une obole.

10 **BARTHOLO.** Et les cent écus qu'il m'a pris ?

MARCELINE, *le caressant.* Nous aurons tant soin de vous, papa !

SUZANNE, *le caressant.* Nous vous aimerons tant, petit papa !

BARTHOLO, *attendri.* Papa ! bon papa ! petit papa ! Voilà
15 que je suis plus bête encore que monsieur, moi. *(Montrant Brid'oison.)* Je me laisse aller comme un enfant. *(Marceline et Suzanne l'embrassent.)* Oh ! non, je n'ai pas dit oui. *(Il se retourne.)* Qu'est donc devenu Monseigneur ?

FIGARO. Courons le joindre ; arrachons-lui son dernier
20 mot. S'il machinait quelque autre intrigue, il faudrait tout recommencer.

TOUS ENSEMBLE. Courons, courons. *(Ils entraînent Bartholo dehors.)*

SCÈNE 20. BRID'OISON, *seul.*

Plus bê-ête encore que monsieur ! On peut se dire à soi-même ces-es sortes de choses-là, mais... I-ils ne sont pas polis du tout dan-ans cet endroit-ci. *(Il sort.)*

DRAMATURGIE : la scène de reconnaissance

Le thème de l'enfant naturel obsède Beaumarchais, comme d'ailleurs la littérature du siècle des Lumières. La scène de reconnaissance, scène essentiellement émouvante, deviendra l'un des leitmotive du mélodrame dans lequel elle sera appelée la « scène de la croix de ma mère ». Elle favorise la fusion entre pathétique et comique, et permet ainsi de bien percevoir ce qui fait l'originalité, du point de vue des tonalités, du *Mariage.* Or, sur tout enfant « inconnu » pèse la menace de la faute œdipienne, celle d'épouser sa propre mère. La comédie de Beaumarchais fait donc étonnamment écho à la tragédie antique.

1. En quoi Beaumarchais s'inspire-t-il à sa manière du mythe* d'Œdipe ?

2. Que pensez-vous de la brutale transformation de la relation unissant Figaro et Marceline ? Est-elle vraisemblable ? Cette question de la vraisemblance est-elle importante ?

SOCIÉTÉ : une réflexion sur les fondements du droit et sur la liberté

Puisque l'intrigue se fonde sur le « droit du seigneur », qui symbolise l'arbitraire du droit féodal, on peut en déduire que toute la pièce est sous-tendue par une réflexion sur la justice qui va bien au-delà de la caricature du procès bouffon. Beaumarchais connaît bien les rouages de la justice, car il fut lui-même en procès pour une question d'héritage. Il s'est défendu seul, par sa plume, alors qu'il risquait les galères pour avoir tenté de corrompre le juge Goëzman.

3. Dans quel lieu se déroule ce troisième acte ? Que pensez-vous du fait que certaines scènes très privées s'y passent ? Dans un tel cadre, quel sens revêt, par exemple, la scène de feint badinage dans laquelle Suzanne séduit le Comte pour le duper (scène 9) ?

4. Dans quelles scènes le cynisme du Comte est-il le plus éclatant ? À travers ce grand d'Espagne, à la fois juge et libertin, quels abus sont vilipendés ?

5. Les valeurs qui sous-tendent cet acte III vous paraissent-elles plutôt individuelles ou collectives ? Justifiez votre réponse.

6. Marceline se fait le porte-parole de toutes les femmes dans l'acte III. Quels sont ses arguments pour défendre la cause des femmes ? Sont-ils aujourd'hui encore d'actualité ?

7. Connaissez-vous d'autres auteurs du siècle des Lumières qui prennent la défense des femmes opprimées ?

STYLE : **le contrepoint des mots d'esprit et du larmoyant**
C'est moins l'ironie que les mots d'esprit qui font l'originalité du style de Beaumarchais.

8. Relevez tous les mots d'esprit qui brillent dans les scènes 9 et 15. Discernez-vous une différence entre le mot d'esprit « masculin » et le mot d'esprit « féminin » ? À quoi tient cette différence ? Que révèle-t-elle ?

9. Quelles sont les scènes qui, dans l'acte III, vous ont paru essentiellement émouvantes ? Cette émotion vous paraît-elle toujours actuelle ? Vous semble-t-elle au contraire démodée ?

■ **ÉCRIRE**

10. À partir d'une pièce de Molière, comme par exemple *Dom Juan* ou *Le Misanthrope*, vous vous demanderez en quoi on peut dire que Beaumarchais réinvente la comédie de caractère de l'âge classique.

ACTE IV

Le théâtre représente une galerie ornée de candélabres, de lustres allumés, de fleurs, de guirlandes, en un mot, préparée pour donner une fête. Sur le devant, à droite, est une table avec une écritoire, un fauteuil derrière.

SCÈNE PREMIÈRE. FIGARO, SUZANNE.

FIGARO, *la tenant à bras-le-corps.* Hé bien ! amour, es-tu contente[1] ? Elle a converti[2] son docteur, cette fine langue dorée de ma mère ! Malgré sa répugnance, il l'épouse, et ton bourru d'oncle est bridé ; il n'y a que Monseigneur qui rage,
5 car enfin notre hymen va devenir le prix du leur. Ris donc un peu de ce bon résultat.

SUZANNE. As-tu rien vu de plus étrange ?

FIGARO. Ou plutôt d'aussi gai. Nous ne voulions qu'une dot arrachée à l'Excellence ; en voilà deux[3] dans nos mains,
10 qui ne sortent pas des siennes. Une rivale acharnée te poursuivait ; j'étais tourmenté par une furie ; tout cela s'est changé, pour nous, dans *la plus bonne*[4] des mères. Hier, j'étais comme seul au monde, et voilà que j'ai tous mes parents ; pas si magnifiques, il est vrai, que je me les étais
15 galonnés[5] ; mais assez bien pour nous, qui n'avons pas la vanité des riches.

SUZANNE. Aucune des choses que tu avais disposées, que nous attendions, mon ami, n'est pourtant arrivée !

---

1. **Contente :** tout à fait satisfaite, sens plus fort qu'aujourd'hui.
2. **Elle a converti :** elle a fait changer d'avis.
3. Celle donnée par la Comtesse, et l'autre offerte par Marceline qui a renoncé à recouvrer sa dette.
4. **La plus bonne :** la meilleure (faute volontaire et familière, à valeur d'insistance).
5. **Je me les étais galonnés :** je leur avais donné du galon, c'est-à-dire : je me figurais qu'ils étaient plus haut placés dans la société.

FIGARO.   Le hasard a mieux fait que nous tous, ma petite.
20 Ainsi va le monde ; on travaille, on projette, on arrange d'un
côté ; la fortune accomplit de l'autre : et depuis l'affamé
conquérant qui voudrait avaler la terre, jusqu'au paisible
aveugle qui se laisse mener par son chien, tous sont le jouet
de ses caprices ; encore l'aveugle au chien est-il souvent
25 mieux conduit, moins trompé dans ses vues, que l'autre aveugle avec son entourage. – Pour cet aimable aveugle qu'on
nomme Amour… *(Il la reprend tendrement à bras-le-corps.)*

SUZANNE.   Ah ! c'est le seul qui m'intéresse !

FIGARO.   Permets donc que, prenant l'emploi de la Folie[1], je
30 sois le bon chien qui le mène à ta jolie mignonne porte ; et
nous voilà logés pour la vie.

SUZANNE, *riant.* L'Amour et toi ?

FIGARO.   Moi et l'Amour.

SUZANNE.   Et vous ne chercherez pas d'autre gîte ?

35 **FIGARO.**   Si tu m'y prends, je veux bien que mille millions
de galants…

SUZANNE.   Tu vas exagérer ; dis ta bonne vérité.

FIGARO.   Ma vérité la plus vraie !

SUZANNE.   Fi donc, vilain ! en a-t-on plusieurs ?

40 **FIGARO.**   Oh ! que oui. Depuis qu'on a remarqué qu'avec le
temps vieilles folies deviennent sagesse, et qu'anciens petits
mensonges assez mal plantés ont produit de grosses, grosses
vérités, on en a de mille espèces. Et celles qu'on sait, sans oser
les divulguer : car toute vérité n'est pas bonne à dire ; et celles
45 qu'on vante, sans y ajouter foi : car toute vérité n'est pas
bonne à croire ; et les serments passionnés, les menaces des
mères, les protestations des buveurs, les promesses des gens en
place, le dernier mot de nos marchands, cela ne finit pas. Il n'y
a que mon amour pour Suzon qui soit une vérité de bon aloi.

---

1. Selon la mythologie, la déesse Folie, après avoir aveuglé le dieu Amour, lui sert
de guide. Peut-être une allusion à une fable de La Fontaine : *L'Amour et la Folie.*

50 **SUZANNE.** J'aime ta joie, parce qu'elle est folle ; elle annonce que tu es heureux. Parlons du rendez-vous du Comte.

FIGARO. Ou plutôt n'en parlons jamais ; il a failli me coûter Suzanne.

55 **SUZANNE.** Tu ne veux donc plus qu'il ait lieu ?

FIGARO. Si vous m'aimez, Suzon, votre parole d'honneur sur ce point : qu'il s'y morfonde ; et c'est sa punition.

SUZANNE. Il m'en a plus coûté de l'accorder que je n'ai de peine à le rompre : il n'en sera plus question.

60 **FIGARO.** Ta bonne vérité ?

SUZANNE. Je ne suis pas comme vous autres savants, moi ! je n'en ai qu'une.

FIGARO. Et tu m'aimeras un peu ?

SUZANNE. Beaucoup.

65 **FIGARO.** Ce n'est guère.

SUZANNE. Et comment ?

FIGARO. En fait d'amour, vois-tu, trop n'est pas même assez.

SUZANNE. Je n'entends pas toutes ces finesses, mais je 70 n'aimerai que mon mari.

FIGARO. Tiens parole, et tu feras une belle exception à l'usage. *(Il veut l'embrasser.)*

SITUER

L'obstacle de Marceline est levé : seul le désir du Comte s'oppose encore au mariage de Suzanne et de Figaro. C'est à nouveau l'occasion, pour ce dernier, de faire le point sur sa destinée.

RÉFLÉCHIR

DRAMATURGIE : le rythme de l'action

1. Ce duo d'amour fait-il, selon vous, avancer l'action ? Quelle est par conséquent sa fonction dans l'économie de la pièce ?

2. Que révèle le rapprochement de cette scène avec la scène 1 de l'acte I ?

REGISTRES ET TONALITÉS : Figaro philosophe ?

3. Comment définiriez vous la sagesse de Figaro ? Quels en sont les grands principes ?

4. Quels traits de style expriment sa nouvelle gravité ?

5. En contrepoint, quels traits de style perpétuent l'allant et la gaieté du personnage ?

6. Par rapport à l'acte I scène 1, en quoi Suzanne a-t-elle changé ?

THÈMES : de l'amour

7. Quelle représentation de l'amour cette scène donne-t-elle ?

8. Cette image de l'amour n'est-elle pas en contradiction avec d'autres représentations ? Lesquelles ? Dans quelles scènes ?

ÉCRIRE

9. Deux conceptions de l'amour sont incarnées par les différents personnages du *Mariage* : vous rédigerez deux paragraphes d'au moins une demi-page pour le montrer.

SCÈNE 2. FIGARO, SUZANNE, LA COMTESSE.

LA COMTESSE. Ah ! j'avais raison de le dire ; en quelque endroit qu'ils soient, croyez qu'ils sont ensemble. Allons donc, Figaro, c'est voler l'avenir, le mariage et vous-même, que d'usurper un tête-à-tête. On vous attend, on s'impatiente.

5 **FIGARO.** Il est vrai, Madame, je m'oublie. Je vais leur montrer mon excuse. *(Il veut emmener Suzanne.)*

LA COMTESSE *la retient.* Elle vous suit.

SCÈNE 3. SUZANNE, LA COMTESSE.

LA COMTESSE. As-tu ce qu'il nous faut pour troquer[1] de vêtement ?

SUZANNE. Il ne faut rien, Madame ; le rendez-vous ne tiendra pas.

5 **LA COMTESSE.** Ah ! vous changez d'avis ?

SUZANNE. C'est Figaro.

LA COMTESSE. Vous me trompez.

SUZANNE. Bonté divine !

LA COMTESSE. Figaro n'est pas homme à laisser échapper
10 une dot.

SUZANNE. Madame ! eh, que croyez-vous donc ?

LA COMTESSE. Qu'enfin, d'accord avec le Comte, il vous fâche[2] à présent de m'avoir confié ses projets. Je vous sais par cœur. Laissez-moi. *(Elle veut sortir.)*

15 **SUZANNE** *se jette à genoux.* Au nom du ciel, espoir de tous ! Vous ne savez pas, Madame, le mal que vous faites à Suzanne ! Après vos bontés continuelles et la dot que vous me donnez !…

---

1. **Troquer :** changer.
2. **Il vous fâche :** cela vous déplaît.

LA COMTESSE *la relève.* Hé mais… je ne sais ce que je dis !
20 En me cédant ta place au jardin, tu n'y vas pas, mon cœur ;
tu tiens parole à ton mari, tu m'aides à ramener le mien.

SUZANNE.   Comme vous m'avez affligée !

LA COMTESSE.   C'est que je ne suis qu'une étourdie. *(Elle
la baise au front.)* Où est ton rendez-vous ?

25 **SUZANNE** *lui baise la main.* Le mot de jardin m'a seul
frappée.

LA COMTESSE, *montrant la table.* Prends cette plume, et
fixons un endroit.

SUZANNE.   Lui écrire !

30 **LA COMTESSE.**   Il le faut.

SUZANNE.   Madame ! au moins c'est vous…

LA COMTESSE.   Je mets tout sur mon compte. *(Suzanne
s'assied, la Comtesse dicte.)*

Chanson nouvelle, sur l'air… « *Qu'il fera beau ce soir sous les*
35 *grands marronniers… Qu'il fera beau ce soir…* »

SUZANNE *écrit.* « Sous les grands marronniers… » Après ?

LA COMTESSE.   Crains-tu qu'il ne t'entende pas ?

SUZANNE *relit.* C'est juste. *(Elle plie le billet.)* Avec quoi
cacheter ?

40 **LA COMTESSE.**   Une épingle, dépêche : elle servira de
réponse. Écris sur le revers : « Renvoyez-moi le cachet. »

SUZANNE *écrit en riant.* Ah ! « le cachet » !… Celui-ci,
Madame, est plus gai que celui du brevet.

LA COMTESSE, *avec un souvenir douloureux.* Ah !

45 **SUZANNE** *cherche sur elle.* Je n'ai pas d'épingle, à présent !

LA COMTESSE *détache sa lévite[1].* Prends celle-ci. *(Le ruban
du page tombe de son sein à terre.)* Ah ! mon ruban !

---

1. **Lévite :** longue robe d'intérieur boutonnée devant.

SUZANNE *le ramasse.* C'est celui du petit voleur ! Vous avez eu la cruauté[1] ?…

50 **LA COMTESSE.**   Fallait-il le laisser à son bras ? C'eût été joli ! Donnez donc !

SUZANNE.   Madame ne le portera plus, taché du sang de ce jeune homme.

LA COMTESSE *le reprend.*   Excellent pour Fanchette.   Le
55 premier bouquet qu'elle m'apportera…

SCÈNE 4.   UNE JEUNE BERGÈRE, CHÉRUBIN
en fille, FANCHETTE *et beaucoup de jeunes filles*
habillées comme elle, et tenant des bouquets,
LA COMTESSE, SUZANNE.

FANCHETTE.   Madame, ce sont les filles du bourg qui viennent vous présenter des fleurs.

LA COMTESSE, *serrant vite son ruban.*   Elles sont charmantes. Je me reproche, mes belles petites, de ne pas vous
5 connaître toutes. *(Montrant Chérubin.)* Quelle est cette aimable enfant qui a l'air si modeste ?

UNE BERGÈRE.   C'est une cousine à moi, Madame, qui n'est ici que pour la noce.

LA COMTESSE.   Elle est jolie. Ne pouvant porter vingt
10 bouquets, faisons honneur à l'étrangère. *(Elle prend le bouquet de Chérubin, et le baise au front.)* Elle en rougit ! *(À Suzanne.)* Ne trouves-tu pas, Suzon… qu'elle ressemble à quelqu'un ?

SUZANNE.   À s'y méprendre, en vérité.

15 **CHÉRUBIN,** *à part, les mains sur son cœur.* Ah ! ce baiser-là m'a été bien loin !

---

1. **La cruauté :** sous-entendu, de le lui enlever.

■ SITUER

On pourrait croire levés les obstacles empêchant le mariage de Figaro et de Suzanne. Cependant, il faut que le plan conçu par la Comtesse se réalise, et que le Comte soit convaincu d'adultère par sa propre femme.

■ RÉFLÉCHIR

PERSONNAGES : une dispute entre amies

1. Pourquoi, selon vous, la Comtesse est-elle si attachée à la réalisation de son plan ?

2. Quels sentiments les didascalies révèlent-elles ?

3. Pourquoi Suzanne se désigne-t-elle par son prénom à la ligne 17 ?

SOCIÉTÉ : maîtresse et camériste

4. À quel moment sent-on bien la différence de condition séparant les deux femmes ?

5. À quel moment cette différence s'estompe-t-elle ? Au profit de quelle relation ?

6. Que déduisez-vous de cette alternance quant à la réalité des différences de conditions sociales ?

MISE EN SCÈNE : jeux d'épingle et de ruban

7. Quelle est la valeur symbolique et la fonction théâtrale de ces deux objets féminins ? Imaginez deux mises en scène différentes et les gestes leur correspondant.

Scène 5. Les jeunes filles, Chérubin
au milieu d'elles, Fanchette, Antonio,
Le Comte, La Comtesse, Suzanne.

Antonio. Moi je vous dis, Monseigneur, qu'il y est ; elles
l'ont habillé chez ma fille ; toutes ses hardes[1] y sont encore,
et voilà son chapeau d'ordonnance que j'ai retiré du paquet.
(Il s'avance et regardant toutes les filles, il reconnaît Chérubin,
5 *lui enlève son bonnet de femme, ce qui fait retomber ses longs*
cheveux en cadenette[2]. Il lui met sur la tête le chapeau
d'ordonnance et dit :) Eh parguenne[3], v'là notre officier !

La Comtesse *recule.* Ah ciel !

Suzanne. Ce friponneau !

10 **Antonio.** Quand je disais là-haut que c'était lui !...

Le Comte, *en colère.* Eh bien, madame ?

La Comtesse. Eh bien, monsieur ! vous me voyez plus
surprise que vous et, pour le moins, aussi fâchée.

Le Comte. Oui ; mais tantôt, ce matin ?

15 **La Comtesse.** Je serais coupable, en effet, si je dissimulais
encore. Il était descendu chez moi. Nous entamions le badinage que ces enfants viennent d'achever ; vous nous avez
surprises l'habillant : votre premier mouvement est si vif ! il
s'est sauvé, je me suis troublée ; l'effroi général a fait le reste.

20 **Le Comte,** *avec dépit, à Chérubin.* Pourquoi n'êtes-vous
pas parti ?

Chérubin, *ôtant son chapeau brusquement.* Monseigneur...

Le Comte. Je punirai ta désobéissance.

Fanchette, *étourdiment.* Ah, Monseigneur, entendez-
25 moi[4] ! Toutes les fois que vous venez m'embrasser, vous

---

1. **Hardes :** vêtements (non péjoratif).
2. **Cadenette :** tresse portée par les soldats de certains corps de troupe.
3. **Parguenne :** par dieu (juron du patois de comédie).
4. **Entendez-moi :** écoutez-moi et exaucez-moi.

savez bien que vous dites toujours : « Si tu veux m'aimer, petite Fanchette, je te donnerai ce que tu voudras. »

LE COMTE, *rougissant*. Moi ! j'ai dit cela ?

FANCHETTE.   Oui, Monseigneur. Au lieu de punir Chéru-
30 bin, donnez-le-moi en mariage, et je vous aimerai à la folie.

LE COMTE, *à part*. Être ensorcelé par un page !

LA COMTESSE.   Hé bien, monsieur, à votre tour ! L'aveu de cette enfant aussi naïf que le mien atteste enfin deux vérités : que c'est toujours sans le vouloir si je vous cause des inquié-
35 tudes, pendant que vous épuisez tout pour augmenter et justifier les miennes.

ANTONIO.   Vous aussi, Monseigneur ? Dame ! je vous la redresserai comme feu sa mère, qui est morte… Ce n'est pas pour la conséquence ; mais c'est que Madame sait bien que
40 les petites filles, quand elles sont grandes…

LE COMTE, *déconcerté, à part*. Il y a un mauvais génie qui tourne tout ici contre moi !

SCÈNE 6. LES JEUNES FILLES, CHÉRUBIN, ANTONIO, FIGARO, LE COMTE, LA COMTESSE, SUZANNE.

FIGARO.   Monseigneur, si vous retenez nos filles, on ne pourra commencer ni la fête, ni la danse.

LE COMTE.   Vous, danser ! vous n'y pensez pas. Après votre chute de ce matin, qui vous a foulé le pied droit[1] !

5 **FIGARO**, *remuant la jambe*. Je souffre encore un peu ; ce n'est rien. *(Aux jeunes filles.)* Allons, mes belles, allons !

LE COMTE *le retourne*. Vous avez été fort heureux que ces couches ne fussent que du terreau bien doux !

FIGARO.   Très heureux, sans doute ; autrement…

---

1. Voir acte II, scène 21, l. 68-69.

10 **ANTONIO** *le retourne.* Puis il s'est pelotonné en tombant jusqu'en bas.

FIGARO. Un plus adroit, n'est-ce pas, serait resté en l'air ? *(Aux jeunes filles.)* Venez-vous, mesdemoiselles ?

ANTONIO *le retourne.* Et, pendant ce temps, le petit page
15 galopait sur son cheval à Séville ?

FIGARO. Galopait, ou marchait au pas…

LE COMTE *le retourne.* Et vous aviez son brevet dans la poche ?

FIGARO, *un peu étonné.* Assurément ; mais quelle enquête ?
20 *(Aux jeunes filles.)* Allons donc, jeunes filles !

ANTONIO, *attirant Chérubin par le bras.* En voici une qui prétend que mon neveu futur n'est qu'un menteur.

FIGARO, *surpris.* Chérubin !… *(À part.)* Peste du petit fat[1] !

ANTONIO. Y es-tu maintenant ?

25 **FIGARO,** *cherchant.* J'y suis… j'y suis… Hé ! qu'est-ce qu'il chante ?

LE COMTE, *sèchement.* Il ne chante pas ; il dit que c'est lui qui a sauté sur les giroflées.

FIGARO, *rêvant.* Ah ! s'il le dit… cela se peut. Je ne dispute
30 pas de ce que j'ignore.

LE COMTE. Ainsi vous et lui ?…

FIGARO. Pourquoi non ? la rage de sauter peut gagner : voyez les moutons de Panurge[2] ; et quand vous êtes en colère, il n'y a personne qui n'aime mieux risquer…

35 **LE COMTE.** Comment, deux à la fois ?

---

1. **Fat :** impertinent, qui manque de jugement.
2. Allusion au célèbre épisode du *Quart Livre* de Rabelais (chap. VIII) où tous les moutons de Dindenault sautent dans la mer pour suivre le premier qu'y a jeté Panurge.

FIGARO.   On aurait sauté deux douzaines. Et qu'est-ce que cela fait, Monseigneur, dès qu'il n'y a personne de blessé ? *(Aux jeunes filles.)* Ah çà, voulez-vous venir, ou non ?

40 **LE COMTE,** *outré.* Jouons-nous une comédie ? *(On entend un prélude de fanfare.)*

FIGARO.   Voilà le signal de la marche. À vos postes, les belles, à vos postes ! Allons, Suzanne, donne-moi le bras. *(Tous s'enfuient ; Chérubin reste seul, la tête baissée.)*

SCÈNE 7.   CHÉRUBIN, LE COMTE, LA COMTESSE.

LE COMTE, *regardant aller Figaro.*   En voit-on de plus audacieux ? *(Au page.)* Pour vous, monsieur le sournois, qui faites le honteux, allez vous rhabiller bien vite, et que je ne vous rencontre nulle part de la soirée.

5 **LA COMTESSE.**   Il va bien s'ennuyer.

CHÉRUBIN, *étourdiment.* M'ennuyer ! j'emporte à mon front du bonheur pour plus de cent années de prison. *(Il met son chapeau et s'enfuit.)*

SCÈNE 8.   LE COMTE, LA COMTESSE.
(La Comtesse s'évente fortement sans parler.)

LE COMTE.   Qu'a-t-il au front de si heureux ?

LA COMTESSE, *avec embarras.* Son... premier chapeau d'officier, sans doute ; aux enfants tout sert de hochet. *(Elle veut sortir.)*

5 **LE COMTE.**   Vous ne nous restez pas, Comtesse ?

LA COMTESSE.   Vous savez que je ne me porte pas bien[1].

LE COMTE.   Un instant pour votre protégée, ou je vous croirais en colère.

---

1. Prétexte destiné à s'esquiver pour endosser les habits de sa suivante.

LA COMTESSE. Voici les deux noces[1], asseyons-nous donc
10 pour les recevoir.

LE COMTE, *à part.* La noce ! Il faut souffrir[2] ce qu'on ne
peut empêcher. (*Le Comte et la Comtesse s'asseyent vers un des
côtés de la galerie.*)

SCÈNE 9. LE COMTE, LA COMTESSE, *assis* ;
l'on joue Les Folies d'Espagne *d'un mouvement
de marche. (Symphonie notée.)*

LES GARDE-CHASSE, *fusil sur l'épaule.*

L'ALGUAZIL[3]. LES PRUD'HOMMES[4]. BRID'OISON.

LES PAYSANS ET PAYSANNES *en habits de fête.*

DEUX JEUNES FILLES *portant la toque virginale à plumes blanches.*

5 DEUX AUTRES, *le voile blanc.*

DEUX AUTRES, *les gants et le bouquet de côté.*

ANTONIO *donne la main à* SUZANNE, *comme étant celui
qui la marie à* FIGARO.

D'AUTRES JEUNES FILLES *portent une autre toque, un autre
10 voile, un autre bouquet blanc, semblables aux premiers, pour*
MARCELINE.

FIGARO *donne la main à* MARCELINE, *comme celui qui doit
la remettre au* DOCTEUR, *lequel ferme la marche, un gros
bouquet au côté. Les jeunes filles, en passant devant le Comte,*
15 *remettent à ses valets tous les ajustements destinés à* SUZANNE
et à MARCELINE.

LES PAYSANS ET PAYSANNES *s'étant rangés sur deux colonnes
à chaque côté du salon, on danse une reprise du fandango[5] (air
noté) avec des castagnettes : puis on joue la ritournelle[6] du duo,*

---

1. **Celle** de Figaro et de Suzanne ; celle de Bartholo et de Marceline.
2. **Souffrir :** supporter.
3. **Alguazil :** officier de justice en Espagne.
4. **Prud'hommes :** conseillers, experts auprès des tribunaux.
5. **Fandango :** danse espagnole d'une grande vivacité, rythmée par les castagnettes.
6. **Ritournelle :** court motif musical annonçant la mélodie du chant.

20 *pendant laquelle* ANTONIO *conduit* SUZANNE *au* COMTE ;
elle se met à genoux devant lui.

Pendant que le COMTE *lui pose la toque, le voile, et lui donne le
bouquet, deux jeunes filles chantent le duo suivant (air noté) :*

Jeune épouse, chantez les bienfaits et la gloire
25 D'un maître qui renonce aux droits qu'il eut sur vous :
Préférant au plaisir la plus noble victoire,
Il vous rend chaste et pure aux mains de votre époux.

SUZANNE *est à genoux, et, pendant les derniers vers du duo,
elle tire le* COMTE *par son manteau et lui montre le billet*
30 *qu'elle tient ; puis elle porte la main qu'elle a du côté des spectateurs à sa tête, où le* COMTE *a l'air d'ajuster sa toque ; elle
lui donne le billet.*

LE COMTE *le met furtivement dans son sein ; on achève de chanter le duo ; la fiancée se relève, et lui fait une grande révérence.*

35 FIGARO *vient la recevoir des mains du* COMTE, *et se retire
avec elle à l'autre côté du salon, près de* MARCELINE. (On
danse une autre reprise du fandango pendant ce temps.)

LE COMTE, *pressé de lire ce qu'il a reçu, s'avance au bord du
théâtre et tire le papier de son sein ; mais en le sortant il fait le*
40 *geste d'un homme qui s'est cruellement piqué le doigt ; il le
secoue, le presse, le suce, et, regardant le papier cacheté d'une
épingle, il dit :*

LE COMTE. (*Pendant qu'il parle, ainsi que Figaro, l'orchestre
joue pianissimo.*) Diantre soit des femmes, qui fourrent des
45 épingles partout ! (*Il la jette à terre, puis il lit le billet et le baise.*)

FIGARO, *qui a tout vu, dit à sa mère et à Suzanne :* C'est un
billet doux, qu'une fillette aura glissé dans sa main en passant. Il
était cacheté d'une épingle, qui l'a outrageusement[1] piqué.

La danse reprend : le Comte qui a lu le billet le retourne ; il y
50 *voit l'invitation de renvoyer le cachet pour réponse. Il cherche à
terre, et retrouve enfin l'épingle qu'il attache à sa manche.*

---

1. **Outrageusement :** excessivement (avec peut-être, en outre, l'idée d'une
épingle insultante, qui outrage le Comte).

FIGARO, *à Suzanne et à Marceline*. D'un objet aimé tout est cher. Le voilà qui ramasse l'épingle. Ah ! c'est une drôle de tête !

55 *(Pendant ce temps, Suzanne a des signes d'intelligence avec la Comtesse. La danse finit ; la ritournelle du duo recommence.)*

FIGARO *conduit Marceline au Comte, ainsi qu'on a conduit Suzanne ; à l'instant où le Comte prend la toque, et où l'on va chanter le duo, on est interrompu par les cris suivants :*

60 **L'HUISSIER**, *criant à la porte*. Arrêtez donc, messieurs ! vous ne pouvez entrer tous… Ici les gardes ! les gardes ! *(Les gardes vont vite à cette porte.)*

LE COMTE, *se levant*. Qu'est-ce qu'il y a ?

L'HUISSIER. Monseigneur, c'est monsieur Bazile entouré
65 d'un village entier, parce qu'il chante en marchant.

LE COMTE. Qu'il entre seul.

LA COMTESSE. Ordonnez-moi de me retirer.

LE COMTE. Je n'oublie pas votre complaisance.

LA COMTESSE. Suzanne !… Elle reviendra[1]. *(À part, à*
70 *Suzanne.)* Allons changer d'habits. *(Elle sort avec Suzanne.)*

MARCELINE. Il n'arrive jamais que pour nuire.

FIGARO. Ah ! je m'en vais vous le faire déchanter[2].

SCÈNE 10. TOUS LES ACTEURS PRÉCÉDENTS, *excepté* LA COMTESSE *et* SUZANNE ; BAZILE *tenant sa guitare* ; GRIPE-SOLEIL.

BAZILE *entre en chantant sur l'air du vaudeville[3] de la fin. (Air noté.)*

> *Cœurs sensibles, cœurs fidèles,*
> *Qui blâmez l'amour léger,*

---

1. La Comtesse appelle Suzanne puis rassure Figaro.
2. Jeu de mots car Bazile est maître de chant.
3. **Vaudeville :** partie chantée sur un air léger et souvent fort connu, intercalé dans certaines comédies, les achevant bien souvent (origine du terme servant à désigner certaines comédies légères comme « vaudevilles »).

◼ SITUER

Les deux noces, celle de Figaro et de Suzanne, celle de Bartholo et de Marceline, sont enfin célébrées. Mais le plan de la Comtesse et de Suzanne pour surprendre le Comte n'est pas encore mis en œuvre.

◼ RÉFLÉCHIR

MISE EN SCÈNE : un spectacle total

1. Quels sont les éléments dramatiques qu'exploite Beaumarchais pour faire de cette scène 9 un spectacle complet, un divertissement qui soit aussi une fête pour les oreilles et les yeux ?

2. Quelles significations ont les gestes, les costumes et le décor de cette scène ?

3. Quelle est la fonction dramatique des commentaires que fait Figaro sur les gestes du Comte ? Qui prend-il à témoin ?

STRATÉGIES : tirs croisés et balle perdue

4. Figaro est-il au courant des projets de Suzanne et de la Comtesse ? Comment et pourquoi son ignorance est-elle mise en valeur par le dramaturge ?

5. Pourquoi faut-il, à votre avis, que l'épisode « piquant » de l'épingle soit surpris par Figaro ?

THÈMES : le monde paysan

6. Comment le peuple est-il représenté dans cette scène ?

7. Est-ce une image « réaliste » de la condition paysanne ?

8. Que symbolise cette présence du peuple paysan ?

5   *Cessez vos plaintes cruelles :*
    Est-ce un crime de changer ?
    Si l'Amour porte des ailes,
    N'est-ce pas pour voltiger ?
    N'est-ce pas pour voltiger ?
10 *N'est-ce pas pour voltiger ?*

FIGARO *s'avance à lui.* Oui, c'est pour cela justement qu'il a des ailes au dos. Notre ami, qu'entendez-vous par cette musique ?

BAZILE, *montrant Gripe-Soleil.* Qu'après avoir prouvé mon
15 obéissance à Monseigneur en amusant monsieur, qui est de sa compagnie, je pourrai à mon tour réclamer sa justice.

GRIPE-SOLEIL. Bah ! Monsigneu, il ne m'a pas amusé du tout : avec leux[1] guenilles d'ariettes[2]...

LE COMTE. Enfin que demandez-vous, Bazile ?

20 **BAZILE.** Ce qui m'appartient, Monseigneur, la main de Marceline ; et je viens m'opposer...

FIGARO *s'approche.* Y a-t-il longtemps que monsieur n'a vu la figure d'un fou ?

BAZILE. Monsieur, en ce moment même.

25 **FIGARO.** Puisque mes yeux vous servent si bien de miroir, étudiez-y l'effet de ma prédiction. Si vous faites mine seulement d'approximer[3] madame...

BARTHOLO, *en riant.* Eh pourquoi ? Laisse-le parler.

BRID'OISON *s'avance entre deux.* Fau-aut-il que deux amis ?...

30 **FIGARO.** Nous, amis !

BAZILE. Quelle erreur !

FIGARO, *vite.* Parce qu'il fait de plats airs de chapelle ?

---

1. **Leux :** déformation de leurs.
2. **Guenilles d'ariettes :** les ariettes sont des airs vifs et légers ; Gripe-Soleil les désigne du terme péjoratif de « guenilles » pour marquer son mépris.
3. **Approximer :** approcher (néologisme créé par Figaro à partir du superlatif latin *proxime* : très près).

BAZILE, *vite.* Et lui, des vers comme un journal ?

FIGARO, *vite.* Un musicien de guinguette !

35 **BAZILE,** *vite.* Un postillon de gazette[1] !

FIGARO, *vite.* Cuistre d'oratorio[2] !

BAZILE, *vite.* Jockey diplomatique[3] !

LE COMTE, *assis.* Insolents tous les deux !

BAZILE. Il me manque[4] en toute occasion.

40 **FIGARO.** C'est bien dit, si cela se pouvait !

BAZILE. Disant partout que je ne suis qu'un sot.

FIGARO. Vous me prenez donc pour un écho ?

BAZILE. Tandis qu'il n'est pas un chanteur que mon talent n'ait fait briller.

45 **FIGARO.** Brailler.

BAZILE. Il le répète !

FIGARO. Et pourquoi non, si cela est vrai ? Es-tu un prince, pour qu'on te flagorne[5] ? Souffre la vérité, coquin, puisque tu n'as pas de quoi gratifier un menteur : ou si tu la crains de 50 notre part, pourquoi viens-tu troubler nos noces ?

BAZILE, *à Marceline.* M'avez-vous promis, oui ou non, si, dans quatre ans, vous n'étiez pas pourvue, de me donner la préférence ?

---

1. **Postillon** désigne le cocher d'une voiture des postes et renvoie aux futures fonctions de Figaro chargé par le Comte du courrier pour l'ambassade de Londres, et **gazette** renvoie aux activités journalistiques qui furent, entre autres, celles de Figaro.

2. Le **cuistre** est un pédant et l'**oratorio** est un drame lyrique (chanté) religieux.

3. **Jockey** est un terme récemment emprunté à l'anglais et désignant celui qui monte un des chevaux de l'attelage pour accélérer l'allure ; l'épithète **diplomatique** renvoie aux futures fonctions de Figaro, chargé du courrier de l'ambassade de Londres.

4. **Il me manque :** de respect. Figaro joue cependant sur les deux sens du terme en s'exclamant : « si cela se pouvait ! »

5. **Flagorne :** flatte excessivement.

Dominique Paturel (FIGARO) affronte Henri Gilabert (BAZILE)
dans la mise en scène de Jean-Louis Barrault, Odéon-Théâtre de France, 1964.

MARCELINE. À quelle condition l'ai-je promis ?

55 **BAZILE.** Que si vous retrouviez un certain fils perdu, je l'adopterais par complaisance.

TOUS ENSEMBLE. Il est trouvé.

BAZILE. Qu'à cela ne tienne !

TOUS ENSEMBLE, *montrant Figaro.* Et le voici.

60 **BAZILE,** *reculant de frayeur.* J'ai vu le diable !

BRID'OISON, *à Bazile.* Et vou-ous renoncez à sa chère mère ?

BAZILE. Qu'y aurait-il de plus fâcheux que d'être cru le père d'un garnement ?

65 **FIGARO.** D'en être cru le fils ; tu te moques de moi !

BAZILE, *montrant Figaro.* Dès que monsieur est de quelque chose[1] ici, je déclare, moi, que je n'y suis plus de rien. *(Il sort.)*

SCÈNE 11. LES ACTEURS PRÉCÉDENTS, *excepté* BAZILE.

BARTHOLO, *riant.* Ah ! ah ! ah ! ah !

FIGARO, *sautant de joie.* Donc à la fin j'aurai ma femme !

LE COMTE, *à part.* Moi, ma maîtresse ! *(Il se lève.)*

BRID'OISON, *à Marceline.* Et tou-out le monde est satisfait.

5 **LE COMTE.** Qu'on dresse les deux contrats ; j'y signerai.

TOUS ENSEMBLE. Vivat ! *(Ils sortent.)*

LE COMTE. J'ai besoin d'une heure de retraite. *(Il veut sortir avec les autres.)*

---

1. **Est de quelque chose :** se mêle de quelque chose.

■ SITUER

Depuis qu'il pense obtenir les faveurs de Suzanne « à la brune » sous les marronniers, le Comte veut hâter les deux mariages. Bazile survient alors, nanti d'une promesse de mariage signée de Marceline. Le Comte avait envoyé Bazile et Gripe-Soleil à la recherche du « paysan du billet ». Or, le Comte ne pose aucune question sur ce paysan introuvable (en fait inexistant) : sa jalousie serait-elle éteinte ?

■ RÉFLÉCHIR

STYLE : le dialogue, un assaut d'esprit

1. Dans la querelle opposant Bazile à Figaro, quel effet produit le parallélisme des formulations ? Dites en vertu de quels procédés (jeu phonique, métonymie…) les injures s'appellent et se répondent.

2. Que souligne la didascalie « vite » six fois répétée ?

3. Sur quels procédés se fondent l'enchaînement des mots « briller » et « brailler » (l. 44-45), et celui des mots « père » et « fils » (l. 64-65) ?

PERSONNAGES : qu'importe l'invraisemblance !

4. Beaumarchais savait qu'il n'était guère vraisemblable que le Comte ne demande aucune explication à Bazile sur son mensonge (il l'a d'ailleurs noté dans ses manuscrits). Pensez-vous cependant que le spectateur se pose des questions ? Comment le dramaturge parvient-il à escamoter cette invraisemblance ?

5. Ne peut-on en outre trouver un motif psychologique à cet oubli du Comte ? Par quelle pensée est-il en effet obsédé ?

SCÈNE 12. GRIPE-SOLEIL, FIGARO, MARCELINE, LE COMTE.

GRIPE-SOLEIL, *à Figaro.* Et moi, je vais aider à ranger[1] le feu d'artifice sous les grands marronniers, comme on l'a dit.

LE COMTE *revient en courant.* Quel sot a donné un tel ordre ?

5 **FIGARO.** Où est le mal ?

LE COMTE, *vivement.* Et la Comtesse qui est incommodée, d'où le verra-t-elle, l'artifice ? C'est sur la terrasse qu'il le faut, vis-à-vis son appartement.

FIGARO. Tu l'entends, Gripe-Soleil ? la terrasse.

10 **LE COMTE.** Sous les grands marronniers ! belle idée ! *(En s'en allant, à part.)* Ils allaient incendier mon rendez-vous !

SCÈNE 13. FIGARO, MARCELINE.

FIGARO. Quel excès d'attention pour sa femme ! *(Il veut sortir.)*

MARCELINE *l'arrête.* Deux mots, mon fils. Je veux m'acquitter avec toi[2] : un sentiment mal dirigé m'avait
5 rendue injuste envers ta charmante femme ; je la supposais d'accord avec le Comte, quoique j'eusse appris de Bazile qu'elle l'avait toujours rebuté.

FIGARO. Vous connaissiez mal votre fils de le croire ébranlé par ces impulsions[3] féminines. Je puis défier la plus rusée de
10 m'en faire accroire.

MARCELINE. Il est toujours heureux de le penser, mon fils ; la jalousie…

---

1. **Ranger :** disposer les pièces du feu d'artifice.
2. **M'acquitter avec toi :** libérer ma conscience en reconnaissant mes torts envers Suzanne.
3. **Impulsions :** influences (les femmes s'efforcent d'influencer les hommes, de gouverner leurs actes).

FIGARO. ... N'est qu'un sot enfant de l'orgueil, ou c'est la maladie d'un fou. Oh ! j'ai là-dessus, ma mère, une philoso-
15 phie... imperturbable ; et si Suzanne doit me tromper un jour, je le lui pardonne d'avance ; elle aura longtemps travaillé... *(Il se retourne et aperçoit Fanchette qui cherche de côté et d'autre.)*

SCÈNE 14. FIGARO, FANCHETTE, MARCELINE.

FIGARO. Eeeh !... ma petite cousine qui nous écoute !

FANCHETTE. Oh ! pour ça, non : on dit que c'est malhon-nête.

FIGARO. Il est vrai ; mais comme cela est utile, on fait aller
5 souvent l'un pour l'autre.

FANCHETTE. Je regardais si quelqu'un était là.

FIGARO. Déjà dissimulée, friponne ! vous savez bien qu'il n'y peut être.

FANCHETTE. Et qui donc ?

10 **FIGARO.** Chérubin.

FANCHETTE. Ce n'est pas lui que je cherche, car je sais fort bien où il est ; c'est ma cousine Suzanne.

FIGARO. Et que lui veut ma petite cousine ?

FANCHETTE. À vous, petit cousin, je le dirai. – C'est... ce
15 n'est qu'une épingle que je veux lui remettre.

FIGARO, *vivement.* Une épingle ! une épingle !.. Et de quelle part, coquine ? À votre âge, vous faites déjà un mét... *(Il se reprend et dit d'un ton doux.)* Vous faites déjà très bien tout ce que vous entreprenez, Fanchette ; et ma jolie cousine
20 est si obligeante...

FANCHETTE. À qui donc en a-t-il de se fâcher ? Je m'en vais.

FIGARO, *l'arrêtant.* Non, non, je badine. Tiens, ta petite épingle est celle que Monseigneur t'a dit de remettre à Suzanne, et qui servait à cacheter un petit papier qu'il
25 tenait : tu vois que je suis au fait.

FANCHETTE. Pourquoi donc le demander, quand vous le savez si bien ?

FIGARO, *cherchant.*   C'est qu'il est assez gai de savoir comment Monseigneur s'y est pris pour te donner la
30 commission.

FANCHETTE, *naïvement.*   Pas autrement que vous le dites : « Tiens, petite Fanchette, rends cette épingle à ta belle cousine, et dis-lui seulement que c'est le cachet des grands marronniers. »

35 **FIGARO.**   Des grands ?...

FANCHETTE.   « Marronniers. » Il est vrai qu'il a ajouté : « Prends garde que personne ne te voie... »

FIGARO.   Il faut obéir, ma cousine : heureusement personne ne vous a vue. Faites donc joliment votre commission, et
40 n'en dites pas plus à Suzanne que Monseigneur n'a ordonné.

FANCHETTE.   Et pourquoi lui en dirais-je ? Il me prend pour une enfant, mon cousin. *(Elle sort en sautant.)*

SCÈNE 15. FIGARO, MARCELINE.

FIGARO.   Hé bien, ma mère ?

MARCELINE.   Hé bien, mon fils ?

FIGARO, *comme étouffé.*   Pour celui-ci[1] !... Il y a réellement des choses !...

5 **MARCELINE.**   Il y a des choses ! Hé, qu'est-ce qu'il y a ?

FIGARO, *les mains sur sa poitrine.*   Ce que je viens d'entendre, ma mère, je l'ai là comme un plomb.

MARCELINE, *riant.*   Ce cœur plein d'assurance n'était donc qu'un ballon gonflé ? une épingle a tout fait partir !

10 **FIGARO,** *furieux.*   Mais cette épingle, ma mère, est celle qu'il a ramassée !

MARCELINE, *rappelant ce qu'il a dit.*   « La jalousie ! oh ! j'ai là-dessus, ma mère, une philosophie... imperturbable ; et si Suzanne m'attrape un jour, je le lui pardonne... »

---

1. **Pour celui-ci :** pour ce coup-ci.

15 **FIGARO**, *vivement*.   Oh, ma mère ! on parle comme on sent : mettez le plus glacé des juges à plaider dans sa propre cause, et voyez-le expliquer la loi ! – Je ne m'étonne plus s'il avait tant d'humeur sur ce feu[1] ! – Pour la mignonne aux fines épingles, elle n'en est pas où elle le croit, ma mère, avec
20 ses marronniers ! Si mon mariage est assez fait pour légitimer ma colère, en revanche il ne l'est pas assez pour que je n'en puisse épouser une autre, et l'abandonner…

MARCELINE.   Bien conclu ! Abîmons tout sur un soupçon. Qui t'a prouvé, dis-moi, que c'est toi qu'elle joue, et non le
25 Comte ? L'as-tu étudiée de nouveau, pour la condamner sans appel ? Sais-tu si elle se rendra sous les arbres, à quelle intention elle y va ? ce qu'elle y dira, ce qu'elle y fera ? Je te croyais plus fort en jugement !

FIGARO, *lui baisant la main avec respect*.   Elle a raison, ma
30 mère ; elle a raison, raison, toujours raison ! Mais accordons, maman, quelque chose à la nature : on en vaut mieux après. Examinons en effet avant d'accuser et d'agir. Je sais où est le rendez-vous. Adieu, ma mère. *(Il sort.)*

SCÈNE 16. MARCELINE, *seule*.

Adieu. Et moi aussi, je le sais. Après l'avoir arrêté, veillons sur les voies[2] de Suzanne, ou plutôt avertissons-la ; elle est si jolie créature ! Ah ! quand l'intérêt personnel ne nous arme point les unes contre les autres, nous sommes toutes portées à soutenir
5 notre pauvre sexe opprimé contre ce fier, ce terrible… *(en riant)* et pourtant un peu nigaud de sexe masculin. *(Elle sort.)*

---

1. **Tant d'humeur sur ce feu :** tant de mauvaise humeur au sujet de ce feu d'artifice.
2. **Voies :** moyens (honnêtes ou malhonnêtes) dont on use.

MISE EN SCÈNE : **des duos intimistes aux scènes
à grand spectacle**

Beaumarchais fait alterner avec un bonheur particulier des scènes intimistes, duos d'amour ou d'amitié, et d'autres où la foule des villageois ouvre l'espace. Cette alternance a bien sûr un sens : toute la société est en fait concernée par le droit du seigneur, symbole de l'arbitraire et de la tyrannie aristocratiques. La foule représente sur scène l'opinion publique qui a son rôle à jouer, un rôle grandissant à la veille de la Révolution française. C'est d'ailleurs sur elle que Beaumarchais s'est lui-même appuyé pour gagner son procès contre son propre juge, Goëzman. L'histoire d'amour conduit ainsi à une réflexion politique, à une philosophie du droit qui devra être refondé sur un principe d'égalité, et donc d'équité. Cette haute ambition, qui fait la grandeur de la pièce, est symbolisée par les grands tableaux.

1. Classez les scènes selon qu'elles vous paraissent intimistes, ou qu'elles sont des tableaux de foule. Comment ces deux types de scènes sont-ils disposés dans l'acte IV ? Quel sens pouvez-vous donner à cette disposition ?

2. Dans quelles scènes trouve-t-on des parties musicales ou chantées ? Qu'apportent ces chants et cette musique à la pièce ?

STRUCTURE : **quand l'intrigue ne semble tenir
que par une épingle**

Dans *Le Mariage,* Beaumarchais multiplie les intrigues à plaisir, affrontant le risque du décousu : aux mariages redoublés s'ajoutent des histoires d'amour parallèles, présentes ou passées, qui ne cessent d'interférer : celle de Fanchette avec le Comte, celle de Chérubin avec la même Fanchette et avec la Comtesse. Cette histoire d'amour secondaire entre l'épouse délaissée et le jeune page est promise à un bel avenir : elle fournira la base de la future *Mère coupable.* Interviennent aussi dans l'imbroglio des tractations financières et des procès subséquents. Pourtant, la pièce trouve sa cohérence dans un agencement savant que soutiennent des symboles unifiants.

3. Quelle est l'intrigue principale, celle dont toutes les autres découlent, ou à laquelle elles se rattachent avec plus ou moins de force ? Justifiez votre réponse.

4. Dans l'acte IV, quel objet participe activement à l'intrigue ? Comment cet objet fait-il le lien entre des épisodes qui pourraient apparaître séparés ?

STYLE : l'art de quereller

Dans *Le Mariage*, les querelles, plus encore que les duos d'amour, laissent jaillir la verve créative de Beaumarchais. En exigeant la vivacité, elles permettent en effet les liaisons les plus hardies entre les répliques, sur les mots ou sur la pensée, ou encore sur la syntaxe – la phrase commencée par un personnage est achevée par l'autre. Cette brillante variation des procédés d'enchaînement stimule une invention ludique : le dramaturge exploite aussi bien la signification des mots que leur sonorité, ce qui finit par engendrer une véritable poétique comique.

5. Relevez et classez les types d'enchaînements entre les répliques des scènes 13 et 14 de l'acte IV.

ÉCRIRE

6. Sophie Lecarpentier a écrit dans *Le Langage dramatique dans la trilogie de Beaumarchais* : « Dans la trilogie, le mot est revalorisé ; la fantaisie verbale dont use Beaumarchais témoigne de son goût du jeu et de son énorme joie d'écrire » (p. 141). Vous vous demanderez dans quelle mesure cette phrase s'applique au *Mariage de Figaro*.

ACTE V

Le théâtre représente une salle de marronniers[1], dans un parc ; deux pavillons, kiosques, ou temples de jardins, sont à droite et à gauche ; le fond est une clairière ornée, un siège de gazon sur le devant. Le théâtre est obscur.

SCÈNE PREMIÈRE. FANCHETTE, *seule, tenant d'une main deux biscuits et une orange, et de l'autre une lanterne de papier, allumée.*

Dans le pavillon à gauche, a-t-il dit. C'est celui-ci. – S'il allait ne pas venir à présent ! mon petit rôle[2]... Ces vilaines gens de l'office qui ne voulaient pas seulement me donner une orange et deux biscuits ! – Pour qui, mademoiselle ? – Eh
5 bien, monsieur, c'est pour quelqu'un. – Oh ! nous savons. – Et quand ça serait ? Parce que Monseigneur ne veut pas le voir, faut-il qu'il meure de faim ? – Tout ça pourtant m'a coûté un fier baiser sur la joue !... Que sait-on ? il me le rendra peut-être. *(Elle voit Figaro qui vient l'examiner ; elle*
10 *fait un cri.)* Ah !... *(Elle s'enfuit, et elle entre dans le pavillon à sa gauche.)*

---

1. **Salle de marronniers :** dans un parc, disposition régulière des marronniers formant des sortes de murs et délimitant une salle sous une voûte de feuillage.
2. **Mon petit rôle :** mon *petit rôle d'innocente,* voir acte I, scène 7, l. 9.

SCÈNE 2. FIGARO, *un grand manteau sur les épaules,*
un large chapeau rabattu, BAZILE, ANTONIO, BARTHOLO,
BRID'OISON, GRIPE-SOLEIL, TROUPE DE VALETS
ET DE TRAVAILLEURS.

FIGARO, *d'abord seul.* C'est Fanchette ! *(Il parcourt des
yeux les autres à mesure qu'ils arrivent, et dit d'un ton farou-
che :)* Bonjour, messieurs ; bonsoir : êtes-vous tous ici ?

BAZILE. Ceux que tu as pressés d'y venir.

5 **FIGARO.** Quelle heure est-il bien à peu près ?

ANTONIO *regarde en l'air.* La lune devrait être levée.

BARTHOLO. Eh ! quels noirs apprêts fais-tu donc ? Il a l'air
d'un conspirateur !

FIGARO, *s'agitant.* N'est-ce pas pour une noce, je vous prie,
10 que vous êtes rassemblés au château ?

BRID'OISON. Cè-ertainement.

ANTONIO. Nous allions là-bas, dans le parc, attendre un
signal pour ta fête.

FIGARO. Vous n'irez pas plus loin, messieurs ; c'est ici, sous
15 ces marronniers, que nous devons tous célébrer l'honnête
fiancée que j'épouse, et le loyal seigneur qui se l'est destinée.

BAZILE, *se rappelant la journée.* Ah ! vraiment, je sais ce que
c'est. Retirons-nous, si vous m'en croyez : il est question
d'un rendez-vous ; je vous conterai cela près d'ici.

20 **BRID'OISON,** *à Figaro.* Nou-ous reviendrons.

FIGARO. Quand vous m'entendrez appeler, ne manquez
pas d'accourir tous ; et dites du mal de Figaro, s'il ne vous
fait voir une belle chose.

BARTHOLO. Souviens-toi qu'un homme sage ne se fait
25 point d'affaires[1] avec les grands.

FIGARO. Je m'en souviens.

---

1. **D'affaires :** de querelles.

BARTHOLO. Qu'ils ont quinze et bisque[1] sur nous, par leur état.

FIGARO. Sans leur industrie[2], que vous oubliez. Mais souve-
30 nez-vous aussi que l'homme qu'on sait timide[3] est dans la dépendance de tous les fripons.

BARTHOLO. Fort bien.

FIGARO. Et que j'ai nom *de Verte-Allure,* du chef honoré de ma mère[4].

35 **BARTHOLO.** Il a le diable au corps.

BRID'OISON. I-il l'a.

BAZILE, *à part.* Le Comte et sa Suzanne se sont arrangés sans moi ? Je ne suis pas fâché de l'algarade[5].

FIGARO, *aux valets.* Pour vous autres, coquins, à qui j'ai
40 donné l'ordre, illuminez-moi ces entours ; ou, par la mort que je voudrais tenir aux dents, si j'en saisis un par le bras…
(Il secoue le bras de Gripe-Soleil.)

GRIPE-SOLEIL *s'en va en criant et pleurant.* A, a, o, oh ! damné brutal !

45 **BAZILE,** *en s'en allant.* Le ciel vous tienne en joie, monsieur du marié ! *(Ils sortent.)*

    Scène 3. Figaro, *seul, se promenant dans l'obscurité, dit du ton le plus sombre :*

Ô femme ! femme ! femme ! créature faible et décevante !… nul animal[6] créé ne peut manquer à son instinct : le tien est-il donc de tromper ?… Après m'avoir obstinément refusé quand je l'en pressais devant sa maîtresse ; à l'instant qu'elle

---

1. **Ils ont quinze et bisque :** ils ont nettement l'avantage sur nous ; au jeu de paume, la bisque est une avance de quinze points.
2. **Industrie :** habileté, ingéniosité (voir p. 298).
3. **Timide :** peureux.
4. **Du chef honoré de ma mère :** en vertu du droit que ma mère me donne de porter ce nom (« du chef de » est une expression juridique).
5. **Algarade :** insulte, offense.
6. **Animal :** être animé (voir p. 297).

5 me donne sa parole, au milieu même de la cérémonie... Il
riait en lisant, le perfide ! et moi comme un benêt... Non,
monsieur le Comte, vous ne l'aurez pas... vous ne l'aurez pas.
Parce que vous êtes un grand seigneur, vous vous croyez un
grand génie[1] !... Noblesse, fortune, un rang, des places, tout
10 cela rend si fier ! Qu'avez-vous fait pour tant de biens ? Vous
vous êtes donné la peine de naître, et rien de plus. Du reste,
homme assez ordinaire ; tandis que moi, morbleu ! perdu
dans la foule obscure, il m'a fallu déployer plus de science et
de calculs, pour subsister seulement, qu'on n'en a mis depuis
15 cent ans à gouverner toutes les Espagnes : et vous voulez
jouter[2]... On vient... c'est elle... ce n'est personne. – La nuit
est noire en diable, et me voilà faisant le sot métier de mari,
quoique je ne le sois qu'à moitié ! *(Il s'assied sur un banc.)*
Est-il rien de plus bizarre que ma destinée ? Fils de je ne sais
20 pas qui, volé par des bandits, élevé dans leurs mœurs, je m'en
dégoûte et veux courir une carrière honnête ; et partout je
suis repoussé ! J'apprends la chimie, la pharmacie, la chirurgie, et tout le crédit d'un grand seigneur peut à peine me
mettre à la main une lancette[3] vétérinaire ! – Las d'attrister[4]
25 des bêtes malades, et pour faire un métier contraire[5], je me
jette à corps perdu dans le théâtre : me fussé-je mis une pierre
au cou ! Je broche[6] une comédie dans[7] les mœurs du sérail[8].
Auteur espagnol, je crois pouvoir y fronder Mahomet sans
scrupule : à l'instant un envoyé... de je ne sais où se plaint
30 que j'offense dans mes vers la Sublime-Porte[9], la Perse, une
partie de la presqu'île de l'Inde, toute l'Égypte, les royaumes
de Barca[10], de Tripoli, de Tunis, d'Alger et de Maroc : et voilà

---

1. **Génie :** dons innés.
2. **Jouter :** combattre.
3. **Lancette :** instrument destiné à faire des saignées.
4. **D'attrister :** d'augmenter la peine.
5. **Faire un métier contraire :** donner de la joie aux gens bien portants.
6. **Je broche :** j'écris à la hâte.
7. **Dans :** inspiré par.
8. **Sérail :** harem, avec ses femmes et ses eunuques, qu'on trouve dans les palais turcs. L'Orient est un thème à la mode depuis la traduction par Galland des contes des *Mille et une nuits* (1704-1715).
9. **La Sublime-Porte :** l'Empire ottoman, actuellement, la Turquie.
10. **Les royaumes de Barca :** l'actuelle Libye.

ma comédie flambée, pour plaire aux princes mahométans,
dont pas un, je crois, ne sait lire, et qui nous meurtrissent
35 l'omoplate, en nous disant : « chiens de chrétiens ». – Ne
pouvant avilir l'esprit, on se venge en le maltraitant. – Mes
joues creusaient, mon terme était échu[1] : je voyais de loin arriver
l'affreux recors[2], la plume fichée dans sa perruque : en frémis-
sant je m'évertue[3]. Il s'élève une question[4] sur la nature des
40 richesses ; et, comme il n'est pas nécessaire de tenir les choses
pour en raisonner, n'ayant pas un sol, j'écris sur la valeur de
l'argent et sur son produit net[5] : sitôt je vois du fond d'un
fiacre baisser pour moi le pont d'un château fort[6], à l'entrée
duquel je laissai l'espérance et la liberté. *(Il se lève.)* Que je
45 voudrais bien tenir un de ces puissants de quatre jours[7], si
légers sur le mal qu'ils ordonnent, quand une bonne disgrâce
a cuvé[8] son orgueil ! Je lui dirais... que les sottises imprimées
n'ont d'importance qu'aux lieux où l'on en gêne le cours ;
que, sans la liberté de blâmer, il n'est point d'éloge flatteur ;
50 et qu'il n'y a que les petits hommes qui redoutent les petits
écrits. *(Il se rassied.)* Las de nourrir un obscur pensionnaire,
on me met un jour dans la rue ; et comme il faut dîner,
quoiqu'on ne soit plus en prison, je taille encore ma plume, et
demande à chacun de quoi il est question[9] : on me dit que,
55 pendant ma retraite économique[10], il s'est établi dans Madrid
un système de liberté sur la vente des productions[11], qui

---

1. Mon terme était échu : je devais payer mon loyer ou ma pension.
2. Recors : officier de justice assistant l'huissier dans les saisies.
3. Je m'évertue : je fais tous les efforts possibles, je me démène.
4. Question : sujet qu'une académie met au concours.
5. Produit net : bénéfice (notion familière aux économistes du XVIIIᵉ siècle).
6. Allusion personnelle, car Beaumarchais fut emprisonné à Fort-l'Évêque,
en 1773 ; et allusion à l'épigraphe sous laquelle s'ouvre devant Dante la
porte de l'enfer : « Vous qui entrez, laissez toute espérance » (chant III,
vers 9).
7. Allusion à la succession rapide des ministres sous Louis XVI.
8. A cuvé son orgueil : a digéré son orgueil (forgé sur l'expression : *cuver
son vin* signifiant *digérer son vin et dissiper son ivresse*, le plus souvent en
dormant).
9. De quoi il est question : quel est le problème d'actualité.
10. La prison, car on n'y dépense guère.
11. Allusion au *laisser-faire, laisser-passer* de l'économie libérale.

s'étend même à celles de la presse ; et que, pourvu que je
ne parle en mes écrits ni de l'autorité, ni du culte, ni de la
politique, ni de la morale, ni des gens en place, ni des corps
60 en crédit[1], ni de l'Opéra, ni des autres spectacles, ni de
personne qui tienne à quelque chose, je puis tout imprimer
librement, sous l'inspection de deux ou trois censeurs.
Pour profiter de cette douce liberté, j'annonce un écrit
périodique, et, croyant n'aller sur les brisées d'aucun autre,
65 je le nomme *Journal inutile*. Pou-ou ! je vois s'élever
contre moi mille pauvres diables à la feuille[2], on me
supprime[3], et me voilà derechef[4] sans emploi ! – Le
désespoir m'allait saisir ; on pense à moi pour une place,
mais par malheur j'y étais propre : il fallait un calculateur,
70 ce fut un danseur qui l'obtint. Il ne me restait plus qu'à
voler ; je me fais banquier de pharaon[5] : alors, bonnes
gens ! je soupe en ville, et les personnes dites « comme il
faut » m'ouvrent poliment leur maison, en retenant pour
elles les trois quarts du profit. J'aurais bien pu me remon-
75 ter ; je commençais même à comprendre que, pour gagner
du bien, le savoir-faire vaut mieux que le savoir. Mais
comme chacun pillait autour de moi, en exigeant que je
fusse honnête, il fallut bien périr encore. Pour le coup je
quittais le monde, et vingt brasses d'eau allaient m'en sépa-
80 rer, lorsqu'un dieu bienfaisant m'appelle à mon premier
état. Je reprends ma trousse et mon cuir anglais[6] ; puis, laissant la fumée[7] aux sots qui s'en nourrissent, et la honte au
milieu du chemin, comme trop lourde à un piéton, je vais
rasant de ville en ville, et je vis enfin sans souci. Un grand

---

1. **Corps en crédit :** organes intermédiaires de la puissance souveraine,
   comme les parlements ; « en crédit » : qui sont influents.
2. **Pauvres diables à la feuille :** feuillistes, journalistes payés à la feuille
   qu'on appellerait aujourd'hui des pigistes.
3. **On me supprime :** on interdit mon journal.
4. **Derechef :** de nouveau.
5. **Le pharaon** est un jeu de cartes auquel on mise de grosses sommes
   d'argent. Le **banquier** y mise contre les autres joueurs. Les gens de la
   bonne société organisaient ces jeux d'argent chez eux.
6. **Cuir anglais :** cuir qui sert à affûter le fil du rasoir ; Figaro reprend donc
   son métier de barbier.
7. La gloire et ses illusions.

85 seigneur passe à Séville ; il me reconnaît, je le marie[1] ; et
pour prix d'avoir eu par mes soins son épouse, il veut intercepter la mienne ! Intrigue, orage à ce sujet. Prêt à tomber
dans un abîme, au moment d'épouser ma mère, mes
parents m'arrivent à la file. *(Il se lève en s'échauffant.)* On
90 se débat, c'est vous, c'est lui, c'est moi, c'est toi, non, ce
n'est pas nous ; eh ! mais qui donc ? *(Il retombe assis.)* Ô
bizarre suite d'événements ! Comment cela m'est-il arrivé ?
Pourquoi ces choses et non pas d'autres ? Qui les a fixées
sur ma tête ? Forcé de parcourir la route où je suis entré
95 sans le savoir, comme j'en sortirai sans le vouloir, je l'ai
jonchée d'autant de fleurs que ma gaieté me l'a permis :
encore je dis ma gaieté sans savoir si elle est à moi plus que
le reste, ni même quel est ce « moi » dont je m'occupe : un
assemblage informe de parties inconnues ; puis un chétif
100 être imbécile[2] ; un petit animal folâtre ; un jeune homme
ardent au plaisir, ayant tous les goûts pour jouir, faisant
tous les métiers pour vivre ; maître ici, valet là, selon qu'il
plaît à la fortune ; ambitieux par vanité, laborieux par
nécessité, mais paresseux... avec délices ! orateur selon le
105 danger ; poète par délassement ; musicien par occasion ;
amoureux par folles bouffées, j'ai tout vu, tout fait, tout
usé. Puis l'illusion s'est détruite et, trop désabusé... Désabusé... ! Suzon, Suzon, Suzon ! que tu me donnes de tour-
ments !... J'entends marcher... on vient. Voici l'instant de
110 la crise[3]. *(Il se retire près de la première coulisse à sa droite.)*

---

1. Résumé de l'intrigue du *Barbier de Séville*.
2. **Chétif :** méprisable ; **imbécile :** faible d'esprit.
3. **Crise :** sens étymologique d'événement décisif (on approche du dénouement).

Figaro est convaincu que Suzanne est sur le point de le tromper avec le Comte, sous les marronniers du parc du château. Il veut surprendre les coupables. Dans l'attente de sa vengeance, il médite sur son malheur et sa destinée.

PERSONNAGES : « Moi et mon Figaro sauvage »

1. Dans quel état psychologique se trouve Figaro ? Pourquoi un tel état justifie-t-il ce monologue ?

2. Quels épisodes de la vie de Figaro rappellent ceux de la vie de Beaumarchais (voir p. 22) ? Mettez en parallèle leurs deux vies pour discerner les nombreuses allusions autobiographiques.

3. Comment s'élargit la réflexion sur soi ? À quelle méditation conduit-elle ?

4. Étudiez les divers types de phrases employés par Figaro. En quoi leur variété exprime-t-elle la « philosophie » de Figaro ?

SOCIÉTÉ : au nom du principe d'égalité

5. Par quelle formule demeurée célèbre, Beaumarchais résume-t-il le principe fondamental d'égalité entre tous les hommes, récusant les privilèges liés à la naissance ?

6. Pour quelles raisons Figaro s'adresse-t-il au Comte, en dépit de son absence (l. 6 à 16) ?

DRAMATURGIE : la hardiesse du plus long monologue

7. Par quels autres moyens Beaumarchais réussit-il à imposer au spectateur un aussi long monologue – le plus long dans le théâtre d'avant 1789 ?

8. Par quels procédés (gestes, mouvements de l'acteur signalés par les indications scéniques, types de phrases, ponctuation…) le dramaturge accélère-t-il le tempo de la fin (l. 84 à la fin) ?

9. En exploitant les trois axes définis par les rubriques « Personnages », « Société » et « Dramaturgie », rédigez le commentaire composé du début du monologue de Figaro (l. 1 à 27 : « me fussé-je mis une pierre au cou ! »).

SCÈNE 4. FIGARO, LA COMTESSE *avec*
les habits de Suzon, SUZANNE *avec ceux de la Comtesse*,
MARCELINE.

SUZANNE, *bas à la Comtesse.* Oui, Marceline m'a dit que
Figaro y serait.

MARCELINE. Il y est aussi ; baisse la voix.

SUZANNE. Ainsi l'un nous écoute, et l'autre[1] va venir me
5 chercher. Commençons.

MARCELINE. Pour n'en pas perdre un mot, je vais me
cacher dans le pavillon. (*Elle entre dans le pavillon où est
entrée Fanchette.*)

SCÈNE 5. FIGARO, LA COMTESSE, SUZANNE.

SUZANNE, *haut.* Madame tremble ! est-ce qu'elle aurait
froid ?

LA COMTESSE, *haut.* La soirée est humide, je vais me retirer.

SUZANNE, *haut.* Si Madame n'avait pas besoin de moi, je
5 prendrais l'air un moment sous ces arbres.

LA COMTESSE, *haut.* C'est le serein[2] que tu prendras.

SUZANNE, *haut.* J'y suis toute faite.

FIGARO, *à part.* Ah oui, le serein ! (*Suzanne se retire près de
la coulisse, du côté opposé à Figaro.*)

---

1. **L'un... l'autre :** Figaro et le Comte.
2. **Serein :** brume fraîche des soirs d'été.

SCÈNE 6. FIGARO, CHÉRUBIN, LE COMTE, LA COMTESSE, SUZANNE.

(Figaro et Suzanne retirés de chaque côté sur le devant.)

CHÉRUBIN, *en habit d'officier, arrive en chantant gaiement la reprise de l'air de la romance.* La, la, la, etc.

> *J'avais une marraine,*
> *Que toujours adorai[1].*

5 **LA COMTESSE**, *à part.* Le petit page !

CHÉRUBIN *s'arrête.* On se promène ici ; gagnons vite mon asile, où la petite Fanchette… C'est une femme !

LA COMTESSE *écoute.* Ah, grands dieux !

CHÉRUBIN *se baisse en regardant de loin.* Me trompé-je ? à
10 cette coiffure en plumes qui se dessine au loin dans le crépuscule, il me semble que c'est Suzon.

LA COMTESSE, *à part.* Si le Comte arrivait !… (*Le Comte paraît dans le fond.*)

CHÉRUBIN *s'approche et prend la main de la Comtesse qui se*
15 *défend.* Oui, c'est la charmante fille qu'on nomme Suzanne. Eh ! pourrais-je m'y méprendre à la douceur de cette main, à ce petit tremblement qui l'a saisie ; surtout au battement de mon cœur ! (*Il veut y appuyer le dos de la main de la Comtesse ; elle la retire.*)

20 **LA COMTESSE**, *bas.* Allez-vous-en !

CHÉRUBIN. Si la compassion t'avait conduite exprès dans cet endroit du parc, où je suis caché depuis tantôt ?…

LA COMTESSE. Figaro va venir.

LE COMTE, *s'avançant, dit à part.* N'est-ce pas Suzanne
25 que j'aperçois ?

CHÉRUBIN, *à La Comtesse.* Je ne crains point du tout Figaro, car ce n'est pas lui que tu attends.

LA COMTESSE. Qui donc ?

---

1. Voir acte II, scène 4.

Le Comte, *à part.* Elle est avec quelqu'un.

30 **Chérubin.** C'est Monseigneur, friponne, qui t'a demandé ce rendez-vous ce matin, quand j'étais derrière le fauteuil[1].

Le Comte, *à part, avec fureur.* C'est encore le page infernal !

Figaro, *à part.* On dit qu'il ne faut pas écouter !

35 **Suzanne,** *à part.* Petit bavard !

La Comtesse, *au page.* Obligez-moi[2] de vous retirer.

Chérubin. Ce ne sera pas au moins sans avoir reçu le prix de mon obéissance.

La Comtesse, *effrayée.* Vous prétendez ?…

40 **Chérubin,** *avec feu.* D'abord vingt baisers pour ton compte, et puis cent pour ta belle maîtresse.

La Comtesse. Vous oseriez ?…

Chérubin. Oh ! que oui, j'oserai. Tu prends sa place auprès de Monseigneur ; moi celle du Comte auprès de toi ;
45 le plus attrapé, c'est Figaro.

Figaro, *à part.* Ce brigandeau !

Suzanne, *à part.* Hardi comme un page. *(Chérubin veut embrasser la Comtesse ; le Comte se met entre deux et reçoit le baiser.)*

50 **La Comtesse,** *se retirant.* Ah ! ciel !

Figaro, *à part, entendant le baiser.* J'épousais une jolie mignonne ! *(Il écoute.)*

Chérubin, *tâtant les habits du Comte. (À part.)* C'est Monseigneur ! *(Il s'enfuit dans le pavillon où sont entrées*
55 *Fanchette et Marceline.)*

---

1. Voir acte I, scène 8.
2. **Obligez-moi :** ayez l'obligeance.

SCÈNE 7. FIGARO, LE COMTE, LA COMTESSE, SUZANNE.

FIGARO *s'approche.* Je vais…

LE COMTE, *croyant parler au page.* Puisque vous ne redoublez pas le baiser… *(Il croit lui donner un soufflet.)*

FIGARO, *qui est à portée, le reçoit.* Ah !

5 **LE COMTE.** … Voilà toujours le premier payé.

FIGARO, *à part, s'éloigne en se frottant la joue.* Tout n'est pas gain non plus, en écoutant.

SUZANNE, *riant tout haut, de l'autre côté.* Ah ! ah ! ah ! ah !

LE COMTE, *à la Comtesse, qu'il prend pour Suzanne.*
10 Entend-on quelque chose à ce page ? il reçoit le plus rude soufflet, et s'enfuit en éclatant de rire.

FIGARO, *à part.* S'il s'affligeait de celui-ci !…

LE COMTE. Comment ! je ne pourrai faire un pas… *(À la Comtesse.)* Mais laissons cette bizarrerie ; elle empoisonnerait
15 le plaisir que j'ai de te trouver dans cette salle.

LA COMTESSE, *imitant le parler de Suzanne.* L'espériez-vous ?

LE COMTE. Après ton ingénieux billet ! *(Il lui prend la main.)* Tu trembles ?

20 **LA COMTESSE.** J'ai eu peur.

LE COMTE. Ce n'est pas pour te priver du baiser que je l'ai pris. *(Il la baise au front.)*

LA COMTESSE. Des libertés !

FIGARO, *à part.* Coquine !

25 **SUZANNE,** *à part.* Charmante !

LE COMTE *prend la main de sa femme.* Mais quelle peau fine et douce, et qu'il s'en faut que la Comtesse ait la main aussi belle !

LA COMTESSE, *à part.* Oh ! la prévention[1] !

---

1. **Prévention :** préjugé.

Dorothée Lebard (MARCELINE), Renaud de Manoel (BARTHOLO),
mise en scène de Colette Roumanoff, Théâtre Fontaine, Paris, 2012.

30 **LE COMTE.** A-t-elle ce bras ferme et rondelet ! ces jolis doigts pleins de grâce et d'espièglerie ?

LA COMTESSE, *de la voix de Suzanne.* Ainsi l'amour...

LE COMTE. L'amour... n'est que le roman du cœur : c'est le plaisir qui en est l'histoire ; il m'amène à tes genoux.

35 **LA COMTESSE.** Vous ne l'aimez plus ?

LE COMTE. Je l'aime beaucoup ; mais trois ans d'union rendent l'hymen si respectable !

LA COMTESSE. Que vouliez-vous en elle ?

LE COMTE, *la caressant.* Ce que je trouve en toi, ma
40 beauté...

LA COMTESSE. Mais dites donc[1].

LE COMTE. ... Je ne sais : moins d'uniformité peut-être, plus de piquant dans les manières, un je ne sais quoi qui fait le charme ; quelquefois un refus : que sais-je ? Nos femmes
45 croient tout accomplir en nous aimant : cela dit une fois, elles nous aiment, nous aiment (quand elles nous aiment) et sont si complaisantes et si constamment obligeantes, et toujours, et sans relâche, qu'on est tout surpris, un beau soir, de trouver la satiété où l'on recherchait le bonheur.

50 **LA COMTESSE,** *à part.* Ah ! quelle leçon !

LE COMTE. En vérité, Suzon, j'ai pensé mille fois que si nous poursuivons ailleurs ce plaisir qui nous fuit chez elles, c'est qu'elles n'étudient pas assez l'art de soutenir notre goût, de se renouveler à l'amour, de ranimer, pour ainsi dire,
55 le charme de leur possession par celui de la variété.

LA COMTESSE, *piquée.* Donc elles doivent tout ?...

LE COMTE, *riant.* Et l'homme rien ? Changerons-nous la marche de la nature ? Notre tâche, à nous, fut de les obtenir ; la leur...

60 **LA COMTESSE.** La leur ?...

LE COMTE. Est de nous retenir : on l'oublie trop.

---

1. **Mais dites donc :** mais expliquez-vous.

LA COMTESSE. Ce ne sera pas moi.

LE COMTE. Ni moi.

FIGARO, *à part.* Ni moi.

65 **SUZANNE,** *à part.* Ni moi.

LE COMTE *prend la main de sa femme.* Il y a de l'écho ici, parlons plus bas. Tu n'as nul besoin d'y songer, toi que l'amour a faite et si vive et si jolie ! Avec un grain de caprice, tu seras la plus agaçante[1] maîtresse ! *(Il la baise au front.)* Ma
70 Suzanne, un Castillan n'a que sa parole. Voici tout l'or promis pour le rachat du droit que je n'ai plus sur le délicieux moment que tu m'accordes. Mais comme la grâce que tu daignes y mettre est sans prix, j'y joindrai ce brillant, que tu porteras pour l'amour de moi.

75 **LA COMTESSE,** *une révérence.* Suzanne accepte tout.

FIGARO, *à part.* On n'est pas plus coquine que cela.

SUZANNE, *à part.* Voilà du bon bien qui nous arrive.

LE COMTE, *à part.* Elle est intéressée : tant mieux !

LA COMTESSE *regarde au fond.* Je vois des flambeaux.

80 **LE COMTE.** Ce sont les apprêts de ta noce. Entrons-nous un moment dans l'un de ces pavillons, pour les laisser passer ?

LA COMTESSE. Sans lumière ?

LE COMTE *l'entraîne doucement.* À quoi bon ? Nous
85 n'avons rien à lire.

FIGARO, *à part.* Elle y va, ma foi ! Je m'en doutais. *(Il s'avance.)*

LE COMTE *grossit sa voix en se retournant.* Qui passe ici ?

FIGARO, *en colère.* Passer ! on vient exprès.

90 **LE COMTE,** *bas, à la Comtesse.* C'est Figaro !… *(Il s'enfuit.)*

LA COMTESSE. Je vous suis. *(Elle entre dans le pavillon à sa droite, pendant que le Comte se perd dans le bois au fond.)*

---

1. **Agaçante :** piquante, excitante.

SCÈNE 8. FIGARO, SUZANNE,
dans l'obscurité.

FIGARO *cherche à voir où vont le Comte et la Comtesse qu'il prend pour Suzanne.* Je n'entends plus rien ; ils sont entrés ; m'y voilà. *(D'un ton altéré.)* Vous autres, époux maladroits, qui tenez des espions à gages et tournez des mois entiers
5 autour d'un soupçon, sans l'asseoir[1], que ne m'imitez-vous ? Dès le premier jour, je suis ma femme et je l'écoute ; en un tour de main, on est au fait : c'est charmant ; plus de doutes ; on sait à quoi s'en tenir. *(Marchant vivement.)* Heureusement que je ne m'en soucie guère, et que sa trahi-
10 son ne me fait plus rien du tout. Je les tiens donc enfin !

SUZANNE, *qui s'est avancée doucement dans l'obscurité. (À part.)* Tu vas payer tes beaux soupçons. *(Du ton de voix de la Comtesse.)* Qui va là ?

FIGARO, *extravagant[2].* « Qui va là ? » Celui qui voudrait de
15 bon cœur que la peste eût étouffé en naissant...

SUZANNE, *du ton de la Comtesse.* Eh ! mais, c'est Figaro !

FIGARO *regarde et dit vivement.* Madame la Comtesse !

SUZANNE. Parlez bas.

FIGARO, *vite.* Ah ! Madame, que le ciel vous amène à
20 propos ! Où croyez-vous qu'est Monseigneur ?

SUZANNE. Que m'importe un ingrat ? Dis-moi...

FIGARO, *plus vite.* Et Suzanne, mon épousée, où croyez-vous qu'elle soit ?

SUZANNE. Mais parlez bas !

25 **FIGARO,** *très vite.* Cette Suzon qu'on croyait si vertueuse, qui faisait la réservée ! Ils sont enfermés là-dedans. Je vais appeler.

SUZANNE, *lui fermant la bouche avec sa main, oublie de déguiser sa voix.* N'appelez pas !

---

1. **L'asseoir :** le vérifier.
2. **Extravagant :** divaguant, ayant perdu son bon sens.

30 **FIGARO**, *à part*. Et c'est Suzon ! *God-dam* !

SUZANNE, *du ton de la Comtesse*. Vous paraissez inquiet.

FIGARO, *à part*. Traîtresse ! qui veut me surprendre !

SUZANNE. Il faut nous venger, Figaro.

FIGARO. En sentez-vous le vif désir ?

35 **SUZANNE**. Je ne serais donc pas de mon sexe ! Mais les hommes en ont cent moyens.

FIGARO, *confidemment*. Madame, il n'y a personne ici de trop. Celui des femmes… les vaut tous.

SUZANNE, *à part*. Comme je le souffletterais !

40 **FIGARO**, *à part*. Il serait bien gai qu'avant la noce…

SUZANNE. Mais qu'est-ce qu'une telle vengeance, qu'un peu d'amour n'assaisonne pas ?

FIGARO. Partout où vous n'en voyez point, croyez que le respect dissimule[1].

45 **SUZANNE**, *piquée*. Je ne sais si vous le pensez de bonne foi, mais vous ne le dites pas de bonne grâce.

FIGARO, *avec une chaleur comique, à genoux*. Ah ! Madame, je vous adore. Examinez le temps, le lieu, les circonstances, et que le dépit supplée en vous aux grâces qui manquent à 50 ma prière.

SUZANNE, *à part*. La main me brûle !

FIGARO, *à part*. Le cœur me bat.

SUZANNE. Mais, monsieur, avez-vous songé ?…

FIGARO. Oui, Madame ; oui, j'ai songé.

55 **SUZANNE**. … Que pour la colère et l'amour…

FIGARO. … Tout ce qui se diffère est perdu. Votre main, Madame ?

SUZANNE, *de sa voix naturelle et lui donnant un soufflet*.
La voilà.

---

1. **Croyez que le respect dissimule** : croyez que le respect que je vous dois dissimule mon amour.

60 **FIGARO.** Ah ! *demonio*[1] ! quel soufflet !

SUZANNE *lui en donne un second.* Quel soufflet ! Et celui-ci ?

FIGARO. Et *ques-à-quo*[2] ? de par le diable ! est-ce ici la journée des tapes ?

SUZANNE *le bat à chaque phrase.* Ah ! *ques-à-quo* ?
65 Suzanne ; et voilà pour tes soupçons, voilà pour tes vengeances et pour tes trahisons, tes expédients, tes injures et tes projets. C'est-il ça de l'amour ? dis donc comme ce matin[3] ?

FIGARO *rit en se relevant. Santa Barbara !* oui, c'est de l'amour. Ô bonheur ! ô délices ! ô cent fois heureux Figaro !
70 Frappe, ma bien-aimée, sans te lasser. Mais quand tu m'auras diapré tout le corps de meurtrissures, regarde avec bonté, Suzon, l'homme le plus fortuné qui fut jamais battu par une femme.

SUZANNE. « Le plus fortuné[4] ! » Bon fripon, vous n'en
75 séduisiez pas moins la Comtesse, avec un si trompeur babil, que m'oubliant moi-même, en vérité, c'était pour elle que je cédais.

FIGARO. Ai-je pu me méprendre au son de ta jolie voix ?

SUZANNE, *en riant.* Tu m'as reconnue ? Ah ! comme je m'en vengerai !

80 **FIGARO.** Bien rosser et garder rancune est aussi par trop féminin ! Mais dis-moi donc par quel bonheur je te vois là, quand je te croyais avec lui ; et comment cet habit, qui m'abusait, te montre enfin innocente…

SUZANNE. Eh ! c'est toi qui es un innocent, de venir te prendre
85 au piège apprêté pour un autre ! Est-ce notre faute, à nous, si voulant museler un renard, nous en attrapons deux ?

FIGARO. Qui donc prend l'autre ?

SUZANNE. Sa femme.

FIGARO. Sa femme ?

---

1. *Demonio* : juron italien (démon), comme par la suite *Santa Barbara*.
2. *Ques-à-quo* : qu'est-ce que c'est ? (exclamation provençale).
3. **Ce matin** : acte III, scène 18.
4. **Fortuné** : heureux.

90 **SUZANNE.** Sa femme.

FIGARO, *follement.* Ah ! Figaro ! pends-toi ! tu n'as pas
deviné celui-là[1]. – Sa femme ! Oh ! douze ou quinze mille
fois spirituelles femelles ! – Ainsi les baisers de cette salle ?…

SUZANNE. Ont été donnés à Madame.

95 **FIGARO.** Et celui du page ?

SUZANNE, *riant.* À Monsieur.

FIGARO. Et tantôt, derrière le fauteuil ?

SUZANNE. À personne

FIGARO. En êtes-vous sûre ?

100 **SUZANNE,** *riant.* Il pleut des soufflets, Figaro.

FIGARO *lui baise la main.* Ce sont des bijoux que les tiens.
Mais celui du Comte était de bonne guerre.

SUZANNE. Allons, superbe[2], humilie-toi !

FIGARO *fait tout ce qu'il annonce.* Cela est juste : à genoux,
105 bien courbé, prosterné, ventre à terre.

SUZANNE, *en riant.* Ah ! ce pauvre Comte ! quelle peine il
s'est donnée…

FIGARO *se relève sur ses genoux…* Pour faire la conquête de
sa femme !

SCÈNE 9. LE COMTE *entre par le fond du théâtre et va droit au pavillon à sa droite ;* FIGARO, SUZANNE.

LE COMTE, *à lui-même.* Je la cherche en vain dans le bois,
elle est peut-être entrée ici.

SUZANNE, *à Figaro parlant bas.* C'est lui.

LE COMTE, *ouvrant le pavillon.* Suzon, es-tu là-dedans ?

5 **FIGARO,** *bas.* Il la cherche, et moi je croyais…

---

1. **Celui-là :** cela.
2. **Superbe :** orgueilleux (Suzanne parodie le ton de la tragédie).

◼ SITUER

Figaro est convaincu de l'infidélité de Suzanne qu'il pense avoir surprise avec le Comte. Il ignore en effet que la Comtesse et Suzanne ont échangé leurs habits. Suzanne profite de la situation pour se venger des soupçons infondés de son futur mari.

◼ RÉFLÉCHIR

STRATÉGIES : faire d'un amant un mari, et réciproquement

1. Pourquoi Suzanne joue-t-elle la comédie à Figaro ? Que veut-elle lui prouver ? Contre quoi veut-elle le mettre en garde ?

2. En quoi la scène profite-t-elle à Suzanne ? et à Figaro ?

DRAMATURGIE : quiproquo* nocturne et comique de situation

3. Sur quel quiproquo est fondé cette scène ?

4. En quoi la situation des deux protagonistes est-elle comique ?

5. Quelles sont les répliques qui sont prolongées par des soufflets ? Ce prolongement vous semble-t-il naturel ? Quel effet a-t-il sur le spectateur ?

6. Quels sont les tons qui se succèdent chez chacun des deux personnages ? À quel rythme ? D'où viennent ces changements ?

7. À quoi tient, dans cette scène, le plaisir du spectateur ?

◼ ÉCRIRE

8. Comparez cette scène à la scène 7 du même acte, en dégageant les ressemblances et les différences.

SUZANNE, *bas.* Il ne l'a pas reconnue.

FIGARO. Achevons-le, veux-tu ? *(Il lui baise la main.)*

LE COMTE *se retourne.* Un homme aux pieds de la Comtesse !... Ah ! je suis sans armes. *(Il s'avance.)*

10 FIGARO *se relève tout à fait en déguisant sa voix.* Pardon, Madame, si je n'ai pas réfléchi que ce rendez-vous ordinaire était destiné pour la noce[1].

LE COMTE, *à part.* C'est l'homme du cabinet de ce matin. *(Il se frappe le front.)*

15 FIGARO *continue.* Mais il ne sera pas dit qu'un obstacle aussi sot aura retardé nos plaisirs.

LE COMTE, *à part.* Massacre ! mort ! enfer !

FIGARO, *la conduisant au cabinet. (Bas.)* Il jure. *(Haut.)* Pressons-nous donc, Madame, et réparons le tort qu'on 20 nous a fait tantôt, quand j'ai sauté par la fenêtre.

LE COMTE, *à part.* Ah ! tout se découvre enfin.

SUZANNE, *près du pavillon à sa gauche.* Avant d'entrer, voyez si personne n'a suivi. *(Il la baise au front.)*

LE COMTE *s'écrie :* Vengeance ! *(Suzanne s'enfuit dans le* 25 *pavillon où sont entrés Fanchette, Marceline et Chérubin.)*

SCÈNE 10. LE COMTE, FIGARO.
(Le Comte saisit le bras de Figaro.)

FIGARO, *jouant la frayeur excessive.* C'est mon maître !

LE COMTE *le reconnaît.* Ah ! scélérat, c'est toi ! Holà ! quelqu'un ! quelqu'un !

---

1. Le lieu de notre rendez-vous devait être occupé par la noce.

Scène 11. Pédrille, Le Comte, Figaro.

Pédrille, *botté.* Monseigneur, je vous trouve enfin.

Le Comte. Bon, c'est Pédrille. Es-tu tout seul ?

Pédrille. Arrivant de Séville, à étripe-cheval[1].

Le Comte. Approche-toi de moi, et crie bien fort !

5 **Pédrille,** *criant à tue-tête.* Pas plus de page que sur ma main. Voilà le paquet[2].

Le Comte *le repousse.* Eh ! l'animal[3] !

Pédrille. Monseigneur me dit de crier.

Le Comte, *tenant toujours Figaro.* Pour appeler. – Holà, 10 quelqu'un ! Si l'on m'entend, accourez tous !

Pédrille. Figaro et moi, nous voilà deux ; que peut-il donc vous arriver ?

Scène 12. Les acteurs précédents, Brid'oison, Bartholo, Bazile, Antonio, Gripe-Soleil, *toute la noce accourt avec des flambeaux.*

Bartholo, *à Figaro.* Tu vois qu'à ton premier signal[4]…

Le Comte, *montrant le pavillon à sa gauche.* Pédrille, empare-toi de cette porte. *(Pédrille y va.)*

Bazile, *bas à Figaro.* Tu l'as surpris avec Suzanne ?

5 **Le Comte,** *montrant Figaro.* Et vous tous, mes vassaux, entourez-moi cet homme, et m'en répondez[5] sur la vie.

---

1. Expression imagée pour insister sur la vitesse exigée du cheval, presque étripé à coups d'éperons.
2. **Le paquet :** contenant le brevet de Chérubin. Pédrille n'a bien sûr pu trouver le page pour le lui remettre (voir acte III, scène 3).
3. **Animal :** sens péjoratif ici (voir p. 297).
4. Bartholo croit que c'est Figaro qui l'a appelé comme prévu (voir acte V, scène 2, l. 21).
5. **M'en répondez :** répondez-moi de lui (construction classique).

BAZILE. Ha ! ha !

LE COMTE, *furieux.* Taisez-vous donc ! *(À Figaro d'un ton glacé.)* Mon cavalier[1], répondez-vous à mes questions ?

10 **FIGARO,** *froidement.* Eh ! qui pourrait m'en exempter, Monseigneur ? Vous commandez à tout ici, hors à vous-même.

LE COMTE, *se contenant.* Hors à moi-même !

ANTONIO. C'est ça parler[2].

15 **LE COMTE,** *reprenant sa colère.* Non, si quelque chose pouvait augmenter ma fureur, ce serait l'air calme qu'il affecte.

FIGARO. Sommes-nous des soldats qui tuent et se font tuer pour des intérêts qu'ils ignorent ? Je veux savoir, moi, pour-
20 quoi je me fâche.

LE COMTE, *hors de lui.* Ô rage ! *(Se contenant.)* Homme de bien qui feignez d'ignorer, nous ferez-vous au moins la faveur de nous dire quelle est la dame actuellement par vous amenée dans ce pavillon ?

25 **FIGARO,** *montrant l'autre avec malice.* Dans celui-là ?

LE COMTE, *vite.* Dans celui-ci.

FIGARO, *froidement.* C'est différent. Une jeune personne qui m'honore de ses bontés particulières.

BAZILE, *étonné.* Ha ! ha !

30 **LE COMTE,** *vite.* Vous l'entendez, messieurs ?

BARTHOLO, *étonné.* Nous l'entendons.

LE COMTE, *à Figaro.* Et cette jeune personne a-t-elle un autre engagement, que vous sachiez ?

FIGARO, *froidement.* Je sais qu'un grand seigneur s'en est
35 occupé quelque temps, mais, soit qu'il l'ait négligée ou que

---

1. **Mon cavalier :** vous qui jouez si bien les chevaliers servants (ironique).
2. **C'est ça parler :** ça, c'est bien dit.

je lui plaise mieux qu'un plus aimable, elle me donne aujourd'hui la préférence.

LE COMTE, *vivement.* La préf… *(Se contenant.)* Au moins il est naïf ! car ce qu'il avoue, messieurs, je l'ai ouï, je vous
40 jure, de la bouche même de sa complice.

BRID'OISON, *stupéfait.* Sa-a complice !

LE COMTE, *avec fureur.* Or, quand le déshonneur est public, il faut que la vengeance le soit aussi. *(Il entre dans le pavillon.)*

SCÈNE 13. TOUS LES ACTEURS PRÉCÉDENTS, *hors* LE COMTE.

ANTONIO. C'est juste.

BRID'OISON, *à Figaro.* Qui-i donc a pris la femme de l'autre ?

FIGARO, *en riant.* Aucun n'a eu cette joie-là.

SCÈNE 14. LES ACTEURS PRÉCÉDENTS, LE COMTE, CHÉRUBIN.

LE COMTE, *parlant dans le pavillon, et attirant quelqu'un qu'on ne voit pas encore.* Tous vos efforts sont inutiles ; vous êtes perdue, madame, et votre heure est bien arrivée ! *(Il sort sans regarder.)* Quel bonheur qu'aucun gage d'une union[1]
5 aussi détestée…

FIGARO *s'écrie :* Chérubin !

LE COMTE. Mon page ?

BAZILE. Ha ! ha !

LE COMTE, *hors de lui, à part.* Et toujours le page endia-
10 blé ! *(À Chérubin.)* Que faisiez-vous dans ce salon ?

---

1. **Qu'aucun gage d'une union…** : qu'aucun enfant ne soit né de notre union.

CHÉRUBIN, *timidement.* Je me cachais, comme vous me l'avez ordonné[1].

PÉDRILLE. Bien la peine de crever un cheval !

LE COMTE. Entres-y, toi, Antonio ; conduis devant son 15 juge l'infâme qui m'a déshonoré.

BRID'OISON. C'est Madame que vous y-y cherchez ?

ANTONIO. L'y a, parguenne[2], une bonne Providence : vous en avez tant fait dans le pays…

LE COMTE, *furieux.* Entre donc ! *(Antonio entre.)*

SCÈNE 15. LES ACTEURS PRÉCÉDENTS, *excepté* ANTONIO.

LE COMTE. Vous allez voir, messieurs, que le page n'y était pas seul.

CHÉRUBIN, *timidement.* Mon sort eût été trop cruel, si quelque âme sensible n'en eût adouci l'amertume.

SCÈNE 16. LES ACTEURS PRÉCÉDENTS, ANTONIO, FANCHETTE.

ANTONIO, *attirant par le bras quelqu'un qu'on ne voit pas encore.* Allons, Madame, il ne faut pas vous faire prier pour en sortir, puisqu'on sait que vous y êtes entrée.

FIGARO *s'écrie :* La petite cousine !

5 **BAZILE.** Ha ! ha !

LE COMTE. Fanchette !

ANTONIO *se retourne et s'écrie :* Ah ! palsambleu, Monseigneur, il est gaillard de[3] me choisir pour montrer à la compagnie que c'est ma fille qui cause tout ce train-là !

---

1. Voir acte IV, scène 7, l. 3.
2. **Parguenne :** juron paysan (par dieu), comme « palsambleu » (par le sang de dieu), scène 16, l. 7.
3. **Il est gaillard de :** il est plaisant de, c'est un peu fort de.

10 **LE COMTE**, *outré*. Qui la savait là-dedans ? *(Il veut rentrer.)*

BARTHOLO, *au-devant*. Permettez, monsieur le Comte, ceci n'est pas plus clair. Je suis de sang-froid[1], moi… *(Il entre.)*

BRID'OISON. Voilà une affaire au-aussi trop embrouillée.

SCÈNE 17. LES ACTEURS PRÉCÉDENTS, MARCELINE.

BARTHOLO, *parlant en dedans et sortant*. Ne craignez rien, Madame, il ne vous sera fait aucun mal. J'en réponds. *(Il se retourne et s'écrie :)* Marceline !

BAZILE. Ha ! ha !

5 **FIGARO**, *riant*. Hé, quelle folie ! ma mère en est ?

ANTONIO. À qui pis fera[2].

LE COMTE, *outré*. Que m'importe à moi ? La Comtesse…

SCÈNE 18. LES ACTEURS PRÉCÉDENTS, SUZANNE, *son éventail sur le visage*.

LE COMTE. … Ah ! la voici qui sort. *(Il la prend violemment par le bras.)* Que croyez-vous, messieurs, que mérite une odieuse…
> *(Suzanne se jette à genoux la tête baissée.)*

5 **LE COMTE.** Non, non !
> *(Figaro se jette à genoux de l'autre côté.)*

LE COMTE *plus fort*. Non, non !
> *(Marceline se jette à genoux devant lui.)*

LE COMTE *plus fort*. Non, non !
10 > *(Tous se mettent à genoux, excepté Brid'oison.)*

LE COMTE *hors de lui*. Y fussiez-vous un cent !

---

1. **Je suis de sang-froid** : je ne suis pas emporté, je reste calme.
2. **À qui pis fera** : c'est à qui fera le pire, ou à qui mieux mieux.

SCÈNE 19 ET DERNIÈRE.
TOUS LES ACTEURS PRÉCÉDENTS, LA COMTESSE
sort de l'autre pavillon.

LA COMTESSE *se jette à genoux.* Au moins je ferai nombre.

LE COMTE, *regardant la Comtesse et Suzanne.* Ah ! qu'est-ce que je vois ?

BRID'OISON, *riant.* Eh pardi, c'è-est Madame.

5 LE COMTE *veut relever la Comtesse.* Quoi ! c'était vous, Comtesse ? *(D'un ton suppliant.)* Il n'y a qu'un pardon bien généreux...

LA COMTESSE, *en riant.* Vous diriez : « Non, non », à ma place ; et moi, pour la troisième fois[1] d'aujourd'hui, je
10 l'accorde sans condition. *(Elle se relève.)*

SUZANNE *se relève.* Moi aussi.

MARCELINE *se relève.* Moi aussi.

FIGARO *se relève.* Moi aussi, il y a de l'écho ici ! *(Tous se relèvent.)*

15 LE COMTE. De l'écho ! J'ai voulu ruser avec eux ; ils m'ont traité comme un enfant !

LA COMTESSE, *en riant.* Ne le regrettez pas, monsieur le Comte.

FIGARO, *s'essuyant les genoux avec son chapeau.* Une petite
20 journée comme celle-ci forme bien un ambassadeur !

LE COMTE, *à Suzanne.* Ce billet fermé d'une épingle ?...

SUZANNE. C'est Madame qui l'avait dicté.

LE COMTE. La réponse lui en est bien due. *(Il baise la main de la Comtesse.)*

25 LA COMTESSE. Chacun aura ce qui lui appartient. *(Elle donne la bourse à Figaro et le diamant à Suzanne.)*

SUZANNE, *à Figaro.* Encore une dot !

---

1. Voir acte II, scène 19 et acte IV, scène 5.

FIGARO, *frappant la bourse dans sa main.* Et de trois. Celle-ci fut rude à arracher !

30 **SUZANNE.** Comme notre mariage.

GRIPE-SOLEIL. Et la jarretière de la mariée[1], l'aurons-je ?

LA COMTESSE *arrache le ruban qu'elle a tant gardé dans son sein et le jette à terre.* La jarretière ? Elle était avec ses habits ; la voilà. *(Les garçons de la noce veulent la ramasser.)*

35 **CHÉRUBIN,** *plus alerte, court la prendre, et dit :* Que celui qui la veut vienne me la disputer !

LE COMTE, *en riant, au page.* Pour un monsieur si chatouilleux, qu'avez-vous trouvé de gai à certain soufflet de tantôt ?

40 **CHÉRUBIN** *recule en tirant à moitié son épée.* À moi, mon colonel[2] ?

FIGARO, *avec une colère comique.* C'est sur ma joue qu'il l'a reçu : voilà comme les grands font justice !

LE COMTE, *riant.* C'est sur sa joue ? Ah ! ah ! ah ! qu'en 45 dites-vous donc, ma chère Comtesse !

LA COMTESSE, *absorbée, revient à elle et dit avec sensibilité :* Ah ! oui, cher Comte, et pour la vie, sans distraction[3], je vous le jure.

LE COMTE, *frappant sur l'épaule du juge.* Et vous, don 50 Brid'oison, votre avis maintenant ?

BRID'OISON. Su-ur tout ce que je vois, monsieur le Comte ?... Ma-a foi, pour moi je-e ne sais que vous dire : voilà ma façon de penser.

---

1. La jarretière tient le bas sur la jambe ; elle est offerte aux invités masculins qui doivent se la disputer dans certaines traditions de noces paysannes. Ce trophée est réputé porter chance en amour.
2. Le Comte a donné à Chérubin une compagnie dans sa légion (voir acte I, scène 10).
3. **Sans distraction :** en toute conscience (sans inattention aux choses présentes), et sans jamais me laisser détourner (et vous laisser vous détourner) de ce vœu de nous aimer toute la vie. Beaumarchais joue sur les deux sens de l'expression.

TOUS, *ensemble.* Bien jugé !

55 **FIGARO.** J'étais pauvre, on me méprisait. J'ai montré quelque esprit, la haine est accourue. Une jolie femme et de la
fortune…

BARTHOLO, *en riant.* Les cœurs vont te revenir en foule.

FIGARO. Est-il possible ?

60 **BARTHOLO.** Je les connais.

FIGARO, *saluant les spectateurs.* Ma femme et mon bien mis
à part, tous me feront honneur et plaisir. *(On joue la ritournelle du vaudeville. Air noté.)*

VAUDEVILLE

65 ### PREMIER COUPLET

BAZILE

Triple dot, femme superbe,
Que de biens pour un époux !
D'un seigneur, d'un page imberbe,
70 *Quelque sot serait jaloux.*
Du latin d'un vieux proverbe
L'homme adroit fait son parti.

FIGARO

Je le sais… *(Il chante.)*
75 *Gaudeant bene nati*[1].

BAZILE

Non… *(Il chante.)*
Gaudeat bene nanti[2].

---

1. *Gaudeant bene nati :* que se réjouissent les bien nés, heureux ceux qui
sont bien nés.
2. *Gaudeat bene nanti :* heureux les bien nantis ; déformation cocasse du
vrai proverbe latin et jeu de mots signifiant : la richesse semble l'emporter
sur la naissance.

DEUXIÈME COUPLET

SUZANNE

80

Qu'un mari sa foi trahisse,
Il s'en vante, et chacun rit :
Que sa femme ait un caprice,
S'il l'accuse, on la punit.

85

De cette absurde injustice
Faut-il dire le pourquoi ?
Les plus forts ont fait la loi. (Bis.)

TROISIÈME COUPLET

FIGARO

90

Jean Jeannot[1], jaloux risible,
Veut unir femme et repos ;
Il achète un chien terrible,
Et le lâche en son enclos.

95

La nuit, quel vacarme horrible !
Le chien court, tout est mordu,
Hors l'amant qui l'a vendu. (Bis.)

QUATRIÈME COUPLET

LA COMTESSE

Telle est fière et répond d'elle,

100

Qui n'aime plus son mari ;
Telle autre, presque infidèle,
Jure de n'aimer que lui.
La moins folle, hélas ! est celle
Qui se veille en son lien[2],

105

Sans oser jurer de rien. (Bis.)

---

1. Prénom péjoratif, le *Jeannot* est un niais ou un farceur.
2. **Qui se veille en son lien** : qui se surveille, qui veille à demeurer dans les liens du mariage.

CINQUIÈME COUPLET

LE COMTE

D'une femme de province,
À qui ses devoirs sont chers,
110 *Le succès est assez mince ;*
Vive la femme aux bons airs !
Semblable à l'écu du prince,
Sous le coin[1] d'un seul époux,
Elle sert au bien de tous. (Bis.)

115 SIXIÈME COUPLET

MARCELINE

Chacun sait la tendre mère
Dont il a reçu le jour ;
Tout le reste est un mystère,
120 *C'est le secret de l'amour.*

FIGARO continue l'air

Ce secret met en lumière
Comment le fils d'un butor[2]
Vaut souvent son pesant d'or. (Bis.)

125 SEPTIÈME COUPLET

FIGARO

Par le sort de la naissance,
L'un est roi, l'autre est berger[3] :
Le hasard fit leur distance ;
130 *L'esprit seul peut tout changer.*
De vingt rois que l'on encense,
Le trépas brise l'autel ;
Et Voltaire est immortel. (Bis.)

---

1. **Le coin :** le poinçon qui sert à frapper l'écu à l'effigie du souverain (allusion érotique).
2. **Butor :** grossier personnage, homme sans finesse.
3. **L'un est roi, l'autre berger :** thème de *Tarare*, l'opéra de Beaumarchais (1787).

HUITIÈME COUPLET

CHÉRUBIN

135

Sexe aimé, sexe volage,
Qui tourmentez nos beaux jours,
Si de vous chacun dit rage[1],
140 *Chacun vous revient toujours.*
Le parterre[2] est votre image :
Tel paraît le dédaigner,
Qui fait tout pour le gagner. (Bis.)

NEUVIÈME COUPLET

SUZANNE

145

Si ce gai, ce fol ouvrage,
Renfermait quelque leçon,
En faveur du badinage[3]
Faites grâce à la raison[4].
150 *Ainsi la nature sage*
Nous conduit, dans nos désirs,
À son but par les plaisirs. (Bis.)

DIXIÈME COUPLET

BRID'OISON

155

Or, messieurs, la co-omédie,
Que l'on juge en cè-et instant
Sauf erreur, nous pein-eint la vie
Du bon peuple qui l'entend.
Qu'on l'opprime, il peste, il crie,
160 *Il s'agite en cent fa-açons :*
Tout fini-it par des chansons. (Bis.)

BALLET GÉNÉRAL

Fin du cinquième et dernier acte.

---

1. **Dit rage :** dit le plus grand mal.
2. **Le parterre :** rez-de-chaussée d'un théâtre où le peuple se tenait debout lors d'une représentation.
3. **Badinage :** voir p. 297.
4. Ces deux vers sont placés en exergue à la pièce.

STRUCTURE : une longue pause et une constante accélération
Dans l'acte V, le monologue de la scène 3 forme une longue inter-
ruption de l'action dramatique. Cet ample discours, à la fois lyrique
et méditatif, contraste avec les scènes dans lesquelles quiproquos
et rebondissements se multiplient sur un rythme étourdissant. On
constate donc combien Beaumarchais est un maître du temps,
avec quel art il agence le tempo de sa pièce.

1. Quels quiproquos sont engendrés par le double travestissement
de la Comtesse et de Suzanne ? Quels rebondissements en naissent ? Faites un schéma des péripéties de l'acte V.

**REGISTRES ET TONALITÉS : sous le foisonnement du comique,
une émotion intacte**
On trouve dans l'acte V tous les procédés comiques connus : comique de situation bien sûr, comique de mots et de caractères où la
répétition et la surprise alternent souplement. Pourtant, l'émotion
jaillit, émotion grave de ceux que le destin désoriente ou poursuit, et
dont le plus bel exemple est fourni par le célèbre monologue de
Figaro à la scène 3. Derrière les réconciliations qui font que « tout
finit par des chansons » se profile le thème plus grave de l'infidélité,
de la difficulté de faire coïncider le mariage et le désir.

2. Comparez le pardon de Suzanne (scène 8) à celui de sa
maîtresse (scène 19) : par quelles trouvailles stylistiques Beaumarchais fait-il de chaque moment d'émotion un instant unique ?

SOCIÉTÉ : traverser le chaos pour retrouver l'harmonie
Dans le dernier acte, plus personne n'est à sa place. Le double
travestissement sème partout le désordre, et l'obscurité de la salle
des marronniers parachève la confusion. C'est pourtant en chemi-
nant à tâtons dans cette forêt de mensonges et cet enchevêtrement
des désirs et des jalousies que les protagonistes retrouveront un
peu de vérité, en même temps que leur dignité. Cependant, cet
ordre joyeusement établi est précaire, menacé par la force des
désirs et celle des ambitions de ceux qui ne se sont pas seulement
« donné la peine de naître », de ceux, tel Figaro, qui ont trop de
talent pour rester les valets de leurs maîtres.

3. Dans le dénouement, chacun retrouve-t-il sa place ? Selon vous, l'ordre social est-il ainsi rétabli ou réinventé ? Quelles leçons politiques ce retour à l'ordre peut-il offrir ?

4. Confronté à ce retour à l'ordre, le vaudeville* final n'a-t-il pas une valeur de contrepoint ? Laquelle et pourquoi ?

MISE EN SCÈNE : **les subtils plaisirs de l'ambiguïté**
5. Observez sur la photo page 225 le costume que porte la Comtesse, ainsi que les mains des deux acteurs : pouvez-vous situer très précisément dans la scène la prise de ce cliché ? Que pourrait dire le comte Almaviva ?

6. Que pouvez-vous lire sur les visages des deux acteurs ?

7. Que soulignent le point de vue, l'angle et le cadrage de la photo ?

8. Reconstituez l'histoire du ruban depuis l'acte I scène 7. Quel sens donnez-vous à son « dénouement » à la dernière scène ? Comment le joueriez-vous ?

▬ ÉCRIRE

9. Jean-Pierre de Beaumarchais a écrit dans l'introduction de son édition à l'œuvre théâtrale de Beaumarchais : « La comédie est donc un point de départ, le début d'une aventure où chacun doit se définir face aux autres en inventant son propre langage. » Vous vous demanderez dans quelle mesure cette pensée éclaire, non seulement les comédies de Beaumarchais, mais d'autres que vous avez lues.

« TOUT FINIT PAR DES CHANSONS »

Lorsque le rideau tombe, l'équilibre semble restauré. Les couples menacés se sont reformés. Mais il y a peu de chance pour que le Comte soit corrigé de son libertinage. Du reste, lorsqu'on retrouve ces personnages, vingt ans plus tard, dans le drame de *La Mère coupable*, on constate la précarité des engagements amoureux achevant *Le Mariage de Figaro*. Dans *La Mère coupable*, Almaviva a eu une fille, Florestine, d'une maîtresse, et Rosine, la Comtesse, a eu un fils de Léon d'Astorgas (notre Chérubin actuel) qu'elle a prénommé Léon et que le Comte croit être son fils. Ces enfants naturels s'éprennent l'un de l'autre, cependant que rôde dans la famille un sombre manipulateur faux dévot : Bégéars.

1. Le triomphe de la justice sur le « droit du seigneur » vous paraît-il complet ? précaire ? Justifiez votre réponse.

L'IMBROGLIO

Au fil de la pièce, l'enchaînement des péripéties s'accélère et grise le spectateur. Beaumarchais aime en effet exciter le plus possible l'intérêt : « Ce qui met, selon moi, de l'intérêt jusqu'au dernier mot, dans une pièce, est l'*accumulement* successif de tous les genres d'inquiétudes que l'auteur sait verser dans l'âme du spectateur, pour l'en sortir après de manière inattendue ! Cette anxiété perpétuelle est un moyen de s'emparer de lui. » (Lettre à Martineau du 14 messidor an V, 2 juillet 1797.) Le néologisme « accumulement » est intéressant, car il manifeste l'un des fondements de l'esthétique du *Mariage* : la démesure, la prolifération des effets, la générosité des émotions suscitées.

2. Beaumarchais a donné comme second titre à sa pièce *La Folle Journée* : celui-ci vous paraît-il plus approprié que le titre principal ? Quel titre préférez-vous et pourquoi ?

UNE FÊTE POUR LES YEUX, LES OREILLES ET L'ESPRIT

Avec sa comédie, Beaumarchais offre au spectateur un divertissement total. À la fête, la pièce emprunte les danses et les chants accompagnés de musique, les travestissements. Le dramaturge joue avec les airs connus qu'il utilise parfois comme contrepoint ironique, posant des paroles sérieuses sur des chansons grivoises ;

il s'amuse avec le spectateur, le rend complice des bons mots, des traits d'esprit, des procédés ironiques, sollicitant sans cesse son intelligence et son sens de l'humour. Il fait le choix du foisonnement, en même temps que celui d'une écriture souvent « économique » (Gabriel Conesa, *La Trilogie de Beaumarchais*), c'est-à-dire rapide, elliptique même, produisant une impression de gaieté autant que de vitesse. Mais cette fête n'est pas donnée en vain : la pièce s'attaque avec véhémence aux abus de l'Ancien Régime. Elle dévoile une aristocratie débauchée, une justice corrompue et souvent stupide (les charges sont vendues et non pas attribuées aux compétences des magistrats). Elle fait naître le rêve d'un monde plus juste, où chacun aurait enfin la place qui revient à son mérite.

3. À quoi tient, selon vous, l'étonnante modernité de la pièce ?

ÉCRIRE

4. « En portant au théâtre, c'est-à-dire en donnant la force du vécu à des formules que ses contemporains souvent étouffaient par la forme narrative ou philosophique, Beaumarchais créait véritablement une œuvre révolutionnaire. » En quoi la pièce illustre-t-elle cette phrase de Jean-Pierre de Beaumarchais ?

L'UNIVERS
DE L'ŒUVRE

*Dossier documentaire
et pédagogique*

LE TEXTE
ET SES IMAGES

« LA PLUS BADINE DES INTRIGUES » (P. 2-3)

1. Photo 1 : pensez-vous qu'avec une telle image « la pièce est sous vos yeux » ?

2. Comparez la chambre qui se trouve sur la photo 1 avec celle du document 9 (p. 8). Quelle différence d'atmosphère souligne chaque metteur en scène ? Par quels moyens ? Quelle signification donnez-vous à l'angle de prise de vue de ces deux photos ?

3. Qu'est-ce qui, sur le document 2, traduit visiblement l'idée de badinage ?

CONTESTATION ET INSOLENCE (P. 4-5)

La caricature anonyme (document 3) date de 1785 et représente Beaumarchais conduit à la prison Saint-Lazare par deux gardes français. Dans une lettre parue au *Journal de Paris*, Beaumarchais avait fait allusion aux « lions et aux tigres » qu'il avait dû vaincre afin de faire jouer *Le Mariage de Figaro*, ce qui avait provoqué la colère du roi : arrêté, il fut enfermé du 8 au 13 mars 1785. D'abord accueillie comme un fait divertissant, cette arrestation fut ensuite prise comme une preuve que les libertés étaient menacées (voir p. 253).

4. Quels éléments, sur la caricature, contribuent à exprimer les idées de contestation et d'insolence ?

5. Observez les gestes et la posture des comédiens sur la photo 4 : qu'est-ce qui montre que Figaro affronte Almaviva ?

6. Laquelle de ces représentations a, selon vous, le plus de force ? Pourquoi ? Vous vous fonderez sur l'étude des moyens techniques pour mieux mesurer leur impact respectif.

INTIMITÉ ET SENSUALITÉ (P. 6-7)

L'œuvre de François Boucher (voir document 6) est presque contemporaine de celle de Beaumarchais.

7. Le tableau de Boucher pourrait-il peindre des personnages du *Mariage de Figaro* ? Lesquels ? Rapprochez-le d'une scène précise en justifiant votre choix.

8. Dans la photo 7, comment le metteur en scène traduit-il la relation entre Suzanne et la Comtesse ? et l'atmosphère subtilement voluptueuse de la pièce ?

9. Comparez les photos 7 et 9 (p. 8). Peut-on justifier l'effet de contraste visiblement recherché par le metteur en scène ?

LE BALLET DES COUPLES (P. 8-9)

10. Les photos 8 et 9 représentent deux couples. Quels sont-ils ? Comment sont-ils représentés ? Pourquoi ?

11. Document 10 : où réside l'audace de ce tableau ? Cette audace est-elle fidèle à la pièce ?

MAÎTRES ET VALETS (P. 10-11)

La pièce oppose, parfois violemment, les conditions sociales. Si la comtesse et Suzanne sont proches, voire amies, il n'en va pas de même pour Figaro et Almaviva, dressés l'un contre l'autre.

12. Commentez, sur la photo 11, la place des personnages et les costumes qui les distinguent.

13. Que pensez-vous des costumes imaginés par Patrice Cauchetier pour la mise en scène de Marcel Maréchal (documents 12 et 13) ?

LE DROIT ET LA JUSTICE (P. 12-13)

Beaumarchais connaît bien les rouages et les défauts de la justice. Dans l'acte III du *Mariage de Figaro*, il fait une satire aiguisée de la justice de l'Ancien Régime.

14. Confrontez les deux illustrations de la double page. Quelles sont les similitudes et les différences dans la représentation du procès ?

15. Comment interpréter le choix du fond noir pour la mise en scène de Colette Roumanoff (photo 15) ?

« SOUS LES GRANDS MARRONNIERS... » (P. 14-15)

16. Le décor de la photo 16 vous paraît-il bien adapté au Ve acte ? Pour quelle raison ?

17. Quel personnage est situé au centre du groupe, dans la clarté ? Commentez cette situation particulière. Pourquoi est-il debout tandis que tous les autres comédiens sont assis ?

18. Comment la gravure de Jean-Baptiste Liénard joue-t-elle sur le clair-obscur ?

« ... TOUT FINIT PAR DES CHANSONS » (P. 16)

19. Étudiez la disposition et l'attitude des personnages : quelles relations s'en dégagent ?

La censure et l'arbitraire

La censure fut véritablement organisée par le cardinal de Richelieu qui, par une ordonnance de 1629, chargea le chancelier et le garde des Sceaux de faire examiner tous les ouvrages destinés à l'impression, avant de leur octroyer le « privilège du roi ». En 1742 est ensuite créé le corps des 79 censeurs royaux qui avaient pour mission le contrôle des diverses formes d'expression : ils s'assuraient de la bonne moralité des œuvres et protégeaient le pouvoir royal et l'ordre établi contre d'irrévérencieuses et dangereuses attaques.

La pensée écrite était de la sorte totalement soumise à l'arbitraire. Lorsqu'un ouvrage n'obtenait pas « le privilège du roi », l'auteur pouvait essayer de le faire imprimer à l'étranger, dans des pays plus libéraux tels la Suisse et les Pays-Bas. Le livre circulait ensuite sous le manteau, car les risques encourus étaient importants : les contrevenants risquaient en effet la prison ou l'exil, l'impression d'un livre censuré étant jugée comme un crime. Voltaire, Diderot et Rousseau ont tous trois connu la prison et des exils temporaires pour s'être heurtés à la censure.

LE MARIAGE DE FIGARO CENSURÉ PAR LE ROI LOUIS XVI

Sous Louis XVI, quoique moins sévère, la censure reste vigilante – et comment ne pas percevoir d'emblée que l'esprit qui règne dans *Le Mariage* est volontiers frondeur ?

Le roi, frappé par la virulence de la satire, ne s'y est pas trompé. Voici comment madame Campan raconte la première lecture du *Mariage* qui lui fut faite.

« Au monologue de Figaro, dans lequel il attaque diverses parties d'administration, mais essentiellement à la tirade des prisons d'État, le roi se leva avec vivacité et dit : "C'est détestable, cela ne sera jamais joué : il faudrait détruire la Bastille pour que la représentation de cette pièce ne fût pas une inconséquence dangereuse. Cet homme déjoue tout ce qu'il faut respecter dans un gouvernement. – On ne la jouera donc point ? dit la Reine. – Non, certainement, répondit Louis XVI, vous pouvez en être sûre." » (*Mémoires* de madame Campan.)

Désavouant ainsi le premier censeur, Coqueley de Chaussepierre, qui avait donné son accord pour la représentation de la pièce au Théâtre-Français (actuelle Comédie-Française), Louis XVI se serait opposé ensuite pendant trois années à la représentation du *Mariage*.

LE COMBAT DE BEAUMARCHAIS
POUR FAIRE JOUER *LE MARIAGE*

Luttant afin que son œuvre ne reste pas dans son « portefeuille[1] », Beaumarchais lit sa pièce devant le grand-duc de Russie, chez la maréchale de Richelieu, et écrit une deuxième lettre (la première étant restée sans réponse) au lieutenant de police pour réclamer qu'elle soit lue par d'autres censeurs :

– en juillet 1782, le censeur Suard s'oppose à la représentation ;

– en juin 1783, les quatre premiers gentilshommes de la chambre du roi, chargés de l'administration du théâtre, ordonnent aux Comédiens-Français de répéter la pièce ; le roi, cependant, s'obstine à interdire la représentation ;

– deux nouveaux censeurs, Gaillard puis Desfontaines, se montrent favorables à la pièce qui n'est toujours pas jouée ;

– pour en finir avec l'hostilité du roi, Beaumarchais soumet sa pièce à « une espèce de tribunal » présidé par le baron de

---

1. **Portefeuille :** « carton plié en deux, couvert de peau ou de quelque étoffe où l'on met des papiers, des dessins, etc. » (Littré).

Breteuil ; devant ce tribunal, le dramaturge plaide sa cause et emporte la partie ;

– enfin, le 27 avril 1784, la première représentation a lieu. Finalement, la censure a fini par être profitable à l'auteur. À force d'être lu dans les salons, *Le Mariage* a suscité une très vive curiosité. Si bien que, lors de la première représentation, Paris est en ébullition et une centaine de voitures stationnent devant le Théâtre-Français. La foule est si dense que trois personnes meurent étouffées. Rarement une représentation n'a été aussi attendue.

LE MARIAGE DE FIGARO ET LA LIBERTÉ D'EXPRESSION

On comprend, quand on mesure les obstacles que Beaumarchais dut surmonter, que ce thème de la censure soit au centre de la préface, destinée à démontrer le scandale de cette interdiction :

« Il semblait que j'eusse ébranlé l'État [...]. La pièce fut censurée quatre fois, cartonnée trois fois sur l'affiche, à l'instant d'être jouée, dénoncée même au parlement d'alors ; et moi, frappé de ce tumulte, je persistais à demander que le public restât le juge de ce que j'avais destiné à l'amusement du public. » (L. 225 à 233.)

La censure forme également un motif majeur dans le monologue de Figaro (acte V, scène 3), contribuant à associer la vie de Figaro à celle de Beaumarchais, à mêler leurs deux paroles :

« Que je voudrais bien tenir un de ces puissants de quatre jours, si légers sur le mal qu'ils ordonnent, quand une bonne disgrâce a cuvé son orgueil ! Je lui dirais... que les sottises imprimées n'ont d'importance qu'aux lieux où l'on en gêne le cours ; que, sans la liberté de blâmer, il n'est point d'éloge flatteur ; et qu'il n'y a que les petits hommes qui redoutent les petits écrits. » (L. 45 à 51.)

Or, quoique ce fût la portée politique de la pièce qui justifiât en vérité sa censure, le prétexte invoqué fut souvent l'absence de moralité. Le thème du désir amoureux est en effet librement traité dans l'œuvre, et Beaumarchais n'évite pas les situations scabreuses, surtout dans l'obscurité propice du dernier acte. Pourtant, dans sa préface, le dramaturge insiste sur le moralisme de la pièce et la sagesse des leçons qu'elle dégage :

« Cette profonde moralité se fait sentir dans tout l'ouvrage [...] » (L. 388.)

« Ainsi, dans cet ouvrage, chaque rôle important a quelque but moral. » (L. 554-555.)

Cet âpre affrontement avec la censure inspire à l'auteur du *Mariage de Figaro* une vibrante défense de la liberté d'expression : ainsi, en se défendant, Beaumarchais libère la création littéraire et apporte sa pierre aux fondations de la démocratie. L'histoire, depuis, nous a appris que la santé de l'une n'allait pas sans celle de l'autre.

UNE ŒUVRE
DE SON TEMPS ?

Le Mariage de Figaro :
la contestation politique et sociale

LA « RÉVOLUTION EN ACTION » ?

Si, au XVIIᵉ siècle, la littérature s'efforce de définir l'Homme essentiel, en le détachant de son devenir historique, le XVIIIᵉ siècle, en revanche, fait des œuvres les miroirs de la société de leur temps. Or, ce qui est vrai pour la plupart des œuvres du siècle des Lumières l'est plus encore du *Mariage de Figaro*, qui s'inscrit d'emblée et visiblement dans son époque, et brandit avec véhémence toutes les idées philosophiques et nouvelles. Est-ce suffisant pour affirmer sans ambages, comme le fit Napoléon, que *Le Mariage de Figaro* « est déjà la Révolution en action » ?

Pareille question n'appelle sans doute pas de réponse tranchée. La rencontre d'une œuvre d'art et de l'Histoire est fortuite, parce que l'Histoire demeure imprévisible ; elle est nécessaire si l'œuvre témoigne. Chacun reconnaîtra dans les formules mémorables du *Mariage* certaines des idées qui ont mobilisé les foules révolutionnaires, et qui reproduisent un affrontement entre les valeurs de la noblesse et celles du tiers état. Même si Beaumarchais s'est lui-même senti dépassé par la violence qui a tout emporté, il a, à sa façon et avec d'autres écrivains de ce temps, contribué au mouvement de pensée qui conduit inexorablement à la destruction de l'Ancien Régime. Il est vrai qu'il ne reconnut plus, sous la Terreur, les belles idées de justice et d'égalité qu'il avait si bien prônées. En 1797, il retrancha de sa *Mère coupable* (suite du *Mariage de Figaro* qui clôt la trilogie) une réplique qu'il avait écrite en 1792 !

« Ô heureuse Révolution ! [...] Et l'on dit qu'il n'en faut point faire ! Tout homme a le droit d'améliorer son sort. »

CONTRE L'ARBITRAIRE ET LA VÉNALITÉ DE LA JUSTICE

Et en effet, si on peut affirmer que *Le Mariage* s'inscrit dans un mouvement d'idées prérévolutionnaires, c'est d'abord parce que Beaumarchais y attaque tous les abus de l'Ancien Régime, à commencer par la justice qui privilégie les puissants et qui, par sa vénalité, tombe souvent entre les mains d'incompétents. Or, sous Louis XV, en 1770, avaient été créés les parlements Maupeou, ainsi appelés du nom de leur fondateur. Les juges appartenant à ces parlements étaient nommés par le roi et choisis parmi les aristocrates. Cette mesure voulait écarter la bourgeoisie de l'institution judiciaire, renforçant les inégalités et par conséquent l'amertume de ceux qui s'estimaient lésés. C'est cette amertume qui inspire la violente caricature de la justice à l'acte III. Le grand corrégidor, premier magistrat de la province, représente l'arbitraire de la justice aristocratique, laquelle ne défend que ses propres intérêts, au mépris des droits des roturiers. Quant à Brid'oison, outre qu'il rappelle le juge rabelaisien Bridoie, il laisse éclater, avec sa suffisance que souligne un bégaiement bouffon, le scandale de la vente des offices judiciaires souligné d'ailleurs par Marceline :

« C'est un grand abus que de les vendre ! » (Acte III, scène 12.)

La justice, qu'elle soit entre les mains d'Almaviva ou de Brid'oison, d'un grand aristocrate qui se croit au-dessus des lois, ou d'un sot qui n'en saisit que les « formes », se renie constamment. Elle n'a de justice que le nom, et justifie de fait toutes les iniquités. On comprend mieux dès lors que le procès occupe une position centrale dans l'économie de la pièce.

Beaumarchais, par ailleurs, avait eu affaire à la justice, et se défendit lui-même en écrivant des *Mémoires contre Goëzman*, alors qu'il était « accusé de corruption de juge et calomnie » par Goëzman, magistrat appartenant précisément au parlement Maupeou. Celui-ci prétendait que Beaumarchais avait essayé de le corrompre en offrant une montre sertie de diamants à sa femme et à lui-même une somme d'argent. Beaumarchais se défendit en affirmant qu'il n'avait voulu de la sorte qu'obtenir audience du magistrat pour lui expliquer son bon droit dans le procès l'opposant au comte de la Blache, relativement à l'héritage Pâris-Duverney.

Pour Beaumarchais, il faut donc commencer par réformer la justice, garante de l'égalité et de la dignité humaines. Cette idée sera partagée par les hommes de son temps : l'opinion publique obligera le roi à innocenter Beaumarchais lors de l'affaire Goëzman, à renvoyer les parlements Maupeou, à repenser le fonctionnement de l'institution judiciaire. Lorsque Almaviva renonce à son bon plaisir, il réalise, bien qu'il en ait, le souhait des hommes éclairés par l'esprit des Lumières : il reconnaît au Droit une valeur sacrée transcendant les privilèges et les inégalités. C'est le fondement d'une société nouvelle, dans laquelle le mérite pourrait, autant que la naissance, être reconnu.

LA NAISSANCE ET LE MÉRITE

Beaumarchais combat ainsi ouvertement les abus de l'Ancien Régime qui se cristallisent ici sur le fameux « droit du seigneur » : « Mais, Monseigneur, il y a de l'abus… » (Acte I, scène 2.)

Ce « droit », symbole de toutes les iniquités, au centre de la pièce et de l'imbroglio, est l'enjeu de la lutte qui oppose un valet spirituel à un seigneur tout-puissant ; or, en faisant triompher le stratagème hardi sur le pouvoir abusif, Beaumarchais met en péril l'ordonnancement d'une société qui place la naissance au-dessus du mérite personnel, et accorde à un homme bien né (« Du reste, homme assez ordinaire… », acte V, scène 3) la préséance sur celui qui ne réussit qu'en déployant toute son ingéniosité. Beaumarchais, dans son *Mariage de Figaro*, oppose à la suprématie imméritée du grand aristocrate la réussite du talent. En cela aussi, la pièce s'ouvre aux idées nouvelles qui sont en fait des valeurs bourgeoises plutôt que populaires. Figaro est le porte-parole de tous ceux qui ont conquis la fortune par leur acharnement et ne supportent plus d'être écartés du pouvoir. Ils ne peuvent plus accepter l'arrogance d'une noblesse désœuvrée et souvent dépravée, dont *Les Liaisons dangereuses* de Choderlos de Laclos et les romans du marquis de Sade brossent un tableau inquiétant. On a pu prétendre que Beaumarchais s'était, pour son intrigue, inspiré de la réalité. Les aristocrates libertins ne manquent certes pas au XVIIIe siècle, et leur immoralité pourrait révéler une crise plus profonde. Si Almaviva, désorienté, se laisse manipuler, c'est peut-être parce que son pouvoir sonne creux, et que ses privilèges n'ont plus de fondements reconnus.

MÉRITE PERSONNEL ET DIGNITÉ DE TOUS

En contrepartie, si la vie de Figaro, vie picaresque et démultipliée, passe par une accumulation de métiers, c'est sans doute pour que le personnage puisse représenter l'ensemble des roturiers. La naissance mystérieuse de Figaro, le fait qu'il n'ait pas de nom, qu'il ne possède que son génie personnel, récuse tout déterminisme social, toute mythification de la filiation. Détacher ainsi la valeur individuelle de l'hérédité, c'est déraciner les arbres généalogiques ; c'est aussi donner à chacun la chance de s'élever et de conquérir le pouvoir social ; c'est rendre aux hommes la maîtrise de leur destinée, autant dire leur liberté. Marceline dit à Figaro, le fils retrouvé : « Ne regarde point d'où tu viens, vois où tu vas : cela seul importe à chacun. » (Acte III, scène 16.)

De la même façon, Beaumarchais veut rendre aux femmes leur dignité, et la pièce peut être qualifiée de « féministe » avant la lettre. En cela aussi, Beaumarchais rejoint d'autres penseurs de son temps : Voltaire, Helvétius, Diderot, d'Alembert, Condorcet. Chez Laclos, ce souci se double de celui d'éduquer les femmes, car leur ignorance élève les murs de la prison où leurs pères, puis leurs maris, les enferment. Au XVIIIe siècle, seule la veuve, telle l'Araminte des *Fausses Confidences* de Marivaux, goûte aux charmes du libre-arbitre. Contre cette inégalité flagrante, qui vole à la femme son bonheur, le dramaturge place dans la bouche de la duègne Marceline des arguments de poids : l'égoïsme masculin, si bien incarné par Almaviva et Bartholo, est

en ces termes vilipendé : « Hommes plus qu'ingrats, qui flétrissez par le mépris les jouets de vos passions, vos victimes ! c'est
vous qu'il faut punir des erreurs de notre jeunesse ; vous et vos
magistrats, si vains du droit de nous juger […] Dans les rangs
même plus élevés, les femmes n'obtiennent de vous qu'une
considération dérisoire ; leurrées de respects apparents, dans une
servitude réelle ; traitées en mineures pour nos biens, punies en
majeures pour nos fautes ! » (Acte III, scène 16.)

Un autre sujet est tout aussi d'actualité, celui des enfants
trouvés ou enfants naturels. La scène de reconnaissance, traditionnelle dans le drame bourgeois, est le dénouement heureux
d'une situation qu'on pourrait qualifier de tragique. Dans un
monde où l'hérédité définit la hiérarchie sociale, naître de
parents inconnus, c'est être un paria. Figaro, parce qu'il est
« anonyme » (voir p. 169), est dépourvu d'état civil et ne peut
pas contracter de mariage. La réalisation du mariage de Figaro
assure par conséquent le triomphe de l'homme sans nom, ou
plutôt de l'homme qui commence son nom. On se souvient du
mot que lance Voltaire comme un soufflet au chevalier de
Rohan qui le méprisait de n'être qu'un Arouet, ou un Voltaire :
« Je commence mon nom et vous finissez le vôtre. »

Pour toutes ces raisons, *Le Mariage de Figaro* participe d'une
logique historique qui aurait pu conduire la société française à
quelques inévitables réformes, mais qui a mené à la Révolution.
La pièce déborde, comme son personnage principal Figaro, de
cette énergie trop longtemps contenue par une organisation
sociale sans souplesse, et dont l'excessive raideur entraînera la rup-
ture. Avec le recul, on pourrait presque aujourd'hui accepter la
formule de Napoléon, à condition de donner au terme « action »
son sens dramaturgique : Beaumarchais unit indissolublement le
discours comique au discours politique, ce qui lui permet de les
réinventer tous deux. Les grandes idées qui deviendront révolutionnaires sont dans *Le Mariage*, non seulement mises au clair et
illustrées, mais surtout aiguisées, effilées. Beaumarchais a donc su
capter l'air de son temps. Il a surtout su l'activer.

Le renouvellement de la dramaturgie

UN MÉLANGE DE GENRES

Beaumarchais reprend et fond en un ensemble aussi insolite qu'harmonieux les genres dramatiques à la mode au XVIIIe siècle.

Ainsi s'abandonne-t-il à la fantaisie des **parades de foire**. On sait qu'il a pratiqué ce genre dramatique léger, pur divertissement où déborde une franche gaieté, volontiers égrillarde. À l'origine, les parades précédaient le spectacle théâtral proprement dit, et avaient un but publicitaire : elles attiraient le spectateur, l'incitaient à entrer dans le théâtre. Peu à peu, elles devinrent un spectacle à part entière, essentiellement populaire. Des parades, Beaumarchais a gardé le goût de la farce, de la multiplication des quiproquos les moins vraisemblables, et le sens du comique verbal, des formules qui font mouche.

Au XVIIIe siècle, certains grands aristocrates ou grands bourgeois vont s'encanailler aux théâtres des foires et en goûtent les spectacles ; ils vont s'en inspirer pour revivifier le théâtre de société, théâtre mondain joué en privé, et retiendront surtout des parades des idées de situations scabreuses. L'érotisme domine en effet dans ce nouveau théâtre de salon, reflet du libertinage ambiant. C'est sans doute à cette mode libertine qu'on peut rattacher la sensualité qui règne dans *Le Mariage de Figaro*, avec ses jeux d'épingles et de rubans, ses travestissements qui renouvellent l'approche des corps et stimulent le désir.

Paradoxalement, Beaumarchais pratique aussi le **drame sérieux**, genre édifiant et larmoyant. Il conçoit d'ailleurs la plus grande admiration pour Diderot et ses drames, notamment pour *Le Père de famille*, et son premier essai au théâtre fut un drame, *Eugénie*. Lorsque cette pièce est publiée, il y adjoint une longue préface qui fait l'apologie du genre : *Essai sur le genre dramatique sérieux*. Dans cette préface, il se propose d'élargir la scène de sorte qu'elle « embrasse tous les états de la vie et toutes les situations de chaque état ». Son attachement au drame est tel qu'il y reviendra malgré le vif succès de ses deux comédies, *Le Barbier de Séville* et *Le Mariage de Figaro*. La troisième pièce de la trilogie, *La Mère coupable*, veut faire « verser des larmes à toutes les femmes sensibles ». Tel est en tout cas le projet dont il fait part dans sa correspondance. Du drame, *Le Mariage de Figaro* tire notamment sa scène de reconnaissance au troisième acte, sans doute plus émouvante que parodique. Le dramaturge joue sans cesse sur les émotions, celle de l'épouse délaissée, celle de Marceline qui relate son désespoir de fille abusée, ou encore de Figaro qui se croit trompé et médite sur l'enchaînement de sa destinée. Il ne faut pas minimiser cette part généreuse faite au lyrisme et au pathétique. Le lecteur d'aujourd'hui, parce qu'il dédaigne le mélodrame, a tendance à voir de l'ironie et de la distance là où sans doute Beaumarchais voulait mettre de la sensibilité.

Beaumarchais fait aussi profiter son théâtre de ses **talents de musicien** (il écrira un opéra, *Tarare*, en 1787). Il est même novateur en ce domaine, imposant au Théâtre-Français l'ariette que chante Rosine dans *Le Barbier de Séville* (acte III, scène 4), ce qui fit scandale. Les chants et les ballets du *Mariage de Figaro* en font un spectacle total. Ils ont surtout une fonction festive : contribuant à l'atmosphère bon enfant de la pièce, ils enrichissent le divertissement, flattent la vue et l'oreille des spectateurs et suscitent son émerveillement.

Ainsi, l'association de genres aussi divers explique l'étonnant foisonnement de la pièce : celle-ci participe de plusieurs esthétiques dont les nuances contrastées deviennent, par le miracle de l'art, complémentaires. Pareil assemblage aurait pu former une bigarrure ; il devient pourtant, agencé par Beaumarchais, une riche mais parfaite harmonie.

JEUX SUR L'ESPACE ET LE TEMPS :
L'UNITÉ DÉMULTIPLIÉE, UN FOISONNEMENT CONTRÔLÉ

Au XVIIIe siècle, l'espace scénique se sépare clairement de celui occupé par le public. Jusqu'alors, certains spectateurs étaient assis sur la scène, et cette interpénétration amoindrissait les possibilités de la mise en scène. Or, à cette liberté récemment conquise, s'ajoute celle acquise sur les tréteaux des foires. Comme dans la *commedia dell'arte*, les parades sont en partie improvisées à partir d'un canevas et intègrent pantomimes et acrobaties. Cette liberté de mouvement venue des Italiens est vivifiée par Beaumarchais qui lui donne un surcroît de dynamisme. Tout l'acte V, avec ses esquives, ses soufflets et ses quiproquos, procède de cette nouvelle liberté du geste et du mouvement. On pourrait aussi évoquer le jeu autour du fauteuil dans le premier acte, ou encore la bataille que se livrent Suzanne et le page pour la conquête du ruban (acte I, scène 7).

Si l'**espace** semble **libéré**, c'est aussi parce que le lieu scénique apparaît à la fois unique, toute la pièce se limitant au château d'Aguas-Frescas, et démultiplié :

– le premier acte se déroule dans la chambre de Suzanne (lieu privé),

– le second, dans la chambre de la Comtesse (lieu privé richement orné, dont le décor contraste avec la nudité de la chambre de Suzanne),

– le troisième dans la salle d'audience (lieu public),

– le quatrième dans une galerie du château (lieu public),

– le dernier dans le parc, sous les marronniers, dans l'obscurité nocturne (lieu intime et public à la fois).

Cependant, l'espace scénique apparaît d'autant plus foisonnant que Beaumarchais y multiplie les cachettes : le fauteuil du premier acte, le cabinet et l'alcôve du deuxième, les pavillons du dernier. Mieux encore, le dramaturge utilise l'espace imaginaire situé hors de la scène, ce que Jacques Scherer, dans *La Dramaturgie de Beaumarchais*, appelle le « troisième lieu », lieu d'autant plus dynamique qu'il n'a que les limites de notre imagination : la chambre de Fanchette, le potager et la melonnière, la route de Séville et l'hôtel où Pédrille va chercher Chérubin, Londres où Figaro devrait aller, toutes ces notations spatiales ouvrent la scène au monde qui l'entoure, et qui finit par s'y engouffrer. Comme dans un roman, la réalité entre largement dans la pièce, d'autant plus largement que les objets y acquièrent une importance primordiale.

En effet, de **nombreux objets** sont utilisés, manipulés par les acteurs. Beaumarchais leur confère une fonction symbolique qui enrichit le sens et une fonction proprement dramatique, un retentissement sur l'action. Ainsi, le ruban et l'épingle servent-ils la progression de l'intrigue. Arraché à Suzanne par Chérubin (acte I, scène 7), le ruban se retrouve paré de vertus curatives au bras blessé du page (acte II, scène 6). La Comtesse porte ensuite ce ruban sur son cœur, avant de l'offrir aux garçons de la noce en guise de jarretière de la mariée, dans l'ultime scène. De même, l'épingle qui ferme le billet que Suzanne envoie au Comte pour lui fixer un rendez-vous (auquel ira, à sa place, la Comtesse) pique le doigt d'Almaviva (acte IV, scène 9). Or, Figaro s'en aperçoit, ce qui fera rebondir l'action : Fanchette cherche ensuite Suzanne pour lui remettre cette épingle (acte IV, scène 14), elle s'adresse à Figaro qui, aussitôt, en déduit son malheur.

Comme l'espace, **le temps** est à la fois unique (*La Folle Journée*) et **démultiplié** par l'accumulation* des péripéties et des rebondissements. La rapidité de l'action est extrême (voir p. 270 à 274). On pourrait d'ailleurs croire l'intrigue décousue, tant elle apparaît, par tous ses mouvements, complexe. Cependant, Beaumarchais parvient à une structure unifiée, parfaitement cohérente. D'abord, l'exposition est rapide et discontinue, elle tient dans les scènes 1, 4, 7 (acte I) qui posent toutes les bases de l'intrigue : le mariage de Figaro et de Suzanne, le désir adultère du Comte, le plan de Marceline qui veut elle aussi épouser Figaro, l'amour de Chérubin pour toutes les femmes et sa préférence pour la Comtesse. C'est le mariage de Figaro qui forme l'axe principal. Il divise l'ensemble des personnages en deux groupes, celui des opposants (Almaviva, Marceline et Bartholo qui changent de camp au quatrième acte, Antonio qui ne veut pas que sa nièce Suzanne épouse un enfant trouvé et qui change d'avis lorsque Figaro retrouve ses parents), et celui des adjuvants qui concourent à la réalisation du bonheur des deux amoureux (la Comtesse et Chérubin). Le seul personnage qui apparaisse ambigu est Bazile, agent du Comte et prêt à épouser Marceline. Beaumarchais s'efforce constamment de recentrer l'action, de la ramener vers cet axe formé par deux désirs anta-gonistes, celui de Figaro et celui d'Almaviva, pour une même femme, Suzanne. Le plus souvent, pour plus de cohérence, Figaro mène l'action. Cependant, lorsque la Comtesse s'appro-prie son plan et décide de se substituer à Suzanne, Figaro perd le contrôle de l'intrigue. Cette dualité entre deux meneurs de jeu, Figaro et la Comtesse, aboutit aux brillants quiproquos du dernier acte. Celui-ci s'achève, d'ailleurs, par un dénouement en règle, c'est-à-dire rapide, complet et logique. Les couples se reforment pour le bonheur de tous et en conformité avec la morale.

Ainsi, lorsqu'on analyse les formes dramatiques du *Mariage de Figaro* est-on frappé par les libertés que s'octroie Beaumarchais, libertés qu'il sait au demeurant judicieusement contenir et contrôler. Il parvient à nous donner l'impression que, dans ses comédies, tout est permis ; mais à y regarder de plus près, force est de constater qu'il s'impose des règles afin que l'ensemble des rouages trouvent leur plus juste place : un **minu-tieux travail d'horloger**, en somme.

LE LANGAGE DRAMATIQUE : LIBERTÉ ET VIRTUOSITÉ

Comme il renouvelle les règles de la dramaturgie, Beaumarchais invente aussi un **nouveau langage dramatique** : avec hardiesse et aisance. Il ne reste pas, en effet, dans les limites de la tradition rhé-torique, mais s'efforce de conquérir dans sa phrase ce qu'il a su donner à ses acteurs : le sens du mouvement et la rapidité.

Plusieurs procédés d'écriture concourent à cette mobilité. Parmi les plus visibles, on pourra relever la phrase accumulative qui accélère immédiatement le rythme ; elle est notamment uti-lisée dans le monologue de Figaro :

« [...] à l'instant un envoyé... de je ne sais où se plaint que j'offense dans mes vers la Sublime-Porte, la Perse, une partie de la presqu'île de l'Inde, toute l'Égypte, les royaumes de Barca, de

Tripoli, de Tunis, d'Alger et de Maroc [...] » (Acte V, scène 3, l. 28 et suivantes.)

Jouant sur la phrase, ses volumes, ses cadences, et ses sonorités, Beaumarchais s'amuse des parallélismes et des répétitions :

« SUZANNE *se relève*. Moi aussi.
MARCELINE *se relève*. Moi aussi.
FIGARO *se relève*. Moi aussi, il y a de l'écho ici ! (*Tous se relèvent.*) » (Acte V, scène 19, l. 11, 12, 13 et 14.)

Ce comique de répétition peut d'ailleurs créer une rime aussi riche de sens qu'inattendue :

« BARTHOLO. Comme un voleur.
MARCELINE. Comme un seigneur. » (Acte I, scène 4, l. 58 et 59.)

En fait, Beaumarchais, en dramaturge qui connaît son métier, soigne tout particulièrement les **enchaînements des répliques**. Le langage dramatique doit en effet, à la fois se démarquer de la langue écrite, par plus de spontanéité, et s'écarter de la langue orale, par plus de fluidité. Pour réussir ce dosage, il importe que les répliques semblent fuser tout en paraissant liées. Le plus souvent, l'enchaînement se fait par la reprise d'un mot, mais Beaumarchais raffine, et en profite pour jouer sur les sonorités, en créant un à-peu-près :

« BAZILE. Tandis qu'il n'est pas un chanteur que mon talent n'ait fait briller.
FIGARO. Brailler. » (Acte IV, scène 10, l. 43, 44 et 45.)

Toutefois, la virtuosité verbale n'est pas seulement poudre aux yeux. L'éclat des mots n'enlève rien à la profondeur de la pièce. Ainsi, lorsque Suzanne ou Figaro répondent au Comte avec un infaillible esprit d'à-propos, ils reprennent sur le tyran auquel ils se confrontent une liberté injustement confisquée. Les mots ont une force vive : en les libérant, ce sont les hommes que Beaumarchais libère. Et lorsqu'il organise des joutes oratoires, il démontre que la parole est un acte, et la meilleure des armes. La rapidité des échanges est donc porteuse d'espérance : le mouvement des répliques reproduisant celui, toujours possible, des hommes qui, tel Figaro ou le dramaturge lui-même, ne se laissent pas enfermer dans un destin tout tracé.

En outre, l'ingéniosité, la rapidité des échanges entraînent des accidents du langage, qui invitent le lecteur à collaborer à l'émergence du sens. Ainsi des phrases demeurent-elles inachevées, incomplètes, parfois mêmes sibyllines :

« LE COMTE. Ah ! madame, c'est sans ménagement. » (Acte II, scène 19, l. 16.)

D'autres phrases sont interrompues, reprises au vol par l'interlocuteur, formant ainsi des puzzles dont chaque locuteur détient une pièce, et que le spectateur assemble instantanément pour son plus grand plaisir :

« MARCELINE. Ah ! quelle volupté !...
BARTHOLO. De punir un scélérat...
MARCELINE. De l'épouser, docteur, de l'épouser ! » (Acte I, scène 4, l. 88, 89 et 90.)

De la sorte, le spectateur est constamment stimulé, libéré du poids des mots qui est aussi celui des pensées arrêtées ; il est invité à jouer avec le sens, assouplissant sa pensée afin qu'elle abandonne ses habitudes comme ses entraves. Rien n'arrête, en effet, la verve de Beaumarchais. Il se joue du langage convenu, recréant les proverbes, et prolongeant, quand on s'y attend le moins, son propre jeu :

« "Tant va la cruche à l'eau, qu'à la fin..."
BAZILE. Elle s'emplit. » (Acte I, scène 11, l. 30, 31 et 32.)

« BAZILE, à lui-même. Ah ! je n'irai pas lutter contre le pot de fer, moi qui ne suis...
FIGARO. Qu'une cruche. » (Acte II, scène 23, l. 1, 2 et 3.)

Beaumarchais joue sur les mots, quitte à en inventer de nouveaux comme le joli « désuzanniser » qu'il place dans la bouche de Figaro, ou comme le verbe « approximer » forgé à partir du latin « *proximus* » :

« Si vous faites mine seulement d'approximer madame... » (Acte IV, scène 10, l. 26 et 27.)

Les règles de la grammaire comme celles du vocabulaire s'assouplissent jusqu'à acquérir cette élasticité qui suit chaque mouvement, ceux de la pensée comme ceux de la pure fantaisie comique.

Beaumarchais, en effet, use de tous les procédés de la **dérision**, maniant l'humour des jeux de mots comme la plus grinçante ironie :

« SUZANNE, *une révérence*. Votre servante, madame ; il y a toujours quelque chose d'amer dans vos propos.

MARCELINE, *une révérence*. Bien la vôtre, madame ; où donc est l'amertume ? N'est-il pas juste qu'un libéral seigneur partage un peu la joie qu'il procure à ses gens ? » (Acte I, scène 5, l. 11 et suivantes.)

Avec l'ironie, très présente dans la préface du *Mariage*, la créativité verbale joue sur la dissociation du sens : le mot finit par signifier, sous la pression du contexte, le contraire de ce qu'il signifie d'ordinaire :

« Oh ! que j'ai de regret de n'avoir pas fait de ce sujet moral une tragédie bien sanguinaire ! Mettant un poignard à la main de l'époux outragé, que je n'aurais pas nommé Figaro, dans sa jalouse fureur je lui aurais fait noblement poignarder le Puissant vicieux [...] » (Préface, l. 334 et suivantes.)

Or, l'antiphrase* ironique (ici ajoutée à la parodie* du langage de la tragédie), en retournant contre l'adversaire ses propres armes, en lui démontrant l'absurdité de ses arguments, confirme aussi la puissance du langage. L'ironie, par la spécificité de sa trajectoire, va de la libération du sens à celle des hommes, les aidant à lutter contre ceux qui les tyrannisent.

Beaumarchais a su mettre dans son langage dramatique l'énergie de sa propre vie. Ses révoltes, son dynamisme et sa gaieté lui font utiliser les mots comme le ferait un poète, en les allégeant d'un peu du poids du sens, pour qu'ils s'élancent plus vite vers leur cible. Car les mots de Beaumarchais font toujours mouche et conservent encore aujourd'hui leur inaltérable vigueur.

LA STRUCTURE
DU *MARIAGE DE FIGARO*

ACTE	SCÈNE	LONGUEUR (en lignes)	LIEUX ET MOMENTS	PERSONNAGES	SUJET DE LA SCÈNE
ACTE I	Sc. 1	95	– Le château d'Aguas-Frescas – La chambre de Suzanne – Le matin	Figaro, Suzanne	« un ancien droit du seigneur ».
	Sc. 2	26		Figaro	Figaro nommé courrier des dépêches à l'ambassade de Londres.
	Sc. 3	19		Marceline, Bartholo, Figaro	Bartholo allié à Marceline contre Figaro.
	Sc. 4	90		Marceline, Bartholo	Bartholo et Marceline eurent une liaison dont naquit un fils.
	Sc. 5	46		Marceline, Bartholo, Suzanne	Suzanne contre Marceline.
	Sc. 6	6		Suzanne	Colère contre Marceline.
	Sc. 7	80		Suzanne, Chérubin	La bataille du ruban.
	Sc. 8	44		Suzanne, le Comte, Chérubin caché	Partie de cache-cache autour du fauteuil.
	Sc. 9	112		Le comte et Chérubin cachés, Suzanne, Bazile	Bazile accuse Chérubin, renvoi du page.
	Sc. 10	138		Chérubin, Suzanne, Figaro, la Comtesse, le Comte, Fanchette, Bazile, beaucoup de valets	La toque virginale de Suzanne.
	Sc. 11	33		Chérubin, Figaro, Bazile	Faux départ de Chérubin.

ACTE	SCÈNE	LONGUEUR (en lignes)	LIEUX ET MOMENTS	PERSONNAGES	SUJET DE LA SCÈNE
ACTE II	Sc. 1	54	– La chambre de la Comtesse – Le matin	Suzanne, la Comtesse	Confidences de Suzanne sur les intentions du Comte.
	Sc. 2	82		Figaro, Suzanne, la Comtesse	Le faux billet imaginé par Figaro.
	Sc. 3	14		Suzanne, la Comtesse	Coquetterie de la Comtesse.
	Sc. 4	95		Chérubin, la Comtesse, Suzanne	La romance de Chérubin, son travestissement en femme.
	Sc. 5	8		La Comtesse, Chérubin	Pas de cachet sur le brevet d'officier de Chérubin.
	Sc. 6, 7, 8, 9	37 4, 5 22		Chérubin, la Comtesse, Suzanne	Le ruban au bras du page.
	Sc. 10, 11	12 1		Chérubin, la Comtesse, le Comte	Le page caché dans le cabinet de toilette.
	Sc. 12, 13	50 45		Le Comte, la Comtesse	Le Comte veut ouvrir le cabinet.
	Sc. 14, 15	20 7		Suzanne, Chérubin	Suzanne se substitue au page qui saute par la fenêtre.
	Sc. 16, 17	80 6		Le Comte, la Comtesse puis Suzanne découverte à la scène 17	La porte forcée libère Suzanne.
	Sc. 18	3		La Comtesse, Suzanne	La camériste informe sa maîtresse.
	Sc. 19	106		La Comtesse, Suzanne, le Comte	Le Comte est désorienté.
	Sc. 20	54		Suzanne, Figaro, la Comtesse, le Comte	Figaro interrogé.
	Sc. 21	116		Les mêmes, Antonio	Antonio le jardinier et ses giroflées écrasées.

ACTE	SCÈNE	LONGUEUR (en lignes)	LIEUX ET MOMENTS	PERSONNAGES	SUJET DE LA SCÈNE
ACTE II	Sc. 22, 23	54 22		Bazile, Bartholo, Marceline, Figaro, le Comte, Gripe-Soleil, la Comtesse, Suzanne, Antonio (valets et vassaux)	Marceline réclame justice. Le Comte convoque le tribunal.
	Sc. 24, 25, 26	34 6 9		Suzanne, la Comtesse	La Comtesse ira au rendez-vous galant du Comte à la place de sa cameriste.
ENTRACTE					
ACTE III	Sc. 1, 2, 3	2 1, 15	– Salle d'audience du château – L'après-midi	Le Comte, Pédrille	Pédrille ira à Séville chercher Chérubin.
	Sc. 4	22		Le Comte	Le monologue du Comte sur les caprices du désir.
	Sc. 5	151		Le Comte, Figaro	L'esquive du « God-dam ».
	Sc. 6, 7, 8	5 9, 5		Le Comte, Figaro	Le juge Brid'oison est annoncé.
	Sc. 9	49		Le Comte, Suzanne	Suzanne endort les soupçons du Comte.
	Sc. 10	5		Suzanne, Figaro	Suzanne croit triompher.
	Sc. 11	9		Court monologue du Comte	Le Comte désabusé.
	Sc. 12	25		Bartholo, Marceline, Brid'oison	Marceline porte plainte.
	Sc. 13	38		Les mêmes, Figaro	Figaro vient saluer Brid'oison.
	Sc. 14, 15	10 161		Les mêmes, le Comte, puis les valets, les paysans, les juges, les avocats	Début du procès.
	Sc. 16	114		Les mêmes	Figaro retrouve ses parents.
	Sc. 17	5		Les mêmes	Suzanne a l'argent nécessaire.
	Sc. 18, 19, 20	68 23 3		Les mêmes, sauf le Comte	Figaro présente ses parents à Suzanne.

ACTE	SCÈNE	LONGUEUR (en lignes)	LIEUX ET MOMENTS	PERSONNAGES	SUJET DE LA SCÈNE
ACTE IV	Sc. 1	72	– Une galerie préparée pour la fête – L'après-midi	Figaro, Suzanne	Figaro ne veut pas que Suzanne aille au rendez-vous du Comte
	Sc. 2	7		Arrivée de la Comtesse	Elle retient Suzanne.
	Sc. 3	55		Suzanne, la Comtesse	La Comtesse arrive. Rendez-vous est fixé au Comte.
	Sc. 4	16		Arrivée de Chérubin déguisé parmi les jeunes filles du village (dont Fanchette)	Chérubin offre des fleurs à la Comtesse.
	Sc. 5	42		Les mêmes, le Comte, Antonio	Chérubin démasqué.
	Sc. 6	43		Les mêmes, Figaro	Mensonges de Figaro.
	Sc. 7	8		Le Comte, la Comtesse, Chérubin	Le Comte chasse Chérubin.
	Sc. 8, 9	13 72		Le Comte, la Comtesse	Figaro surprend le Comte piqué par le billet galant.
	Sc. 10	67		Les mêmes, sauf la Comtesse et Suzanne, Bazile, Gripe-Soleil	Figaro et Bazile se disputent.
	Sc. 11, 12	8 11		Les mêmes, sauf Bazile	Les deux mariages vont être célébrés.
	Sc. 13	17		Figaro, Marceline	Figaro au-dessus de la jalousie.
	Sc. 14	42		Figaro, Marceline, Fanchette	Une épingle pour Suzanne…
	Sc. 15	33		Figaro, Marceline	Jalousie de Figaro.
	Sc. 16	6		Marceline	Solidarité féminine.

ACTE	SCÈNE	LONGUEUR (en lignes)	LIEUX ET MOMENTS	PERSONNAGES	SUJET DE LA SCÈNE
ACTE V	Sc. 1	11	– Le parc du château, sous les marronniers – La nuit	Fanchette	Fanchette venue apporter des vivres à Chérubin.
	Sc. 2	46		Figaro, Bazile, Antonio, Bartholo, Brid'oison, Gripe-Soleil, valets	Fuite des témoins convoqués par Figaro.
	Sc. 3	110		Figaro	Amertume de Figaro.
	Sc. 4, 5	8 9		Figaro, la Comtesse dans les habits de Suzanne, Suzanne dans ceux de la Comtesse, Marceline	Marceline prévient Suzanne qui prévient la Comtesse.
	Sc. 6	55		Figaro, Chérubin, le Comte, la Comtesse, Suzanne	Chérubin prend la Comtesse pour Suzanne.
	Sc. 7	92		Figaro, le Comte, la Comtesse, Suzanne	Le Comte prend sa femme pour Suzanne.
	Sc. 8	109		Figaro, Suzanne	Figaro feint de prendre Suzanne pour la Comtesse.
	Sc. 9, 10	25 3		Le Comte, Suzanne, Figaro	Le Comte surprend Figaro aux pieds de celle qu'il croit être sa femme.
	Sc. 11	12		Pédrille, le Comte, Figaro	Pédrille n'a pu trouver le page.
	Sc. 12	44		Les mêmes, Brid'oison, Bartholo, Bazile Antonio, Gripe-Soleil	Le Comte veut qu'on se saisisse de Figaro.
	Sc. 13, 14, 15, 16, 17, 18	3 19 4 14 7 11		Les mêmes, entrant et sortant alternativement du pavillon	Sorties du pavillon.
	Sc. 19	63		Les mêmes, la Comtesse	La Comtesse sort enfin de l'autre pavillon et pardonne.

VAUDEVILLE

LES THÈMES

L'ADOLESCENCE ET L'ÉVEIL DES SENS

Avec le personnage de Chérubin, Beaumarchais crée un mythe : la représentation de l'adolescent, amoureux de l'amour, voltigeant autour des femmes, les sens toujours en éveil. Quoique plus effacée, Fanchette est son pendant féminin. Elle aussi est curieuse de sensations. Cependant, l'apprentissage amoureux du garçon apparaît moins répréhensible que celui de la jeune fille qui court plus de dangers : perdre sa réputation et mettre au monde, comme Marceline, un bâtard. Chérubin, jeune aristocrate, n'a rien à perdre, bien au contraire, à ses multiples expériences amoureuses. Il conquiert peu à peu une virilité qui n'est encore qu'indécise (il est joli comme une fille quand Suzanne et la Comtesse le travestissent à l'acte II, scène 6, et il se déguise en jeune fille pour se cacher parmi les « filles du bourg » à l'acte IV, scène 4).

On pourra rapprocher Chérubin du jeune Meilcour apprenant l'amour et son discours contradictoire auprès d'une amie de sa mère dans *Les Égarements du cœur et de l'esprit* de Crébillon fils. On pourra aussi confronter les émois de Chérubin à ceux qu'exprime le poème *Roman* d'Arthur Rimbaud. L'adolescence a également inspiré de nombreux romans au XXᵉ siècle, tels *Le Grand Meaulnes* d'Alain-Fournier ou *Le Blé en herbe* de Colette.

L'AMOUR, LE DÉSIR ET LE LIBERTINAGE

La pièce semble faire l'apologie du désir, plutôt que de l'amour : la sensualité est partout répandue, dans les deux chambres des deux premiers actes (avec le jeu symbolique sur l'absence, puis la présence, fortement soulignée par l'estrade, du lit conjugal), dans le travestissement de Chérubin (acte II, scène 6) qui se joue des sexes et frôle les corps, et enfin dans les quiproquos du dernier acte. Le désir semble dicter sa loi si bien qu'amour ne rime plus avec toujours. Ainsi, l'usure du désir entraîne-t-elle fatalement l'adultère, comme l'explique le Comte à celle qu'il prend pour Suzanne :

« L'amour… n'est que le roman du cœur : c'est le plaisir qui en est l'histoire ; il m'amène à tes genoux. » (Acte V, scène 7.)

Quand on sait que le Comte a de tels principes, on peut craindre qu'il ne demeure pas longtemps, après le dénouement, fidèle à sa femme. La thématique du libertinage, des impérieux caprices du désir, traverse toute la pièce (voir le monologue du Comte, acte III, scène 4). Ces caprices animent Chérubin émerveillé par toutes les femmes, Fanchette qui se donne au page et au Comte, la Comtesse troublée par le jeune page. Il n'en reste pas moins que la relation entre Suzanne et Figaro donne lieu (acte I, scène 1 et acte IV, scène 1) à des scènes d'amour conjugal qui comptent parmi les plus belles du théâtre.

On pourra rapprocher cette conception de celle de Marivaux, notamment dans *Le Petit Maître corrigé*, et de celle qui se dégage des *Liaisons dangereuses* de Choderlos de Laclos. Une image plus critique et plus violente des ravages de la passion peut être donnée par *Manon Lescaut* de l'abbé Prévost, ou même par le personnage racinien de Phèdre.

L'ARGENT ET L'ASCENSION SOCIALE

Au XVIIIe siècle, le pouvoir apparaît dissocié de l'argent. La bourgeoisie, en effet, qui s'enrichit par son travail, souffre d'être confondue avec le peuple et de demeurer dans le tiers état. Son rôle économique n'a aucun véritable prolongement politique. En fait, Beaumarchais se fait le porte-parole de la bourgeoisie. Lui-même n'a pas rêvé de renverser l'ordre établi, mais de pouvoir conquérir sa place parmi les privilégiés. C'est la notion de mérite qui est au centre de ce nouveau conflit opposant les aristocrates aux bourgeois, d'où le célèbre reproche qu'adresse Figaro à son maître :

« Qu'avez-vous fait pour tant de biens ? Vous vous êtes donné la peine de naître, et rien de plus. » (Acte V, scène 3.)

D'autre part, l'importance croissante de l'argent dans la société se mesure à son impact sur l'intrigue : c'est à cause d'une reconnaissance de dette que Marceline peut s'opposer au mariage de Figaro, ce qui entraîne le procès du troisième acte. Le Comte a promis à Suzanne une dot si elle lui accordait ses faveurs (acte I, scène 1), et Figaro veut garder son épouse tout en récupérant cette dot.

La volonté de se hisser dans la société en s'enrichissant sert de base à l'intrigue du *Paysan parvenu*, roman de Marivaux dans lequel le héros, comme celui de *Bel Ami* de Maupassant, progresse dans la société par ses conquêtes féminines. En contrepartie, on se souvient du *Bourgeois Gentilhomme* de Molière qui vise à séparer clairement le bourgeois et l'aristocrate, l'argent et le pouvoir.

L'ENFANT, LE NOM ET LA BÂTARDISE

Dans une société fondée sur le droit du sang et le principe de l'hérédité, en d'autres termes sur le nom, on comprend que naître « anonyme », comme Figaro, ce soit naître sous une mauvaise étoile. Or, au XVIIIe siècle, les mœurs libertines multiplient les enfants illégitimes, enfants abandonnés et retrouvés. L'histoire d'Emmanuel-Figaro est à ce titre exemplaire (la suivre acte I, scène 4, acte III, scène 16, acte V, scène 3). Ce thème nourrit la scène de reconnaissance (acte III, scène 16), scène mélodramatique par excellence. Beaumarchais l'a déjà utilisé dans *Eugénie* et *Les Deux Amis* et le reprend dans *La Mère coupable*.

La Marianne qui raconte sa vie sous la plume de Marivaux (*La Vie de Marianne*) est née dans les mêmes conditions que Figaro. Ce thème obsède aussi les romans réalistes du XIXe siècle, et notamment Julien Sorel, dans *Le Rouge et le Noir* de Stendhal, persuadé de n'être pas le fils du père qu'il méprise. On retrouvera ce thème de la filiation dans « Mauvais sang », poème en prose d'*Une Saison en enfer* d'Arthur Rimbaud.

LES FEMMES : ALIÉNATION ET LIBÉRATION

Inégaux devant l'amour, hommes et femmes le sont également dans la société. La Comtesse délaissée par son mari volage est elle-même prisonnière d'une morale qui fait de la vertu des femmes un impératif catégorique. Almaviva ne ressent pas la contradiction de son attitude lorsqu'il poursuit Suzanne de ses ardeurs, tout en traquant sa femme par jalousie (voir l'épisode consécutif du faux billet dont Figaro a eu l'idée, à l'acte II). De même, en voulant acheter Suzanne, en s'amusant avec la petite Fanchette, ajoute-t-il au mépris de la femme, simple objet de désir et instrument de plaisir, celui de ses vassaux, du peuple qui lui est inféodé. Dans les deux cas, Beaumarchais prend la défense des opprimés. À l'acte II, il montre que les femmes résistent au pouvoir masculin par leur complicité : cette défense commune explique la force du lien unissant Suzanne à sa maîtresse, bien visible dans l'acte II, et même dans la réconciliation achevant la scène de querelle (acte IV, scène 3). Enfin, Beaumarchais met dans la bouche de Marceline qui, dans sa jeunesse, fut abusée par Bartholo (il lui a fait un enfant avant de l'abandonner) un émouvant plaidoyer (acte III, scène 16) en faveur des femmes. La même Marceline affirme d'ailleurs (acte IV, scène 16) la solidarité féminine contre la jalousie irréfléchie de son fils Figaro. On peut donc qualifier Beaumarchais de « féministe » avant la lettre.

On trouvera la même défense des femmes chez Marivaux, par exemple dans *Les Fausses Confidences* ou *Le Triomphe de l'amour* qui donnent à la femme un pouvoir de décision, lui permettant d'échapper à sa condition. Le plus bel exemple d'aliénation est offert par Montesquieu, dans les *Lettres Persanes* qui relatent la vie du sérail, l'emprisonnement des femmes totalement soumises au pouvoir de leur mari polygame. La libération des femmes traverse en filigrane *Les Liaisons dangereuses* de Laclos : le personnage de la marquise de Merteuil exprime à plusieurs reprises sa révolte contre le pouvoir masculin. On pourra confronter ces rébellions valorisées à celles que Molière ridiculise dans *Les Précieuses ridicules* et *Les Femmes savantes*. Les œuvres contemporaines de Simone de Beauvoir donneront à cette réflexion un nouvel éclairage, par exemple dans *Le Deuxième Sexe* ou dans ses œuvres autobiographiques.

LA JUSTICE : SATIRE ET RÉFLEXION SUR LE DROIT

Occupant symboliquement une position centrale dans le déroulement de la pièce, le procès du troisième acte qui oppose Figaro à Marceline engendre la satire de l'institution judiciaire. C'est tout d'abord la vénalité des charges de la magistrature qui est dénoncée comme une aberration au travers du personnage grotesque de Brid'oison. Plus profondément, *Le Mariage* est sous-tendu par une réflexion sur le droit. En finissant contre son gré par se plier à la loi commune, Almaviva fonde la justice : elle exige l'égalité entre les hommes, la fin des privilèges.

Cette réflexion sur le droit préoccupe tous les philosophes des Lumières, et notamment Montesquieu qui écrit *L'Esprit des lois* ou Rousseau qui recherche une société plus juste unie par un *Contrat social*. La dénonciation de l'injustice est déjà chez Rabelais, puisque Brid'oison est inspiré de Brid'oye (dans *Le Tiers Livre*), et chez La Fontaine, dans sa célèbre fable « Les animaux malades de la peste » (voir p. 283 à 285).

MAÎTRES ET VALETS : CONFLITS ET DIALECTIQUE

Le château d'Aguas-Frescas reproduit la société, ses clivages et ses conflits de classes. Les scènes à grand spectacle dans lesquelles les paysans et villageois envahissent la scène ont donc une portée symbolique évidente (acte I, scène 10, acte II, scène 22, acte III, scène 15, acte IV, scènes 4-5-6, acte V, de la scène 12 à la dernière). L'enjeu de cette histoire de désirs entre-croisés demeure le pouvoir usurpé, confisqué par les maîtres devenus des tyrans. Constamment, Figaro doit ruser pour reconquérir sa femme en même temps que sa plus simple liberté. Pourtant, dans cette bataille du pot de terre contre le pot de fer, c'est bien la cruche, simple instrument domestique faussement naïf, qui l'emporte, sans se briser. On opposera la querelle de la maîtresse et de sa camériste (acte IV, scène 3) et la relation de quasi-égalité que les femmes ont instaurée entre elles, aux duels entre Figaro et le Comte (acte III, scène 5). Chez Beaumarchais, la tyrannie est essentiellement masculine.

Le philosophe Hegel démontre que le tyran s'aliène autant que ceux qu'il tyrannise, car toute aliénation est fondamentalement réciproque. Ce thème fonde l'intrigue de *L'Île des Esclaves* de Marivaux, île sur laquelle les domestiques ont échangé leur rôle avec leurs anciens maîtres (voir p. 286 à 288). On pourra aussi observer comment Jacques prend, par la parole, le pouvoir sur son maître, dans *Jacques le Fataliste* de Diderot (voir p. 288-289). On pourra bien sûr confronter la relation de Figaro et d'Almaviva à celle qu'ils avaient dans *Le Barbier de Séville* et à celle de Dom Juan et de Sganarelle chez Molière. Jean Genet offre de nos jours une variation sur le même thème dans sa pièce intitulée *Les Bonnes*.

LES OBJETS ET LEUR RÔLE

Les accessoires sont utilisés dans *Le Mariage de Figaro* avec une profusion tout à fait insolite. Ces objets ont d'abord pour fonction de faire entrer la réalité de la vie quotidienne du XVIIIᵉ siècle sur la scène. Ils ont en outre une fonction symbolique : le lit de la Comtesse posé sur une estrade au second acte renvoie ironiquement à son statut d'épouse délaissée, l'éventail qu'elle agite frénétiquement (acte II, scène 1) va révéler sa colère.

En outre, comme le ruban de *L'École des femmes* de Molière, celui de la Comtesse est l'objet où se cristallise le désir et où s'inscrit la sexualité. Cette pièce symbolique qui ferme et ouvre… le vêtement féminin possède aussi, comme l'épingle de Suzanne, une véritable fonction dramatique au fil de la pièce : elle révèle l'évolution psychologique, relie les personnages, favorise les quiproquos.

Dans *Les Fausses Confidences* de Marivaux, deux portraits ont une fonction dramatique comparable. On constate d'ailleurs l'importance des objets au XVIIIᵉ siècle dans *L'Encyclopédie*, qui leur consacre de nombreuses planches.

LES TRAVESTISSEMENTS
ET LEUR FONCTION DRAMATIQUE

Le costume au théâtre permet d'identifier chaque personnage. Aussi le travestissement sème-t-il le désordre, révélant un monde livré au chaos des désirs illicites. Si le travestissement de Chérubin en jeune fille insiste sur l'ambiguïté sexuelle propre à l'adolescence, il autorise aussi des jeux sensuels que la Comtesse veut croire innocents. Mais c'est le double travestissement du cinquième acte qui permet à chaque amant de trouver la vérité de son cœur.

Le même effet est produit par le double travestissement (quadruple même puisqu'il concerne les deux couples) dans *Le Jeu de l'amour et du hasard* de Marivaux. Chez ce même auteur, *Le Prince travesti* exploite les feintes de l'apparence. Dans *L'Astrée* d'Honoré d'Urfé, Céladon approche celle qu'il aime sous des habits féminins, en jouant ainsi de l'ambiguïté sexuelle. Les travestissements jouent sur l'illusion scénique, redoublant la théâtralité du texte pour donner plus de plaisir au spectateur. Le déguisement peut aussi être bouffon : on peut penser à Toinette dans *Le Malade imaginaire* de Molière ou à la mystification du « grand Mamamouchi » dans *Le Bourgeois Gentilhomme*.

D'AUTRES TEXTES

Argumenter
pour plus de justice sociale

LA BRUYÈRE, *LES CARACTÈRES*, 1688

La dénonciation directe de l'injustice

Pour La Bruyère (1645-1696), le luxe des riches est une insulte à la misère des plus démunis.

« Il y a des misères sur la terre qui saisissent le cœur. Il manque à quelques-uns jusqu'aux aliments ; ils redoutent l'hiver ; ils appréhendent de vivre. L'on mange ailleurs des fruits précoces ; l'on force la terre et les saisons pour fournir à sa délicatesse ; de simples bourgeois, seulement à cause qu'ils étaient riches, ont eu l'audace d'avaler en un seul morceau la nourriture de cent familles. Tienne qui voudra contre de si grandes extrémités ; je ne veux être, si je le puis, ni malheureux, ni heureux ; je me jette et me réfugie dans la médiocrité.

Il y a une espèce de honte d'être heureux à la vue de certaines misères.

L'on voit certains animaux farouches, des mâles et des femelles, répandus par la campagne, noirs, livides, et tout brûlés du soleil, attachés à la terre qu'ils fouillent et qu'ils remuent avec une opiniâtreté invincible ; ils ont comme une voix articulée, et, quand ils se lèvent sur leurs pieds, ils montrent une face humaine ; et en effet ils sont des hommes. Ils se retirent la nuit dans des tanières, où ils vivent de pain noir, d'eau et de racines : ils épargnent aux autres hommes la peine de semer, de labourer et de recueillir pour vivre, et méritent ainsi de ne pas manquer de ce pain qu'ils ont semé.

Si je compare ensemble les deux conditions des hommes les plus opposées, je veux dire les grands avec le peuple, ce dernier me paraît content du nécessaire, et les autres sont inquiets et pauvres avec le superflu. Un homme du peuple ne saurait faire aucun mal ; un grand ne veut faire aucun bien et est capable de grands maux. L'un ne se forme et ne s'exerce que dans les choses qui sont utiles ; l'autre y joint les pernicieuses. Là se montrent ingénument la grossièreté et la franchise ; ici se cache une sève maligne et corrompue sous l'écorce de la politesse. Le peuple n'a guère d'esprit, et les grands n'ont point d'âme : celui-là a un bon fond et n'a point de dehors, ceux-ci n'ont que des dehors et qu'une simple superficie. Faut-il opter ? Je ne balance pas : je veux être peuple. »

Jean DE LA BRUYÈRE, *Les Caractères*, 1688.

QUESTIONS

1. Ce thème de l'excès de misère est-il prédominant dans *Le Mariage de Figaro* ? Pourquoi ?

2. Les causes pour lesquelles luttent La Bruyère et Beaumarchais vous paraissent-elles semblables ? différentes ?

3. Caractérisez les tons de ce texte. Quels passages et quels aspects peuvent être rapprochés du *Mariage de Figaro* ?

LA FONTAINE, *FABLES*, 1679

La fable et ses visées

La Fontaine (1621-1692) est, lui aussi, scandalisé par l'abus des privilèges. Il relie ce thème, comme le fait Beaumarchais, aux carences de l'institution judiciaire. En effet, les inégalités et les injustices sont fondamentalement liées. Cette fable, au travers d'une symbolique animalière sans équivoque, montre que les privilégiés se placent au-dessus des lois.

« **Les animaux malades de la peste**

Un mal qui répand la terreur,
Mal que le ciel en sa fureur
Inventa pour punir les crimes de la terre,

La peste (puisqu'il faut l'appeler par son nom),
Capable d'enrichir en un jour l'Achéron,
Faisait aux animaux la guerre.
Ils ne mouraient pas tous, mais tous étaient frappés.
On n'en voyait point d'occupés
À chercher le soutien d'une mourante vie ;
Nul mets n'excitait leur envie.
Ni loups ni renards n'épiaient
La douce et l'innocente proie ;
Les tourterelles se fuyaient :
Plus d'amour, partant plus de joie.
Le lion tint conseil, et dit : "Mes chers amis,
Je crois que le ciel a permis
Pour nos péchés cette infortune.
Que le plus coupable de nous
Se sacrifie aux traits du céleste courroux ;
Peut-être il obtiendra la guérison commune.
L'histoire nous apprend qu'en de tels accidents
On fait de pareils dévouements.
Ne nous flattons donc point, voyons sans indulgence
L'état de notre conscience.
Pour moi, satisfaisant mes appétits gloutons,
J'ai dévoré force moutons.
Que m'avaient-ils fait ? Nulle offense.
Même il m'est arrivé quelquefois de manger
Le berger.
Je me dévouerai donc, s'il le faut ; mais je pense
Qu'il est bon que chacun s'accuse ainsi que moi :
Car on doit souhaiter selon toute justice
Que le plus coupable périsse.
– Sire, dit le renard, vous êtes trop bon roi ;
Vos scrupules font voir trop de délicatesse ;
Eh bien ! manger moutons, canaille, sotte espèce,
Est-ce un péché ? Non, non : vous leur fîtes, Seigneur
En les croquant beaucoup d'honneur ;
Et quant au berger, l'on peut dire
Qu'il était digne de tous maux,

Étant de ces gens-là qui sur les animaux
Se font un chimérique empire."
Ainsi dit le renard, et flatteurs d'applaudir.
On n'osa trop approfondir
Du tigre, ni de l'ours, ni des autres puissances,
Les moins pardonnables offenses.
Tous les gens querelleurs, jusqu'aux simples mâtins,
Au dire de chacun étaient de petits saints.
L'âne vint à son tour et dit : "j'ai souvenance
Qu'en un pré de moines passant,
La faim, l'occasion, l'herbe tendre, et, je pense,
Quelque diable aussi me poussant,
Je tondis de ce pré la largeur de ma langue.
Je n'en avais nul droit, puisqu'il faut parler net."
À ces mots on cria haro sur le baudet.
Un loup quelque peu clerc prouva par sa harangue
Qu'il fallait dévouer ce maudit animal,
Ce pelé, ce galeux, d'où venait tout leur mal.
Sa peccadille fut jugée un cas pendable.
Manger l'herbe d'autrui ! quel crime abominable !
Rien que la mort n'était capable
D'expier son forfait : on le lui fit bien voir.
Selon que vous serez puissant ou misérable,
Les jugements de cour vous rendront blanc ou noir. »

Jean DE LA FONTAINE, Fables, Livre VI, 1679.

QUESTIONS

1. Comment s'entrecroisent les deux thèmes de l'inégalité et de l'injustice dans cette fable ? et dans *Le Mariage de Figaro* ?

2. Pour sa dénonciation, Beaumarchais a choisi l'humour et l'ironie. Quelles sont les armes de La Fontaine ?

Sujets de bac

QUESTION D'ENSEMBLE

Précisez les caractéristiques des genres auxquels appartiennent ces deux textes. Quels procédés argumentatifs sont pour chacun imposés par le genre ? Quels procédés leur sont cependant communs ?

DISSERTATION

« On ne doit parler, on ne doit écrire que pour l'instruction ; et s'il arrive que l'on plaise, il ne faut pas néanmoins s'en repentir, si cela sert à insinuer et à faire recevoir les vérités qui doivent instruire. » Vous commenterez et vous discuterez cette phrase de La Bruyère à la lumière du *Mariage de Figaro* et des deux textes ci-dessus.

COMMENTAIRE

Vous ferez le commentaire composé des « Animaux malades de la peste », en montrant d'abord en quoi la fable est un apologue (une parabole), en quoi elle est aussi une courte comédie, en quoi elle est enfin, et à part entière, un poème.

ÉCRITURE D'INVENTION

À la manière de La Bruyère, écrivez un texte dans lequel vous dénoncerez une injustice sociale, selon vous majeure dans notre monde actuel.

Maîtres et valets
au temps des Lumières

MARIVAUX, *L'ÎLE DES ESCLAVES*, 1725

Une utopie* pédagogique

Marivaux (1688-1763) est bien un précurseur des Lumières par l'intérêt qu'il porte aux questions politiques et sociales. En 1725, il fait représenter aux Italiens une comédie qui a pour cadre une utopie. Elle se déroule sur une île où les valets se sont révoltés et ont pris la place de leurs maîtres, qui étaient trop dominateurs, trop cruels. À la fin de la pièce, chacun retrouvera sa place, mais les maîtres auront reçu une leçon d'humanité. Marivaux ne cherche pas à renverser l'ordre établi, mais à rendre les hommes meilleurs pour améliorer leur société.

« ARLEQUIN. Oh ! Oh ! qu'est-ce que c'est que cette race-là ?

IPHICRATE. Ce sont des esclaves de la Grèce révoltés contre leurs maîtres, et qui depuis cent ans sont venus s'établir dans une île, et je crois que c'est ici : tiens, voici sans doute quelques-unes de leurs cases ; et leur coutume, mon cher Arlequin, est de tuer tous les maîtres qu'ils rencontrent, ou de les jeter dans l'esclavage.

ARLEQUIN. Eh ! chaque pays a sa coutume ; ils tuent les maîtres, à la bonne heure ; je l'ai entendu dire aussi, mais on dit qu'ils ne font rien aux esclaves comme moi.

Arlequin plaisante de la peur de son maître.

IPHICRATE, *retenant sa colère.* Mais, je ne te comprends point, mon cher Arlequin.

ARLEQUIN. Mon cher patron, vos compliments me charment ; vous avez coutume de m'en faire à coups de gourdin qui ne valent pas ceux-là ; et le gourdin est dans la chaloupe.

IPHICRATE. Eh ! ne sais-tu pas que je t'aime ?

ARLEQUIN. Oui ; mais les marques de votre amitié tombent toujours sur mes épaules, et cela est mal placé. Ainsi, tenez, pour ce qui est de nos gens, que le ciel les bénisse ! s'ils sont morts, en voilà pour longtemps ; s'ils sont en vie, cela se passera, et je m'en goberge[1].

IPHICRATE, *un peu ému.* Mais, j'ai besoin d'eux, moi.

ARLEQUIN, *indifféremment.* Oh ! cela se peut bien, chacun a ses affaires : que je ne vous dérange pas !

IPHICRATE. Esclave insolent !

ARLEQUIN, *riant.* Ah ! ah ! vous parlez la langue d'Athènes ; mauvais jargon que je n'entends plus.

IPHICARE. Méconnais-tu ton maître, et n'es-tu plus mon esclave ?

ARLEQUIN, *se reculant d'un air sérieux.* Je l'ai été, je le confesse à ta honte ; mais, va, je te le pardonne ; les hommes ne valent rien. Dans le pays d'Athènes, j'étais ton esclave, tu me traitais comme un pauvre animal, et tu disais que cela était juste, parce que tu étais le plus fort. Eh bien, Iphicrate, tu vas trouver ici plus fort que toi ; on va te faire esclave à ton tour ; on te dira aussi que cela est

---

1. **Je m'en goberbe :** je m'en moque.

juste et nous verrons ce que tu penseras de cette justice-là ; tu m'en diras ton sentiment, je t'attends là. Quand tu auras souffert, tu seras plus raisonnable ; tu sauras mieux ce qu'il est permis de faire souffrir aux autres. Tout en irait mieux dans le monde, si ceux qui te ressemblent recevaient la même leçon que toi. Adieu, mon ami ; je vais trouver mes camarades et tes maîtres. »

MARIVAUX, *L'Île des Esclaves*, acte I, scène 1, 1725.

QUESTIONS

1. Dans quelle réplique Arlequin se moque-t-il ouvertement de son maître ? Pourquoi ?

2. De quels défauts Marivaux cherche-t-il à corriger les maîtres ?

3. Quelle « morale » Marivaux cherche-t-il à mettre en œuvre ?

DIDEROT, *JACQUES LE FATALISTE ET SON MAÎTRE*, **1796**

Le pouvoir des mots

Diderot (1713-1784) invente une œuvre où le pouvoir social est visiblement contrebalancé par la maîtrise du langage : Jacques le Fataliste et son maître. *Dans cet étrange roman investi par le dialogue, Diderot campe un valet qui possède le pouvoir des mots, au point qu'il en devient l'égal, voire le supérieur de son maître. La relation maître/valet s'inverse sous nos yeux, cependant que triomphe celui qui gouverne le récit, Jacques, et à travers lui le romancier.*

« LE MAÎTRE. Et Jacques, qui aime à se parler à lui-même, se disait apparemment : Ne payez jamais d'avance, si vous ne voulez pas être mal servi.

JACQUES. Non, non maître ; ce n'était pas le temps de moraliser, mais bien celui de s'impatienter et de jurer. Je m'impatientai, je jurai, je fis de la morale ensuite : et tandis que je moralisais, le docteur, qui m'avait laissé seul, revint avec deux paysans qu'il avait loués pour mon transport et à mes frais, ce qu'il ne me laissa pas ignorer. Ces hommes me rendirent tous les soins préliminaires à mon installation sur l'espèce de brancard qu'on me fit avec un matelas étendu sur des perches.

LE MAÎTRE. Dieu soit loué ! te voilà dans la maison du chirurgien, et amoureux de la femme ou de la fille du docteur.

JACQUES. Je crois, mon maître, que vous vous trompez.

LE MAÎTRE. Et tu crois que je passerai trois mois dans la maison du docteur avant que d'avoir entendu le premier mot de tes amours ? Ah ! Jacques, cela ne se peut. Fais-moi grâce, je te prie, et de la description de la maison, et du caractère du docteur, et de l'humeur de la doctoresse, et des progrès de ta guérison ; saute, saute par-dessus tout cela. Au fait ! allons au fait ! Voila ton genou à peu près guéri, te voilà assez bien portant, et tu aimes.

JACQUES. J'aime donc, puisque vous êtes si pressé.

LE MAÎTRE. Et qui aimes-tu ?

JACQUES. Une grande brune de dix-huit ans, faite au tour, grands yeux noirs, petite bouche vermeille, beaux bras ; jolies mains… Ah ! mon maître, les jolies mains !… C'est que ces mains-là…

LE MAÎTRE. Tu crois encore les tenir.

JACQUES. C'est que vous les avez prises et tenues plus d'une fois à la dérobée, et qu'il n'a dépendu que d'elles que vous n'en ayez fait tout ce qu'il vous plairait.

LE MAÎTRE. Ma foi, Jacques, je ne m'attendais pas à celui-là.

JACQUES. Ni moi non plus.

LE MAÎTRE. J'ai beau rêver, je ne me rappelle ni grande brune, ni jolies mains : tâche de t'expliquer.

JACQUES. J'y consens ; mais c'est à la condition que nous reviendrons sur nos pas et que nous rentrerons dans la maison du chirurgien. »

Denis DIDEROT, *Jacques le Fataliste et son maître*,
paru en 1796, composé vers 1773.

QUESTIONS

1. Jacques s'adresse-t-il à son maître comme un inférieur à son supérieur ?

2. Comment définiriez-vous leur relation ?

3. À quels couples maître/valet ou maîtresse/camériste du *Mariage de Figaro* ce texte de Diderot vous fait-il penser ? À quelles scènes plus particulièrement, et pourquoi ?

Sujets de bac

QUESTIONS D'ENSEMBLE

1. Dans ces deux textes de Marivaux et de Diderot, est-ce, comme chez Beaumarchais, le mérite qui peut contrebalancer la hiérarchie sociale ? Spécifiez pour chacun des trois auteurs sur quoi se fonde la remise en cause de la relation maître/valet.

2. Replacez ces deux textes, ainsi que celui de Beaumarchais, dans une chronologie pour réfléchir à la place qu'ils occupent par rapport à la philosophie des Lumières. Lequel vous paraît aller le moins loin dans la remise en cause de l'ordre social ? Lequel va le plus loin ?

DISSERTATION

Kant, en 1784, répondit à la question : « Qu'est-ce que les Lumières ? » : « La sortie de l'homme de sa minorité, dont il est lui-même responsable. *Minorité*, c'est-à-dire incapacité de se servir de son entendement sans la direction d'autrui, minorité dont il est lui-même responsable, puisque la cause réside non dans le défaut de l'entendement, mais dans un manque de décision et de courage de s'en servir sans la direction d'autrui. »

Cette définition des Lumières s'applique-t-elle à Marivaux, Diderot et Beaumarchais ?

COMMENTAIRE

Vous ferez le commentaire composé de l'extrait de *Jacques le fataliste et son maître* de Diderot, en vous intéressant plus particulièrement à la conduite de la narration et au jeu qui s'établit autour des amours de Jacques.

ÉCRITURE D'INVENTION

Continuez le dialogue entre Jacques et son maître, en imaginant ce qui se passe dans la maison du chirurgien.

LECTURES
DU *MARIAGE DE FIGARO*

Cette lettre de Sedaine à Beaumarchais livre une réaction « à chaud », à la suite d'une lecture faite vingt jours avant que la pièce ne fût jouée à la Comédie-Française. Beaumarchais avait beaucoup d'admiration pour Sedaine et a suivi quelques-uns de ses conseils pour corriger sa pièce avant de la soumettre aux Comédiens-Français.

« Mon cher collègue en littérature et cher frère en Apollon, je vous remercie de tout le plaisir que vous m'avez fait hier ; Charles VII ne pouvait pas perdre son royaume plus gaiement et vous faire vos affaires avec un fonds de gaieté plus inépuisable ; votre *Figaro* m'a fait le plus grand plaisir, et vous vous êtes tellement et si bien rendu maître de ce caractère qu'on vous croirait un peu Figaro. Votre Almaviva a justifié ce que j'avais trouvé presque inexcusable dans les premières scènes du *Barbier*, c'est qu'il s'annonce comme un libertin d'après nos mœurs à observer. Il pense que Rosine est femme du docteur ; ainsi le voilà bien adultère en herbe, et c'est Figaro qui lui a appris qu'elle n'était que pupille et future conjointe. D'un autre côté, cette Rosine s'est prêtée avec tant de finesse à tromper le docteur qu'on ne peut s'empêcher d'imaginer qu'un jour elle trompera son mari, et je ne suis pas le seul qui en a fait la réflexion. Les corrections à faire, les longueurs à supprimer ne peuvent se faire qu'aux répétitions, et n'écoutez avant ce temps que vous-même. J'ai trouvé quelques mots, quelques phrases d'un ton hasardé comme "franc maraud", "franc mari", "aux Ursulines", "au lieu de retraite forcée", etc., mais l'ouvrage est charmant, divertissant, plein de sel, de goût et d'une philosophie en Polichinelle à faire étouffer de rire, et depuis feu Rabelais, de joviale mémoire, rien qui puisse mieux distraire de leurs maux les pauvres vérolés. »

SEDAINE, lettre à Beaumarchais, 1784,
faisant partie des papiers de famille,
publiée par Lintilhac, 1887.

Plus généralement, les contemporains de Beaumarchais lui reprochent la complexité de son intrigue ainsi que son goût de l'« imbroglio ».

« Cette pièce n'est et ne sera jamais une Comédie. Chaque acte, chaque scène même offre une intrigue différente, labyrinthe tortueux et obscur où l'auteur semble prendre plaisir à s'enfoncer et à perdre les spectateurs. C'est nous ramener à l'enfance du théâtre, au temps où Corneille faisait jouer *Mélite* et *La Galerie du Palais*, que de nous donner des intrigues à l'espagnole, bien embrouillées, bien farcies d'incidents et d'imbroglio sans vraisemblance. »

GEOFFROY, *L'Année littéraire*, 1784.

Autre sujet de critique, le style de Beaumarchais est vilipendé par l'un de ses censeurs, l'académicien Suard.

« Le bruit de votre nom et de vos succès a retenti jusqu'aux halles et au port Saint Nicolas. Il n'y a pas un gagne-denier ni une blanchisseuse un peu renforcée qui n'ait vu au moins une fois *Le Mariage de Figaro*, et qui n'en ait retenu quelques traits facétieux qui égayent à chaque instant leurs conversations. Vous leur avez appris à rajeunir ingénieusement des proverbes qu'ils commençaient de trouver usés. *Tant va la cruche à l'eau qu'à la fin elle s'emplit*, se répète dix fois de suite dans leurs joyeux propos, et dix fois de suite excite des éclats de rire sans fin. »

SUARD, *Correspondance littéraire,
philosophique et critique*, mars 1785.

Au XIXᵉ siècle, Sainte-Beuve dit admirer les premiers actes, mais il s'avoue choqué par l'immoralité de la pièce.

« Rien de charmant, de vif, d'entraînant comme les deux premiers actes : la Comtesse, Suzanne, le page, cet adorable Chérubin qui exprime toute sa fraîcheur et le premier ébattement des sens, n'ont rien perdu. Figaro, tel qu'il se dessine ici dès l'entrée et tel qu'il se prononce à chaque pas en avançant dans la pièce jusqu'au fameux monologue du cinquième acte, est peut-être celui qui perd le plus.

Il a bien de l'esprit, mais il en veut avoir, il se pose, il se regarde, il se mire, il déplaît. […]

La pièce, pour moi, se gâte au moment que la Marceline, en étant reconnue comme la mère de celui qu'elle prétend épouser, introduit dans la comédie un faux élément de drame et de sentiment ; cette Marceline, et ce Bartholo, père et mère, salissent les fraîches sensualités du début. […]

La prétendue moralité finale est une dérision. Une telle pièce où la société tout entière était traduite en mascarade et en déshabillé comme dans un carnaval de Directoire, où tout était pris à partie et retourné sens dessus dessous, le mariage, la magistrature, la noblesse, toutes les choses de l'État, où le maître laquais tenait le dé d'un bout à l'autre, et où la licence servait d'auxiliaire à la politique, devenait le signal évident de la Révolution. »

SAINTE-BEUVE, *Causeries du lundi*, tome VI, 1851-1862.

Hugo rend hommage à Beaumarchais, il perçoit son génie, tout en se disant, lui aussi, choqué par l'« impudeur » de la pièce.

« Une des choses qui me charment et m'étonnent le plus chez Beaumarchais, c'est que son esprit ait conservé tant de grâce en étalant tant d'impudeur. J'avoue, quant à moi, qu'il m'agrée plutôt par la grâce que par l'impudeur, quoique cette impudeur, mêlée aux premières hardiesses d'une révolution commençante, ressemble parfois à l'effronterie magistrale du génie. »

Victor HUGO, *Tas de pierres*, 1942 (posthume).

C'est au XXᵉ siècle que l'on abandonne les jugements moraux pour ne plus prendre en compte que la virtuosité de l'écriture théâtrale, et son message de liberté.

« Ce qui nous remplit aujourd'hui d'admiration, c'est la précision du cliquetis des répliques, la concision des mots, la nécessité des respirations, la densité des articulations, mais surtout la liberté qui plane sur toutes ces rigueurs. […]

La Folle journée (ou *Le Mariage de Figaro*) ne nous apparaît donc pas comme une œuvre de revendication, mais comme une Fête de l'Émancipation, l'Homme y célèbre sa majorité et l'art y retrouve ce qui le définit essentiellement, la liberté. »

Jean-Louis BARRAULT, 1965.

« Ce que le roturier Figaro met en lumière avant tout dans son monologue, c'est le scandale des privilèges de la naissance. L'idée fondamentale du *Mariage*, c'est la revendication par le Tiers-État, représenté par Figaro, de ses droits à l'existence et au bonheur. Et une fois admise la revendication de l'intelligence, les droits politiques ne sont pas loin. »

Anne UBERSFELD, *Le Mariage de Figaro*, Éditions sociales, 1977.

« "Sixième acte" du *Barbier de Séville*, *Le Mariage de Figaro* est une pièce autrement complexe, et qui échappe à toutes les définitions tant les règles de la "bonne" comédie y semblent bafouées. [...] »

Jean-Pierre de BEAUMARCHAIS, *Théâtre de Beaumarchais*, Classiques Garnier, 1980.

« Le monologue existentiel exprime un certain blocage moral et esthétique. Le monde n'est plus dominé par un sens. Le monde n'est plus ouvert à l'action. Et donc, en conséquence, les formes littéraires, notamment théâtrales, qui disaient l'existence de ce sens [...] se trouvent bouleversées de l'intérieur [...] "Tempête sous un crâne", le monologue existentiel est déjà un monologue romanesque qui s'inscrit dans une durée incontrôlable, hémorragique. »

Pierre BARBÉRIS, in *Beaumarchais*, Le Mariage de Figaro, Ellipses, 1985.

LIRE, VOIR, ENTENDRE

BIBLIOGRAPHIE

Deux éditions de référence

– *Théâtre*, éd. Jean-Pierre de BEAUMARCHAIS, Classiques Garnier, 1980.

– *Œuvres*, éd. Pierre et Jacqueline LARTHOMAS, Gallimard, « Bibliothèque de la Pléiade », 1988.

Ouvrages d'étude

– Jean-Pierre de BEAUMARCHAIS, *Beaumarchais, voltigeur des Lumières*, Paris, « Découvertes Gallimard », 1996.

– Gabriel CONESA, *La Trilogie de Beaumarchais*, Paris, PUF, 1985.

– Béatrice DIDIER, *Beaumarchais ou la passion du drame*, Paris, PUF, coll. « Écrivains », 1994.

– Violaine GÉRAUD, *Beaumarchais, L'Aventure d'une écriture*, Paris, Champion, 1998.

– Sophie LECARPENTIER, *Le Langage dramatique dans la trilogie de Beaumarchais, Efficacité, gaieté, musicalité*, Paris, Nizet, 1998.

– Marie-Françoise LEMONNIER-DELPY, Le Mariage de Figaro *de Beaumarchais*, Paris, SEDES, 1987.

– Eugène LINTILHAC, *Beaumarchais et ses œuvres*, Paris, 1887, réimprimé chez Slatkine, 1970.

– Louis de LOMÉNIE, *Beaumarchais et son temps*, Paris, 2 vol., 1880, réimprimé chez Slatkine, 1970.

– René POMEAU, *Beaumarchais*, Paris, Hatier, 1956. Texte revu et repris dans *Beaumarchais ou la Bizarre Destinée*, Paris, PUF, 1987.

– Jacques SCHERER, *La Dramaturgie de Beaumarchais*, Paris, Nizet, 1954, éd. revue et augmentée en 1999.

–Anne UBERSFELD, *Le Mariage de Figaro*, Paris, Éditions sociales, 1977.

Quelques articles

–Violaine GÉRAUD, « Interruptions et ellipses dans *Le Mariage de Figaro*, de Beaumarchais », in *L'Information grammaticale*, n° 61, mars 1994, p. 27-32.

–François LÉVY, « Le Mariage de Figaro », *essai d'interprétation*, in *Studies on Voltaire*, vol. 173, 1978.

DISCOGRAPHIE

Immédiatement après sa représentation à la Comédie-Française, *Le Mariage de Figaro* inspire le célèbre opéra de Mozart : *Les Noces de Figaro* datent de 1786 et consacrent le succès de la création de Beaumarchais.

– Orchestre national de l'opéra de Berlin dirigé par Karl Böhm, Deutsche Grammophon, 1968, rééd. 1997.

– Orchestre philharmonique de Berlin dirigé par Herbert von Karajan, EMI VSM (mono), 1950.

– Orchestre Philarmonia dirigé par Carlo Maria Giulini, EMI VSM, 1959.

FILMOGRAPHIE

– *Le Mariage de Figaro*, téléfilm mis en scène et adapté par Marcel Bluwal, ORTF, 1961.

– *La Folle Journée* ou *Le Mariage de Figaro*, de Roger COGGIO, avec Fanny Cottençon, Marie Laforêt et Michel Galabru, 1989.

– *Beaumarchais l'insolent*, d'Édouard MOLINARO, avec Fabrice Luchini dans le rôle de Beaumarchais, 1996.

LES MOTS
DU *MARIAGE DE FIGARO*

Animal : être animé. Beaumarchais confère parfois à ce terme le sens qu'il avait dans la langue classique : « corps animé qui a du sentiment et du mouvement » (*Dictionnaire* de *Furetière*, 1690). Sans doute joue-t-il aussi sur le sens actuel du terme, pour en tirer un effet légèrement humoristique (scène 3 de l'acte V). Parmi les jeux de mots qu'affectionne Beaumarchais, le double sens est en effet bien représenté. La théorie de la continuité entre l'homme et l'animal avait été développée au siècle précédent par le philosophe Descartes, pour qui l'homme n'est, comme l'animal, qu'une machine, à laquelle Dieu a ajouté une âme (acte I, sc. 3, l. 13 ; acte V, sc. 3, l. 2).

Badinage : ce terme appartient au vocabulaire de la galanterie, des relations de séduction qu'entretiennent les hommes et les femmes. Il fait de l'amour une sorte de jeu, à l'opposé de la passion amoureuse tragique peinte, notamment, par Racine. On rapprochera le badinage du marivaudage, qui lui aussi présente la conquête amoureuse comme un plaisir ludique, un peu léger et parfois feint – à ceci près que chez Marivaux, les faux-semblants conduisent à la vérité de l'amour, et souvent à sa douloureuse épreuve. La sensualité qui est partout répandue dans *Le Mariage de Figaro* conduit les personnages à badiner : les duos de Suzanne et de Figaro mêlent constamment la gaieté à la déclaration amoureuse. Les jeux de cache-cache qui permettent à chacun de retrouver sa chacune sont aussi un badinage. Beaumarchais, dans sa Préface, parle de « la plus badine des intrigues » (l. 314-315 ; voir aussi l. 375, 659 ; acte I, sc. 9, l. 61 ; acte II, sc. 19, l. 9 ; sc. 20, l. 29 ; acte IV, sc. 5, l. 16, vaudeville : 9e couplet).

Enfilé : terme de trictrac qui signifie « berné », « trompé ». Les métaphores du jeu sont fréquentes dans la pièce, comme celles empruntées à la chasse (par exemple donner le change, c'est-à-dire tromper l'adversaire en le lançant sur une fausse piste). Elles font entrer dans l'œuvre la réalité quotidienne du XVIIIe siècle. Elles étendent le lexique en y intégrant des termes plus familiers, faisant ainsi varier les niveaux de langue. Ce mélange des niveaux de langue est en accord avec celui des tons (bouffonnerie, humour, pathétique…).

À rapprocher de « Ah ! quelle école ! » (acte II, sc. 17, l. 3), autre terme de trictrac, et de « quinze et bisque » (acte V, sc. 2, l. 27), emprunté au jeu de paume (acte I, sc. 10, l. 138 ; acte III, sc. 5, l. 136).

Entendre : signifie aussi bien « ouïr » que « comprendre », ou encore « vouloir dire ». Sans cesse Beaumarchais joue sur au moins deux des sens de ce terme (notamment acte III, sc. 5, l. 121-122). On peut relier ces jeux de mots à l'ironie qui joue sur l'entente, et plus généralement à tous les propos à double entente ; Beaumarchais veut être entendu, certes, mais cette compréhension peut être très subtile (acte I, sc. 10, l. 74 ; acte III, sc. 5, l. 31 et 49 ; acte III, sc. 9, l. 18 et 20 ; acte IV, sc. 5, l. 24).

Hasard : aventure dangereuse et parfois énigme de la destinée. C'est à maintes reprises que Figaro (et sans doute, par sa bouche, Beaumarchais) médite sur son sort. Or, en cherchant sa propre vérité sur les chemins semés de traverses du passé, en essayant de retrouver une cohérence intérieure que la jalousie a défaite, le personnage de Figaro prend toute sa profondeur. Alors la pièce parvient à toucher le spectateur : chacun s'essaie, entre hasard et nécessité, à comprendre sa destinée (Préface, l. 485, 926 ; acte II, sc. 24, l. 29 ; acte III, sc. 5, l. 36 ; acte IV, sc. 1, l. 19).

Humoriste (humeur) : qui a de l'humeur, qui est de mauvaise humeur. Ce terme est un « faux ami » dans une pièce où toutes les nuances de l'humour se déploient (Préface, l. 163 ; acte I, sc. 1, l. 23, sc. 4, l. 55).

Industrie : habileté, ingéniosité. Le vocabulaire de la tromperie est particulièrement développé dans la pièce. Beaumarchais insiste dans sa préface sur l'extraordinaire habileté de son héros, et le présente comme « l'homme le plus dégourdi de sa nation » (Préface, l. 361). Les intrigues eurent également une grande importance dans la vie du dramaturge (voir ses démêlés avec la justice et son rôle d'espion dans la biographie, p. 22).

Rêver : réfléchir et faire des songes extravagants. Là encore, c'est par le double sens possible que Beaumarchais enrichit son texte en y superposant les interprétations. C'est parce que « la vie est un songe », comme l'écrit le grand dramaturge espagnol Calderon, que le théâtre est la vie. Illusion et vérité, extravagance et raison se confondent derrière les feux de la rampe (acte I, sc. 1, l. 81 ; acte II, sc. 1, l. 46 ; sc. 3, l. 5 ; sc. 24, l. 33 ; acte III, sc. 4, l. 10).

LES TERMES DE CRITIQUE

Accumulation : énumération, succession de mots ou d'expressions.

Antiphrase : expression dont le sens en contexte s'oppose au sens en général. L'ironie produit des antiphrases.

Aparté : réplique qu'un personnage est censé dire à l'insu des autres, et que le public entend. Chez Beaumarchais, cependant, il arrive que les apartés soient surpris par un personnage présent sur la scène.

Comédie larmoyante : comédie apparue au XVIIIᵉ siècle, cherchant l'émotion et voulant moraliser.

Didascalies : ensemble des indications pour la mise en scène (en italiques dans le texte).

Dramaturgie : ensemble des éléments de la structure et de l'écriture qui sont spécifiques du genre théâtral.

Drame : (étymologiquement « action », en grec) ; nom d'un genre théâtral particulier apparu au XVIIIᵉ siècle. Ce terme a été imposé par Diderot pour distinguer un nouveau compromis entre comédie larmoyante et tragédie. Le drame bourgeois vise à émouvoir et à édifier le spectateur.

Exposition : partie au début de la pièce dans laquelle sont exposés les éléments de base de l'intrigue : circonstances et présentation des personnages.

Farce : pièce comique qui utilise, pour faire rire les spectateurs, des procédés voyants. Genre populaire.

Lyrisme : désigne d'abord la poésie destinée à être mise en musique ; le lyrisme désigne ensuite l'expression de sentiments intimes.

Mélodrame : pièce accompagnée de musique à l'origine. Vers 1800, se caractérise par l'invraisemblance de l'intrigue, par l'outrance des sentiments et de leur expression.

Métonymie : figure de style qui consiste à exploiter une relation de proximité pour désigner un objet par un autre qui lui est contigu (la cause pour l'effet, le contenu pour le contenant...).

Monologue : tirade qu'un personnage dit seul en scène, s'adressant fictivement à lui-même.

Mythe : récit, le plus souvent allégorique, dont la portée est universelle (traits de la nature humaine, éléments du cosmos).

Parade : genre théâtral proche de la farce. À l'origine, les parades étaient improvisées par les comédiens pour attirer les spectateurs. Devenue un genre à part entière, la parade se caractérise par la grivoiserie.

Parodie : imitation plaisante et satirique d'une œuvre sérieuse.

Pathétique : ce qui émeut, ce qui est destiné à émouvoir.

Péripétie : coup de théâtre, événement imprévu qui fait rebondir l'action théâtrale. La « péripétie-éclair » (expression de J. Scherer) désigne les péripéties extraordinairement rapides caractérisant la dramaturgie de Beaumarchais.

Quiproquo : confusion sur l'identité d'un personnage ou sur l'objet d'un propos.

Satire : texte railleur qui attaque les vices d'un homme ou d'une société.

Tirade : réplique qui se détache par sa longueur de l'échange dialogué (ex. : la tirade sur « Goddam », acte III, sc. 5).

Utopie : désigne un pays imaginaire, une société idéale, où le peuple vit heureux.

Vaudeville : à l'origine, chanson entrecoupant une comédie légère ; par extension, le terme désigne ensuite la comédie légère elle-même.

POUR MIEUX EXPLOITER
LES QUESTIONNAIRES

Ce tableau fournit la liste des rubriques utilisées dans les questionnaires, avec les renvois aux pages correspondantes, de façon à permettre des **études d'ensemble** sur tel ou tel de ces aspects (par exemple dans le cadre de la lecture suivie).

RUBRIQUES	PAGES				
	ACTE I	ACTE II	ACTE III	ACTE IV	ACTE V
DRAMATURGIE	76, 90	134, 142	153, 159, 163, 184	189	220, 232
MISE EN SCÈNE	76, 102	106, 120, 148		193, 201, 211	246
PERSONNAGES	87, 102	106	153	193, 206	220
REGISTRES ET TONALITÉS	76, 100	111, 120, 142, 149	174, 179	189	245
SOCIÉTÉ	90, 102	134, 148	153, 163, 174, 179 184	193	220, 245
STRATÉGIES	87, 100	111	159	201	232
STRUCTURE		148	179	211	245
STYLE	103		185	206, 212	
THÈMES	87			189, 201	

TABLE DES MATIÈRES

L'UNIVERS DE L'ŒUVRE

ANNEXES

Les photographies de cette édition sont tirées des mises en scène suivantes :
Mise en scène de Jean Vilar, éléments scéniques et costumes de Léon Gischia, le Théâtre nation.
populaire dans la cour d'honneur du palais des Papes, Festival d'Avignon, 1956. – Mise en scèn
de Jean-Louis Barrault, décor de Pierre Delbée, costumes d'Yves Saint-Laurent, Odéon-théâtre d
France, 1964. – Mise en scène de Jean-Pierre Vincent, décor de Jean-Paul Chambas, costumes d
Patrice Cauchetier, théâtre national de Chaillot, 1987. – Mise en scène d'Antoine Vitez, décor
costumes de Yannis Kokkos, Comédie-Française, 1989. – Mise en scène de Marcel Maréch..
costumes de Patrice Cauchetier, théâtre national de Marseille, La Criée, 1989. – Mise en scène de
Colette Roumanoff, costumes de Katherine Roumanoff, lumières de Stéphane Cottin, théât.
Fontaine, 2002 et 2012.

COUVERTURE : *Dame attachant sa jarretière*, François BOUCHER , 1742, Collection Thysser
Bornemisza, Madrid.

CRÉDITS PHOTO :
Couverture : Bis © Archives Larbor. – p. 2 : Ph. © Philippe Coqueux/Specto/T. – p. 3 : Ph.
Claude Lê-Ahn/Compagnie Colette Roumanoff. – p. 4 : Ph. Coll. Archives Larbor/T. – p. 5 : F
© Claude Bricage/PLV/T. – p. 6 ht : Ph. © Claude Lê-Ahn/Compagnie Colette Roumanoff.
p. 6 bas : Ph. © Archives Larbor. – p. 7 : Ph. © Claude Bricage/PLV/T. – p. 8 ht : Ph. © Clau
Lê-Ahn/Compagnie Colette Roumanoff. – p. 8 bas : Ph. © Claude Bricage/PLV/T. – p. 9 : P
© Ojeda/RMN. – p. 10 : Ph. © Philippe Coqueux/Specto/T. – p. 11 ht : Ph. © Patri
Cauchetier. – p. 11 bas : Ph. © Patrice Cauchetier. – p. 12 : Ph. Coll. Archives Larbor. – p. 1.
Ph. © Claude Lê-Ahn/Compagnie Colette Roumanoff. – p. 14 : Ph. © Claude Bricage/PLV/
– p. 15 : Ph. Coll. Archives Larbor. – p. 16 : © DR Sita Productions – p. 21 : Ph. Coll. Archiv
Larbor. – p. 26 : Ph. © Guichey-Lagable/Archives Larbor/T. – p. 64 : Ph. Coll. Archiv
Larbor/T. – p. 75 : Ph. © Claude Bricage/PLV/T. – p. 117 : © DR Sita Productions – p. 12(
© BNF – p. 204 : Ph. Coll. Roger Pic, donation Kodak-Pathé/Arch. Phot. © CMN, Paris/T.
p. 225 : © DR Sita Productions.

Direction éditoriale : Pascale Magni – *Coordination* : Franck Henry – *Édition* : Isabelle Lechar
Caroline Lesellier – *Révision des textes* : Laurent Strim – *Iconographie* : Christine Varin – *Maque*
intérieure : Josiane Sayaphoum – *Fabrication* : Jean-Philippe Dore – *Compogravure* : PPC.

Imprimé en France par Laballery – N° de projet : 10235100 – Dépôt légal : 1re éd. juillet 200
Dépôt légal : juillet 2017 - N° d'impression : 706116